JN440439

여명의 발걸음

점촌가축병원 수의사 차상근

여명의 발걸음

점촌가축병원 수의사 차상근

송원(松苑) 차상근 지음

건강신문사
www.kksm.co.kr

머리말

이 책은 대한민국 근현대사의 격동기를 살아온 한 개인의 삶을 기록합니다. 차상근(車相根, 1939-2024), 아호 송원(松苑)은 연안 차씨 강렬공파 44대손으로, 수의사이자 공무원, 그리고 지역사회 봉사자로 평생을 살아온 인물입니다. 그의 삶은 개인의 성취를 넘어 대한민국 농촌 사회의 변화와 발전을 함께한 한 시대의 증언이기도 합니다.

1939년 일제강점기 말에 태어난 차상근의 삶은 그 자체로 한국 근현대사의 축소판입니다. 그는 해방과 분단, 한국전쟁의 혼란을 어린 시절에 겪었고, 1960년대 산업화와 근대화의 물결 속에서 청년기를 보냈습니다. 1970년대 새마을운동의 열기 속에서 농촌 지도자로 성장했으며, 1980년대 정치적 격변기에는 민주화 과정에 참여했습니다.

그의 개인사는 단순한 개인의 성공담이 아니라, 보통 사람들이 어떻게 역사의 소용돌이 속에서 자신의 길을 찾고, 사회에 기여하며, 시대적 사명을 다했는지를 보여주는 생생한 기록입니다. 특히 농촌 출신으로서 교육을 통해 사회적 이동을 실현하고, 전문성을 바탕으로 공직에 몸담으며, 지역사회 발전에 헌신한 그의 모습은 한국 사회의 발전상을 그대로 반영하고 있습니다.

차상근은 고려 말 공민왕 때 문하시중을 역임한 강렬공 차원부(車元傅)의 후손입니다. 연안차씨 강렬공파는 조선시대 내내 학문과 관직에서 명문가로 인정받았으며, 특히 성리학적 전통과 청렴결백한 관료 정신을 가문의 가훈으로 전승해왔습니다.

차상근의 삶에서 주목되는 것은 이런 전통적 가치를 현대적으로 재해석하고 실천한 점입니다. 그는 가문의 전통적 가치인 학문에 대한 열정, 공직자로서의 청렴성, 사회에 대한 책임의식을 20세기 한국 사회의 맥락에서 새롭게 구현했습니다. 특히 축산업과 수의학이라는 전문 분야를 통해 근대적 지식인으로서의 정체성을 확립하면서도, 지역사회에 대한 헌신과 봉사 정신을 잃지 않았습니다.

그의 삶을 관통하는 세 가지 정체성은 그의 인생 철학과 가치관을 잘 보여줍니다. 먼저 수의사로서 그는 단순히 가축의 질병을 치료하는 기술자가 아니라, 농촌 경제의 기반인 축산업 발전에 기여하는 전문가로서의 역할을 수행했습니다. 1960년대부터 1980년대까지 한국 축산업이 근대화되는 과정에서 그는 현장에서 직접 변화를 이끌고 경험했습니다.

공무원으로서의 그의 삶은 개발 시대 한국 사회의 역동성을 보여줍니다. 농림부 소속 공무원으로서 그는 정부의 농정 시책을 현장에서 실행하는 동시에, 농민들의 현실적 어려움을 정책에 반영하는 가교 역할을 했습니다. 특히 새마을운동이 활발히 전개되던 시기에는 농촌 지도자로서 마을 공동체의 변화를 직접 이끌었습니다.

사회봉사자로서의 그의 활동은 평생에 걸쳐 지속되었습니다. 새마을운동 지도자, 정치 활동가, 로타리클럽 회원, 수의사회 회장 등 다양한 역할을 통해 그는 개인의 성공을 사회에 환원하고자 노력했습니다. 특히 교육과 장학 사업에 대한 그의 관심은 가문의 전통적 가치와 현대적 사회 책임 의식이 결합된 결과였습니다.

차상근의 삶은 한국 농촌 사회의 변화를 가장 가까이에서 목격하고 경험한 증언입니다. 그는 1960년대 새마을운동 이전의 전통적 농촌 사회에서 자랐고, 1970년대 농촌 근대화 과정에서 지도자 역할을 했으며, 1980년대 이후 산업화로 인한 농촌 사회의 변화를 지켜보았습니다.

특히 그의 경험은 한국 농촌이 단순히 경제적 발전만을 추구한 것이 아니라, 공동체 정신과 상부상조의 전통을 현대적으로 계승하려 노력했음을 보여줍니다. 새마을운동을 통해 나타난 농민들의 자립 정신과 협동 정신, 그리고 이를 바탕으로 한 물질적·정신적 발전은 그의 생생한 경험을 통해 기록되고 있습니다.

차상근의 삶에서 가장 주목할 점 중 하나는 그가 다양한 상황에서 중간자 역할을 수행했다는 것입니다. 정부 정책과 농민들의 현실 사이에서, 전통적 가치와 현대적 변화 사이에서, 개인적 성공과 사회적 책임 사이에서 그는 늘 균형을 찾으려 노력했습니다.

이런 중간자적 위치는 때로 어려움과 고뇌를 가져다주었지만, 동시에 그를 진정한 리더로 성장시키는 계기가 되었습니다. 그는 일방적으로 지시하고 명령하는 권위적 리더가 아니라, 소통하고 조율하며 함께 해결책을 찾아가는 민주적 리더십을 발휘했습니다.

차상근 개인의 성공이 교육을 통해 이루어졌다는 점은 그의 인생 철학에 큰 영향을 미쳤습니다. 그는 평생에 걸쳐 교육의 중요성을 강조하고, 후학 양성에 힘썼습니다. 특히 농촌 출신으로서 교육 기회의 소중함을 몸소 체험한 그는, 경제적 어려움으로 교육 기회를 놓칠 수 있는 젊은이들을 위한 장학 사업에 적극적으로 참여했습니다.

그의 교육 철학은 단순히 지식 전달에 그치지 않았습니다. 그는 교육이 개인의 성장과 사회적 책임을 동시에 실현하는 수단이라고 믿었으며, 이를 통해 더 나은 사회를 만들 수 있다고 생각했습니다. 이런 교육 철학은 그의 모든 사회 활동에 일관되게 나타나고 있습니다.

차상근의 삶은 과거의 기록이지만, 현재에도 많은 시사점을 던져줍니다. 급속한 사회 변화 속에서 개인이 어떻게 자신의 정체성을 유지하면서도 시대적 요구에 부응할 수 있는지, 개인의 성공을 사회적 기여로 어떻게 연결시킬 수 있는지, 전통적 가치와 현대적 가치를 어떻게 조화시킬 수 있는지에 대한 실질적인 답을 제시하고 있습니다.

특히 현재 한국 사회가 직면하고 있는 지역 격차, 세대 갈등, 공동체 해체 등의 문제들을 해결하는 데 있어서, 그의 경험과 철학은 귀중한 참고 자료가 될 수 있습니다. 그가 보여준 중간자적 리더십, 소통과 협력의 정신, 그리고 사회에 대한 책임 의식은 오늘날에도 여전히 유효한 가치들입니다.

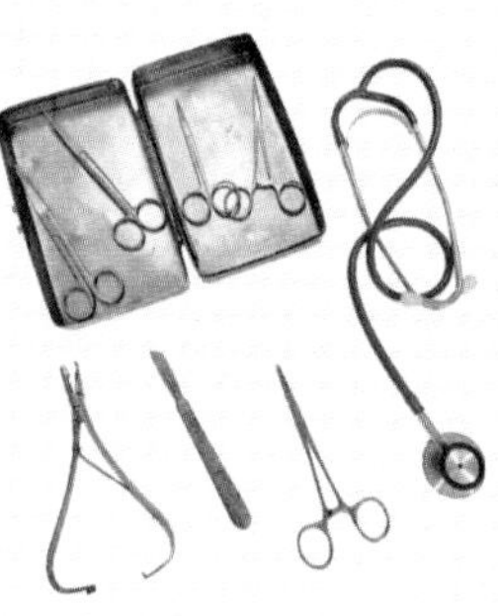

[사진 1.치료도구]

이 책은 단순한 개인의 생애사를 넘어, 한국 근현대사의 한 단면을 조명하는 역사적 자료로서의 가치를 지닙니다. 특히 농촌 사회의 변화, 새마을운동의 실상, 지방 정치의 역학, 그리고 전문직 공무원의 역할 등에 대한 생생한 증언을 담고 있습니다.

이 책은 시대순으로 그의 삶을 따라가면서도, 각 시기마다 그가 직면했던 사회적 과제와 개인적 선택을 균형 있게 다룹니다. 또한 그의 개인적 경험을 통해 당시의 사회상을 재구성하고, 이를 통해 독자들이 한국 근현대사를 새로운 시각에서 이해할 수 있도록 구성되었습니다.

무엇보다 이 책은 차상근이라는 개인의 삶을 통해, 평범한 사람들이 어떻게 역사를 만들어가는지, 그리고 개인의 선택과 헌신이 어떻게 사회 전체의 발전에 기여할 수 있는지를 보여주고자 합니다. 이는 단순한 성공담이 아니라, 책임감 있는 시민으로서의 삶이 무엇인지를 성찰하게 하는 인생의 교훈이기도 합니다.

그의 삶에 담긴 지혜와 가치를 많은 사람들과 나누고, 더 나은 사회를 만들어가는 데 작은 기여를 할 수 있기를 바랍니다. 또한 이 책이 개인의 기록을 넘어, 우리 사회의 발전 과정을 돌아보고 미래의 방향을 모색하는 데 도움이 되기를 희망합니다.

차상근의 삶에서 배울 수 있는 가장 중요한 교훈은, 개인의 성공이 사회적 기여와 분리될 수 없다는 것이며, 진정한 리더십은 권력이 아니라 봉사에서 나온다는 것입니다.

편집인 일동

목차

1장

돌아보니, 삶은 한 편의 대서사였다

시간의 강을 거슬러 올라가며

창밖의 어둠이 깊어질수록, 내 안의 시간들은 더욱 선명한 빛을 발합니다. 고요한 밤의 장막 속에서 켜켜이 쌓인 기억들은 마치 먼지 앉은 낡은 앨범처럼 하나둘 또렷이 모습을 드러냅니다. '차상근'이라는 이름으로 살아온 숱한 날들은 웃음과 눈물, 기쁨과 좌절, 수많은 만남과 헤어짐이 교차하는 한 편의 드라마였습니다. 때로는 거친 파도 속 작은 배처럼 위태로웠고, 때로는 잔잔한 호수를 유유히 떠다니는 낙엽처럼 평화로웠던 시간들. 그렇게 나의 인생은 쉼 없이 흘러왔습니다.

돌이켜보면 인생은 참으로 기이했습니다. 계획했던 대로 흘러간 순간들도 있었지만, 예상치 못한 변곡점에서 전혀 다른 길로 접어들기도 했죠. 그 모든 우연과 필연이 얽히고설켜 지금의 나를 빚어냈습니다.

지금 이 순간, 한 평생을 돌아보며 펜을 들고 있노라니, 마치 거대한 시간의 강을 거슬러 오르는 연어의 심정이 됩니다. 상류를 향한 험난한 여정처럼, 나의 기억 속 여행 또한 때로는 가파르고 때로는 완만한 물살을 헤쳐나가야 합니다. 하지만 연어가 자신의 근원을 찾아가듯, 나 역시 내 삶의 뿌리와 의미를 찾아가는 이 여정을 멈출 수 없습니다.

어린 시절의 순수함부터 청년기의 패기, 장년기의 고뇌와 노년기의 성찰에 이르기까지, 각각의 시간은 마치 오래된 와인처럼 저마다 다른 향과 맛을 지니고 있습니다. 어떤 기억은 달콤하고, 어떤 기억은 씁쓸하며, 또 어떤 기억은 진한 여운을 남깁니다. 이 모든 조각들이 모여 지금의 나를 이루고 있습니다.

고향의 정취, 영원한 그리움

이 책은 단순한 이력이나 연대기를 나열하는 기록이 아닙니다. 격동하는 시대의 풍파 속에서 한 개인이 어떻게 존재했고, 어떤 가치를 지키려 애썼으며, 무엇을 꿈꾸며 나아갔는지에 대한 진솔한 고백입니다. 나의 유년 시절은 '고향의 봄' 노래 가사처럼 꽃 피는 산골에서 시작되었습니다.

"나의 살던 고향은 꽃 피는 산골, 복숭아 꽃 살구 꽃 아기 진달래, 울긋불긋 꽃 대궐 차리인 동네, 그 속에서 놀던 때가 그립습니다."

복숭아꽃, 살구꽃, 아기 진달래가 울긋불긋 꽃대궐을 이루던 동네. 그 속에서 뛰어놀던 시절은 지금도 내 마음속 깊이 그리움으로 남아있습니다. 물 맑고 하늘 높은 자모동 마을은 내게 단순한 고향을 넘어, 삶의 뿌리이자 첫 그림이 그려진 소중한 공간이었습니다.

“자모동 마을”

물 맑고 창공 높은 아름다운 마을
그는 우리 자모동 우리 자모동
두 팔 뻗은 용사 이 동네 일꾼
그이는 용감한 자모동 일꾼
오~ 그 이름 용감한 여기동 자모동

대니산 산줄기 준 동네 부치는 아름다운 마을
그는 우리 모로촌 우리 모로촌
정다운 바람 자모동의 새 출발
그 이는 노래하는 자모동 일꾼
오~ 그 이름 아름다운 자모동 자모동

[사진 2 자모동 마을전경]

이 노랫말처럼, 나는 어린 시절부터 마을과 이웃을 위한 봉사의 씨앗을 마음속에 품고 자랐던 것 같습니다. 어린 나에게 자모동은 단순한 거주지가 아니라, 공동체 의식과 상부상조의 정신을 배우는 첫 번째 학교였습니다.

자모동의 봄은 유난히 아름다웠습니다. 산등성이마다 피어나는 진달래꽃은 마치 선조들의 영혼이 환생하여 고향을 축복하는 듯했고, 마을 어귀의 큰 느티나무 그늘에서는 할아버지들이 장기를 두시며 옛이야기를 들려주셨습니다. 그 이야기들은 어린 나에게 삶의 지혜와 교훈을 전해주는 소중한 선물이었습니다.

여름이면 마을 앞 개울에서 미꾸라지를 잡고, 뒷산에서 매미를 쫓으며 무더위를 잊었습니다. 그 개울물은 지금의 어떤 생수보다도 달고 시원했으며, 그 속에서 놀던 추억은 평생 내 마음의 오아시스가 되었습니다. 가을이면 감나무에 주렁주렁 매달린 홍시가 온 마을을 붉게 물들였고, 겨울이면 눈 덮인 산자락에서 썰매를 타며 추위를 벗 삼았습니다.

하지만 무엇보다 그 마을이 특별했던 것은 사람들의 따뜻한 마음이었습니다. 이웃집 아이가 아프면 온 마을이 걱정했고, 누군가에게 경사가 있으면 모두가 함께 기뻐했습니다. 그런 공동체 정신은 나중에 내가 어떤 일을 할 때마다 행동의 기준이 되어주었습니다.

파랑새의 경고와 인생의 선택

"새야 새야 파랑새야"

새야 새야 파랑새야 녹두밭에 앉지 마라

녹두꽃이 떨어지면 청포장수 울고 간다

새야 새야 파랑새야 우리 논에 앉지 마라
새야 새야 파랑새야 우리 밭에 앉지 마라

아랫녘 새는 아래로 가고 윗녘 새는 위로 가고
새야 새야 파랑새야 우리 밭에 앉지 마라

새야 새야 파랑새야 녹두밭에 앉지 마라
새야 새야 파랑새야 우리 밭에 앉지 마라

새야 새야 파랑새야 녹두꽃이 떨어지면
새야 새야 파랑새야 우리 밭에 앉지 마라

이 노래는 단순한 동요가 아니었습니다. 그 속에는 인생의 선택과 책임에 대한 깊은 메시지가 담겨 있었죠. 녹두밭에 앉지 말라는 파랑새의 경고처럼, 세상은 예측 불가능한 일들로 가득했고, 나는 그 속에서 나만의 길을 찾아 걸어야 했습니다. 때로는 쉬운 길이 유혹했지만, 나는 언제나 정도(正道)를 걷고자 노력했습니다.

이 노래는 훗날 공직자이자 수의사로서 수많은 선택의 기로에 설 때마다 떠올랐습니다. 개인의 이익보다 공동체의 선을, 쉬운 길보다 옳은 길을 택하는 것이 얼마나 중요한지 일깨워주는 삶의 지침이 되었습니다.

아버지의 이 노래에는 더 깊은 의미가 숨어 있었습니다. 파랑새는 자유롭고 아름다운 존재이지만, 그 자유로움이 때로는 다른 이에게 해를 끼칠 수 있다는 것을 경고하는 노래였습니다. 작은 행동 하나가 나비 효과처럼 큰 결과를 가져올 수 있다는 것, 그래서 항상 신중하고 책임감 있게 행동해야 한다는 것을 어린 나에게 가르쳐주셨습니다.

청포장수가 왜 울었을까요? 단순히 녹두 꽃이 떨어져서가 아니라, 그 속에는 생계를 잃을 수도 있다는 절실함이 있었습니다. 아버지는 이 노래를 통해 나에게 타인의 아픔을 헤아리는 마음, 내 행동이 다른 사람에게 미칠 영향을 생각하는 배려심을 가르쳐주셨습니다.

이런 가르침은 내가 수의사로 일할 때도 큰 도움이 되었습니다. 동물의 생명을 다루는 일에서 작은 실수도 치명적일 수 있다는 것을 항상 마음에 새기며, 최선을 다해 정성을 쏟았죠. 또한 공무원으로 일할 때도 내가 처리하는 모든 업무가 시민들의 삶과 직결되어 있다는 것을 잊지 않았습니다.

삶의 여정, 그 의미를 찾아서

농림고등학교에서 수의학과를 거쳐, 군인의 길을 걸으며 국가에 대한 책임을 배웠고, 공무원으로서 민초들의 삶을 가까이에서 헤아리며 봉사의 의미를 깨달았습니다. 수의사로서 생명을 돌보는 일은 내게 가장 숭고한 소명이었고, 이는 곧 인간에 대한 사랑으로 이어졌습니다.

새마을운동과 정치 활동에 참여하며 지역사회에 기여하고자 했고, 나이가 들어서도 사주명리, 전례사, 풍수지리, 예절지도사 자격증을 취득하며 끊임없이 배움의 끈을 놓지 않았습니다. 배움은 나에게 단순한 지식 습득이 아니라, 세상을 이해하고 타인을 섬기는 도구였습니다.

농림고등학교를 선택한 것은 우연이 아니었습니다. 어린 시절부터 자연과 가까이 살아온 나에게 농업은 생명을 기르는 숭고한 일이었습니다. 그곳에서 배운 것은 단순히 농사 기술이 아니라, 자연의 순리를 따르는 삶의 지혜였습니다. 씨를 뿌리면 반드시 거두게 되고, 정성을 다하면 그만큼의 결실을 얻는다는 자연의 법칙을 몸소 체험했습니다.

수의학과에 진학한 것은 생명에 대한 경외심에서 출발했습니다. 작은 생명 하나하나가 모두 소중하다는 것을 깨달았고, 그 생명들을 돌보는 일에 사명감을 느꼈습니다. 수의사로서의 경험은 나에게 생명의 신비로움과 소중함을 일깨워주었고, 이는 나중에 사람들을 대할 때도 같은 마음으로 대하게 하는 바탕이 되었습니다.

군 복무는 나에게 국가관과 책임감을 심어주었습니다. 개인의 안위보다는 공동체의 안전이 우선이라는 것을 배웠고, 조직 속에서 각자의 역할을 충실히 해야 전체가 발전할 수 있다는 것을 깨달았습니다. 이런 경험은 나중에 공무원으로 일할 때 큰 도움이 되었습니다.

공무원 생활에서는 진정한 봉사의 의미를 배웠습니다. 시민들의 작은 민원 하나하나가 그들에게는 절실한 문제라는 것을 알았고,

그것을 해결해드릴 때의 보람은 어떤 것과도 바꿀 수 없었습니다. 특히 어려운 처지에 있는 분들을 도와드릴 때는 내가 받는 것이 더 많다는 것을 느꼈습니다.

새마을운동에 참여한 것은 고향에 대한 사랑에서 출발했습니다. 내가 자란 아름다운 고향을 더욱 살기 좋은 곳으로 만들고 싶었고, 그를 위해 자발적으로 나서는 것이 당연하다고 생각했습니다. 길을 닦고, 마을을 정비하고, 주민들의 의식을 개선하는 일에 앞장서면서 진정한 지역사회 발전이 무엇인지 배웠습니다.

정치 활동은 더 큰 차원에서 사회에 기여하고자 하는 열망에서 시작되었습니다. 개인적인 야망보다는 지역과 국가의 발전을 위해 내가 할 수 있는 일이 무엇인지 고민했고, 그 결과로 정치에 뛰어들었습니다. 비록 큰 성과를 거두지는 못했지만, 그 과정에서 민주주의의 소중함과 정치의 어려움을 몸소 체험했습니다.

나이가 들어서도 계속 공부한 것은 세상이 계속 변하고 있기 때문이었습니다. 사주명리를 공부한 것은 사람의 운명과 성격을 이해하여 더 나은 상담을 하기 위함이었고, 전례사 자격을 취득한 것은 우리 전통문화를 보존하고 전승하기 위함이었습니다. 풍수지리를 배운 것은 인간과 자연의 조화로운 관계를 이해하기 위함이었고, 예절지도사가 된 것은 올바른 인성 교육에 기여하기 위함이었습니다.

시대의 증인, 역사의 동반자

내가 살아온 시대는 참으로 격동의 시기였습니다. 일제강점기의 마지막 몇 년을 어린 시절로 보냈고, 해방의 기쁨과 혼란을 동시에 경험했습니다. 6·25 전쟁의 포화 속에서 청소년기를 보냈고, 전후 복구와 산업화의 과정에서 청년기와 장년기를 살았습니다.

이 모든 과정에서 나는 단순한 구경꾼이 아니라 적극적인 참여자였습니다. 시대의 아픔을 함께 겪으며, 조국의 발전을 위해 내가 할 수 있는 일을 찾아 실천했습니다. 때로는 개인적인 희생이 따르기도 했지만, 그것이 더 큰 가치를 위한 것이라면 기꺼이 감수했습니다.

해방 직후의 혼란 속에서도 희망을 잃지 않았던 것은 우리 민족의 저력에 대한 믿음이 있었기 때문입니다. 비록 일제의 억압을 받았지만, 우리의 정신과 문화는 결코 꺾이지 않았다는 것을 실감했죠. 그 믿음은 나중에 국가 발전에 참여할 때 원동력이 되었습니다.

6·25 전쟁은 내게 전쟁의 참혹함과 평화의 소중함을 동시에 가르쳐주었습니다. 하루아침에 모든 것을 잃을 수 있다는 불안감과 동시에, 그 속에서도 서로를 돌보며 살아가는 인간의 따뜻함을 보았습니다. 이런 경험은 나중에 어떤 어려움이 닥쳐도 굴복하지 않는 정신력을 기르는 데 도움이 되었습니다.

산업화 시대에는 급격한 변화 속에서 전통과 현대를 조화시키는 것이 중요하다는 것을 깨달았습니다. 무조건 서구화하는 것이 아니라, 우리의 좋은 것은 보존하면서 새로운 것을 받아들이는 지혜가 필요했죠. 이런 관점은 나중에 전례사나 예절지도사로 활동할 때 큰 도움이 되었습니다.

개인사를 넘어 시대사로

이 책은 단순히 '나'라는 한 개인의 이야기가 아닙니다. 그것은 격동의 대한민국 현대사를 함께 살아온 평범한 한 시민의 기록이기도 합니다. 일제강점기의 말미에 태어나 해방을 맞았고, 한국전쟁의 혼란 속에서 청소년기를 보냈으며, 조국 근대화의 시대에 청년기와 장년기를 살았습니다.

가난을 딛고 일어서려 했던 개인의 열망, 공동체를 위해 헌신하고자 했던 작은 노력들이 모여, 오늘날의 대한민국을 이루는 데 보탬이 되었음을 믿습니다. 나와 같은 평범한 사람들의 성실한 삶이 모여 대한민국의 기적을 만들어냈다고 생각합니다.

우리나라가 세계에서 가장 가난한 나라 중 하나에서 선진국 대열에 합류한 것은 결코 우연이 아닙니다. 그 뒤에는 나와 같은 평범한 사람들의 피와 땀이 있었습니다. 각자의 자리에서 최선을 다하며, 개인의 발전과 국가의 발전을 동시에 추구했던 수많은 사람들의 노력이 있었죠.

나는 그 과정에서 수의사로서 축산업 발전에 기여했고, 공무원으로서 민원 처리와 행정 서비스 개선에 노력했으며, 새마을운동을 통해 지역사회 발전에 참여했습니다. 비록 작은 기여였지만, 그런 작은 기여들이 모여 큰 변화를 만들어냈다고 믿습니다.

이 책을 쓰는 이유 중 하나는 그런 평범한 사람들의 노력이 역사에 기록되어야 한다고 생각하기 때문입니다. 역사는 영웅들만의 것이 아니라, 평범한 사람들의 일상적인 노력과 헌신으로 만들어집니다. 나의 이야기가 그런 평범한 사람들의 이야기를 대변할 수 있다면, 그것만으로도 이 책을 쓴 의미가 있다고 생각합니다.

가족과 이웃, 삶의 동반자들

내 삶에서 가장 소중한 것은 가족과 이웃들이었습니다. 어려운 시절을 함께 겪으며 서로를 의지하고 도우며 살아왔습니다. 가족은 내게 무조건적인 사랑과 지지를 보내주었고, 이웃들은 인생의 동반자로서 기쁨과 슬픔을 함께 나누었습니다.

부모님께서는 비록 가난했지만 자식 교육만큼은 소홀히 하지 않으셨습니다. 공부를 잘하든 못하든 인격적으로 올바른 사람이 되라고 늘 말씀하셨고, 그 가르침은 내 삶의 나침반이 되었습니다. 특히 어머니의 자장가와 동요는 내게 정서적 안정과 함께 인생의 지혜를 전해주었습니다.

형제자매들과는 때로는 경쟁하고 때로는 협력하며 성장했습니다. 그 과정에서 양보와 배려, 책임감과 리더십을 배웠습니다. 이런 경험은 나중에 사회생활을 할 때 큰 도움이 되었습니다.

결혼 후 아내와 함께 만든 가정은 내 인생의 또 다른 출발점이었습니다. 아내는 내게 인생의 동반자이자 가장 든든한 지원군이었습니다. 힘들 때 위로해주고, 기쁠 때 함께 기뻐해주며, 내가 올바른 길을 갈 수 있도록 조언해주었죠.

자녀들을 기르면서는 부모의 마음을 이해하게 되었고, 다음 세대에 대한 책임감을 더욱 크게 느꼈습니다. 그들에게 물려줄 수 있는 최고의 유산은 돈이나 재산이 아니라 올바른 인성과 가치관이라는 것을 깨달았습니다.

이웃들과의 관계에서는 공동체 의식의 중요성을 배웠습니다. 서로 도우며 살아가는 것이 개인의 이익을 추구하는 것보다 결국 모두에게 더 큰 행복을 가져다 준다는 것을 경험했습니다. 이런 깨달음이 나중에 새마을운동이나 지역사회 활동에 적극적으로 참여하게 된 동기가 되었습니다.

신앙과 철학, 내면의 성장

내 삶에서 종교와 철학은 중요한 위치를 차지했습니다. 어려운 시절을 견디는 힘은 물론, 인생의 의미와 목적을 찾는 데 큰 도움이 되었습니다. 특히 우리 전통의 유교적 가치관과 불교적 세계관은 내 인생관 형성에 큰 영향을 미쳤습니다.

유교에서 배운 것은 인간관계의 도리와 사회적 책임이었습니다. 부모에 대한 효도, 형제간의 우애, 친구와의 신의, 사회에 대한 의무 등은 내 행동의 기준이 되었습니다. 특히 '수기치인(修己治人)'의 정신은 먼저 자신을 닦고 다음에 남을 다스린다는 뜻으로, 내가 공직자로서 일할 때 항상 마음에 새기고 있던 원칙이었습니다.

불교에서 배운 것은 자비심과 무아 정신이었습니다. 모든 생명이 소중하다는 것, 개인의 이익보다는 전체의 화합이 중요하다는 것을 깨달았습니다. 이런 정신은 수의사로서 동물들을 돌볼 때나, 공무원으로서 시민들을 섬길 때 큰 도움이 되었습니다.

나이가 들어 사주명리를 공부한 것도 동양철학에 대한 관심의 연장선이었습니다. 인간의 운명과 성격을 이해하여 더 나은 상담을 하고 싶었고, 그를 통해 사람들에게 도움을 주고 싶었죠. 명리학은 단순한 점술이 아니라, 인간의 본성과 운명을 이해하는 깊은 학문이라는 것을 깨달았습니다.

풍수지리를 배운 것도 마찬가지였습니다. 인간과 자연의 조화로운 관계를 이해하고, 그를 통해 더 나은 삶의 환경을 만들고 싶었습니다. 풍수지리는 단순한 미신이 아니라, 오랜 세월 우리 선조들이 축적한 환경에 대한 지혜라는 것을 알게 되었습니다.

학습과 성장, 평생교육의 실천

배움에 대한 열정은 내 삶의 중요한 동력이었습니다. 학교를 졸업한 후에도 계속 공부하며 새로운 지식과 기술을 습득하려 노력했습니다. 이는 단순한 개인적 욕구가 아니라, 변화하는 시대에 적응하고 사회에 더 나은 기여를 하기 위한 필수적인 과정이라고 생각했습니다.

전례사 자격을 취득한 것은 우리 전통문화에 대한 관심에서 출발했습니다. 급격한 서구화 과정에서 우리의 좋은 전통들이 사라져가는 것을 안타깝게 생각했고, 그런 전통을 보존하고 전승하는 데 기여하고 싶었습니다. 전례를 배우면서 우리 선조들의 지혜와 예의를 새삼 깨달았습니다.

예절지도사가 된 것은 올바른 인성 교육에 대한 관심 때문이었습니다. 물질적으로는 풍요로워졌지만 정신적으로는 메마르기 시작한 현대 사회에서, 올바른 예절과 인성이 얼마나 중요한지 절감했습니다. 특히 다음 세대에게 올바른 예절을 가르치는 것이 중요하다고 생각했습니다.

이런 모든 학습과 자격 취득은 개인적 성취를 위한 것이 아니라, 사회에 더 나은 기여를 하기 위한 준비 과정이었습니다. 배운 것을 혼자만 간직하는 것이 아니라, 그것을 필요로 하는 사람들과 나누고 싶었습니다.

평생교육의 중요성을 몸소 실천하면서, 나는 학습이 단순히 지식을 쌓는 것이 아니라 삶을 더욱 풍요롭게 만드는 과정이라는 것을 깨달았습니다. 새로운 것을 배울 때마다 세상을 바라보는 시각이 넓어졌고, 사람들을 이해하는 깊이가 더해졌습니다.

어려움과 시련, 그리고 극복

내 인생이 항상 순탄했던 것은 아닙니다. 가난한 집안에서 태어나 어려운 환경에서 자랐고, 때로는 좌절하고 포기하고 싶은 순간들도 있었습니다. 하지만 그런 시련들이 오히려 나를 더 강하게 만들었고, 다른 사람들의 아픔을 이해할 수 있게 해주었습니다.

어린 시절의 가난은 내게 절약 정신과 근면성을 가르쳐주었습니다. 없는 것이 당연한 줄 알았기에 작은 것에도 감사할 줄 알았고, 무엇이든 소중히 여기는 마음을 기를 수 있었습니다. 또한 물질적 풍요가 행복의 전부가 아니라는 것을 일찍 깨달을 수 있었습니다.

학업의 어려움도 있었습니다. 경제적 형편상 충분한 교육 기회를 갖지 못했지만, 그래서 더욱 간절히 공부했습니다. 책 한 권, 연필 한 자루도 귀하게 여기며 공부했던 그 시절의 경험은 나중에 평생교육을 실천하는 원동력이 되었습니다.

군 복무 중에도 여러 시련이 있었습니다. 힘든 훈련과 규율 속에서 때로는 고향이 그리웠고, 미래에 대한 불안감도 있었죠. 하지만 그 과정에서 인내심과 책임감을 기를 수 있었고, 동료들과의 우정도 쌓을 수 있었습니다.

직장 생활에서도 순탄하지만은 않았습니다. 때로는 상사와의 갈등이 있었고, 때로는 업무상의 어려움에 부딪히기도 했습니다. 하지만 그런 경험들이 나를 더욱 성숙하게 만들었고, 문제 해결 능력을 기르는 데 도움이 되었습니다.

가장 큰 시련은 가족의 병이나 사고였습니다. 사랑하는 사람이 아플 때의 안타까움과 무력감은 말로 표현할 수 없었습니다. 하지만 그런 경험을 통해 생명의 소중함을 더욱 깊이 깨달았고, 수의사로서 다른 이들의 아픔에 더욱 공감할 수 있게 되었습니다.

이 모든 시련들을 극복할 수 있었던 것은 가족의 사랑과 지지, 그리고 내 안의 신념 때문이었습니다. 어떤 어려움이 와도 반드시 해결책이 있다는 믿음, 현재의 고통이 미래의 성장을 위한 밑거름이 될 것이라는 희망을 잃지 않았습니다.

후회와 반성, 그리고 용서

지나온 삶을 돌아보면 후회되는 일들도 많습니다. 더 잘할 수 있었는데 하지 못한 일들, 상처를 주고받은 관계들, 놓쳐버린 기회들, 아끼지 않은 건강이었습니다. 하지만 그런 후회들조차 내 삶의 소중한 일부라고 생각합니다.

가장 후회되는 것은 부모님께 더 많은 효도를 드리지 못한 것입니다. 젊었을 때는 내 일에만 바빠서 부모님의 마음을 충분히 헤아리지 못했습니다. 나이가 들어서야 부모님의 사랑이 얼마나 크고 깊었는지 깨달았지만, 이미 돌아가신 후였습니다.

또한 가족들과 더 많은 시간을 보내지 못한 것도 아쉽습니다. 일에 매진하느라 아이들이 자라는 모습을 충분히 지켜보지 못했고, 살아가기 바빠 건강을 제대로 돌보지 않아 내자(아내)의 마음을 많이 아프게 한 점 병석에 있으면서 많이 후회스러웠습니다. 그리고 내자와 깊은 대화를 나눌 시간이 부족했습니다. 물론 가족을 위해 열심히 일한 것이지만, 그래도 함께하는 시간이 더 많았으면 좋았을 것이라는 생각이 듭니다.

직장에서도 때로는 감정적으로 대응했던 일들이 있습니다. 더 인내심을 갖고 상대방의 입장을 이해하려 노력했다면 더 좋은 결과를 얻을 수 있었을 텐데, 순간의 감정에 휩싸여 후회할 일들을 만들기도 했습니다.

하지만 이런 후회들을 통해 더욱 겸손해질 수 있었고, 다른 사람들의 실수를 이해하고 용서하는 마음을 기를 수 있었습니다. 완벽한 사람은 없다는 것, 실수를 통해 배우고 성장하는 것이 인간의 본성이라는 것을 깨달았습니다.

나를 힘들게 했던 사람들을 용서하는 것도 중요한 과정이었습니다. 원망하고 미워하는 마음을 품고 사는 것은 결국 나 자신을 해치는 일이라는 것을 알게 되었습니다. 용서는 상대방을 위한 것이 아니라 나 자신의 평안을 위한 것이었습니다.

감사와 보은, 받은 사랑에 대한 답

내가 지금까지 살아올 수 있었던 것은 수많은 사람들의 도움과 사랑 덕분입니다. 부모님의 희생, 스승들의 가르침, 동료들의 협력, 가족의 지지, 이웃들의 격려가 없었다면 오늘의 내가 있을 수 없었습니다.

가장 먼저 감사해야 할 분들은 부모님입니다. 가난한 중에도 자식들을 위해 모든 것을 희생하셨고, 물질적 부족함을 정신적 풍요로움으로 채워주셨습니다. 부모님께서 심어주신 가치관과 인생관이 내 삶의 든든한 뿌리가 되었습니다.

학창 시절 나를 가르쳐주신 선생님들께도 깊은 감사를 드립니다. 단순히 지식을 전달하는 것이 아니라, 인격적으로 성장할 수 있도록 이끌어주셨습니다. 특히 어려운 환경에서도 공부할 수 있도록 격려해주시고 도와주신 은혜는 평생 잊을 수 없습니다.

직장에서 만난 상사들과 동료들도 내게 소중한 스승이었습니다. 그들로부터 업무 처리 방법뿐만 아니라 인간관계의 지혜를 배웠고, 조직 생활의 어려움을 함께 헤쳐나가며 진정한 동지애를 느꼈습니다.

무엇보다 평생의 동반자인 내자와 자녀들에게 감사합니다. 그들이 있었기에 내 삶이 의미 있고 풍요로워질 수 있었습니다. 힘들 때 위로와 격려를 주었고, 기쁠 때 함께 기뻐해주었으며, 내가 아플 때 그 자리를 지켜 준 나의 내자에게 무엇보다 감사합니다.

이런 감사의 마음을 실천하는 방법은 받은 사랑을 다른 사람들에게 전하는 것이라고 생각합니다. 내가 받은 도움과 사랑을 다음 세대에게, 주변의 어려운 이웃들에게 나누어주는 것이 진정한 보은이라고 믿습니다.

마음의 준비, 진실한 고백

이제 지나온 길을 겸허히 돌아보며, 나의 삶이 한 편의 대서사였음을 조용히 고백하고자 합니다. 이 글이 나의 모든 것을 담아내지 못하더라도, 그 속에 담긴 진심이 이 글을 읽는 당신에게 작은 울림과 위로가 되기를 바라는 마음으로, 나의 이야기를 시작합니다.

부디, 나의 지난 시간이 당신에게 의미 있는 페이지로 기억되기를 소망합니다. 때로는 서툰 표현일지라도, 그 안에 담긴 진정성 만큼은 전해지기를 바랍니다. 이는 한 개인의 자서전이지만, 동시에 우리 모두의 이야기이기도 합니다.

나는 특별한 사람이 아닙니다. 그저 주어진 환경에서 최선을 다해 살려고 노력한 평범한 사람일 뿐입니다. 하지만 그런 평범함 속에도 나름의 의미와 가치가 있다고 믿습니다. 평범한 사람들의 성실한 삶이 모여 역사를 만들고, 사회를 발전시키며, 다음 세대에게 더 나은 세상을 물려줍니다.

이 책을 통해 나는 솔직하게 내 삶을 이야기하고자 합니다. 성공한 일들뿐만 아니라 실패한 일들도, 자랑스러운 순간들뿐만 아니라 부끄러운 순간들도 있는 그대로 보여주고 싶습니다. 그것이 진정한 삶의 모습이고, 그런 진실한 이야기가 독자들에게 더 큰 감동과 교훈을 줄 수 있다고 생각합니다.

또한 이 책이 단순한 회고록에 그치지 않고, 현재를 살아가는 사람들에게 작은 위로와 희망을 주었으면 합니다. 어려운 시절을 견디고 있는 젊은이들에게는 용기를, 인생의 의미를 찾고 있는 중년들에게는 방향을, 황혼기를 맞은 동년배들에게는 공감과 위안을 줄 수 있다면 그것으로 충분합니다.

마지막으로, 이 책이 나의 후손들에게는 할아버지의 삶을 이해하는 귀중한 자료가 되기를 바랍니다. 그들이 자신들의 뿌리를 이해하고, 어떤 정신과 가치관을 물려받았는지 알 수 있도록 최대한 정확하고 진실하게 기록하고자 합니다.

이제 시간의 강을 거슬러 올라가는 여행을 시작합니다. 기억의 편린들을 하나씩 모아 하나의 이야기로 엮어내는 과정이 쉽지는 않겠지만, 그 과정 자체가 내게는 소중한 시간이 될 것입니다. 독자 여러분도 함께 이 여행에 동참해 주시기를 바라며, 이제 본격적인 이야기를 시작하고자 합니다.

나의 삶, 한 편의 대서사가 지금 시작됩니다.

2장

나는 누구인가?
-차상근이라는 이름의 무게

이름에 담긴 역사의 무게

내 이름은 차상근(車相根), 아호는 소나무처럼 굳건하고 푸르른 기상을 닮고자 '송원(松苑)'이라 지었습니다. 나는 기묘년(己卯年) 음력 8월 8일, 1939년에 태어났습니다. 일제강점기라는 암울한 시대였지만, 그 속에서도 희망의 싹은 트고 있었습니다.

'상근(相根)'이라는 이름에는 특별한 의미가 담겨 있습니다. '상(相)'은 서로 돕는다는 뜻이며, '근(根)'은 뿌리를 의미합니다. 부친께서는 내가 태어났을 때 "뿌리를 잊지 않고 이웃과 서로 돕는 사람이 되기를 바란다"는 뜻으로 이 이름을 지어주셨습니다. 아호 '송원(松苑)'은 내가 성인이 되어 스스로 택한 것으로, 소나무 동산이라는 뜻입니다. 소나무는 사계절 푸르름을 잃지 않고 척박한 땅에서도 굳건히 자라납니다. 혹독한 겨울을 견디며 꿋꿋이 서 있는 소나무처럼, 어떤 시련이 와도 굴복하지 않는 의지를 품고 살아가겠다는 다짐을 담았습니다.

나의 근원은 연안차씨(延安車氏) 강렬공파(剛烈公波) 44대손에 닿아 있습니다. 연안차씨의 역사는 깊고 오래되었습니다. 시조 1세는 차효전(車孝仝)이시고, 강렬공파는 21세부터 이어집니다. 이렇듯 나의 이름 앞에는 늘 묵직한 가문의 역사가 드리워져 있었습니다.

연안은 지금의 황해도 연안군으로, 고려시대부터 조선시대에 걸쳐 우리 선조들이 뿌리내리고 살았던 곳입니다. 연안차씨는 고려말 원나라 침입 때 의병을 일으켜 항쟁한 충의공(忠義公) 차희맹(車希孟)을 배출했고, 조선시대에는 세종대왕 때 집현전 학사로 활약한 차천로(車天老)와 같은 학자들을 길러냈습니다. 임진왜란 때는 차천로의 후손들이 의병장으로 활약하며 나라를 지켰고, 정유재란 때는 가문의 많은 이들이 목숨을 바쳐 국난 극복에 기여했습니다.

하지만 해방과 분단의 아픔 속에서 고향을 등져야 했던 아픈 역사도 함께 지니고 있습니다. 6.25 전쟁 당시 많은 연안차씨 후손들이 피난길에 올라야 했고, 고향에 남은 족보와 문중의 유물들을 잃어버리는 아픔을 겪었습니다. 그럼에도 불구하고 남한에 정착한 후손들은 서로 연대하며 가문의 정체성을 지켜나갔습니다. 매년 추석과 설날이면 전국에 흩어져 있는 종친들이 모여 조상들의 은덕을 기리고, 후손들의 발전을 위해 머리를 맞대고 있습니다.

조상들의 지혜와 헌신이 담긴 연안차씨의 피를 이어받아 이 땅에 태어났다는 사실은 단순한 혈통을 넘어 제 삶의 방향을 제시하는 나침반과 같았습니다. 어릴 때부터 가문의 역사를 들으며 자란 나는, 조상들의 충의 정신과 학문에 대한 열정을 물려받았다고 생각합니다. 이는 때로는 무거운 짐이 되기도 했지만, 동시에 올바른 길을 걸어가게 해주는 든든한 버팀목이 되었습니다.

부친, 차영우의 삶과 가르침

나의 부친은 차영우(車永禑)로, 강렬공파 43세손이십니다. 아호는 낙호(珞湖)이시며, 신해년(辛亥年)인 1911년 2월 22일에 태어나 개해년(己亥年)인 1983년 4월 2일에 돌아가셨습니다. 부친께서는 일제강점기와 해방, 그리고 한국전쟁까지 겪으신 파란만장한 인생을 사셨습니다.

부친의 어린 시절은 일제강점기의 어두운 현실 속에서도 희망을 잃지 않으셨던 시간이었습니다. 당시 우리나라는 일본의 식민지 지배하에 있었고, 우리말과 우리 문화를 지키는 것조차 어려운 시대였습니다. 하지만 부친의 부친, 즉 나의 할아버지께서는 집안에서만큼은 한글을 가르치고 조선의 역사를 들려주셨습니다. 부친은 이런 환경에서 자라나며 민족의 정체성을 잃지 않을 수 있었습니다.

청년 시절의 부친은 일제의 강제 징용을 피해 고향을 떠나 여러 지역을 전전하셨습니다. 그 과정에서 온갖 고생을 겪으셨지만, 결코 일제에 굴복하지 않으셨습니다. 해방이 되던 해, 부친은 고향으로 돌아와 새로운 나라 건설에 대한 꿈을 품으셨습니다. 하지만 얼마 지나지 않아 분단의 아픔을 겪게 되었고, 이어진 6.25 전쟁으로 인해 다시 한번 피난길에 오르셔야 했습니다.

부친은 과묵하신 분이었지만, 그 침묵 속에는 깊은 지혜와 인내가 담겨 있었습니다. 일제강점기의 억압 속에서도 민족의 정기를 잃지 않으셨고, 해방 후에는 새로운 나라 건설에 대한 희망을 품고 계셨습니다. 부친께서는 항상 "뿌리를 잊지 말라"고 말씀하셨습니다. 이는 단순히 혈통을 의미하는 것이 아니라, 우리가 어디서 왔고 어떤 정신을 이어받았는지를 기억하라는 뜻이었습니다.

부친의 교육 철학은 실용적이면서도 깊이가 있었습니다. "책을 읽되 세상을 등지지 말고, 세상을 살되 책을 멀리하지 말라"는 것이 부친의 가르침이었습니다. 또한 "남에게 해를 끼치지 않으면서도 자신의 뜻을 굽히지 말라"는 중용의 철학을 몸소 보여주셨습니다. 이런 부친의 가르침은 내가 공직자의 길을 걷는 데 있어 중요한 지침이 되었습니다.

부친은 짧은 공직 생활과 작은 지물포점을 운영하면서 한문과 역사에 조예가 깊으셨습니다. 겨울밤이면 호롱불 아래서 《삼국사기》나 《삼국유사》를 읽어주시곤 했는데, 그때 들었던 역사 이야기들이 제 마음속에 깊이 새겨졌습니다. 특히 을지문덕과 연개소문, 최치원과 같은 인물들의 이야기를 들으며 나는 나라를 사랑하는 마음을 키울 수 있었습니다.

부친의 일생은 격동기를 살아간 한국인의 전형이었습니다. 젊은 시절에는 일제의 억압 속에서도 꿋꿋이 자신의 길을 걸어가셨고, 해방 후에는 새로운 희망을 품고 가정을 이루어 나가셨습니다. 전쟁의 참화 속에서도 가족을 지키셨고, 어려운 경제 상황에서도 자식들의 교육을 포기하지 않으셨습니다. "스스로 살방안을 찾으라'라는 부친의 교육방침은 내가 살아가는 원동력이 되었습니다. "자식들은 나라에 도움이 되는 사람이 되라"는 것이었습니다. 이 한마디가 제 평생의 좌우명이 되었습니다.

모친, 이단악의 사랑과 희생

모친은 이단악(李丹岳) 여사로, 성주 이씨 가문의 따님이십니다. 택호는 씨실댁이셨으며, 부친과 같은 신해년인 1911년 9월 17일에 태어나 병자년(丙子年)인 1996년 7월 19일에 돌아가셨습니다. 모친께서는 전형적인 어머니상이셨습니다. 자식들을 위해서라면 모든 것을 희생하셨고, 가정의 평화를 위해 늘 뒤에서 묵묵히 뒷바라지를 해주셨습니다.

성주 이씨는 경상북도 성주군을 본관으로 하는 명문가문입니다. 모친의 집안은 대대로 학문을 숭상하고 예의를 중시하는 가풍이 있었습니다. 모친은 비록 여성이라는 이유로 정규 교육을 받지는 못하셨지만, 집안 어른들로부터 《소학》과 《명심보감》을 배우며 인격을 도야하셨습니다. 또한 한글을 읽고 쓰는 능력을 갖추고 계셨는데, 이는 당시 여성으로서는 드문 일이었습니다.

모친이 부친과 혼인하신 것은 1935년, 스물네 살의 나이였습니다. 당시는 중매혼이 일반적이었는데, 두 가문의 어른들이 서로의 가문을 알아보고 혼사를 성사시킨 것이었습니다. 모친은 훗날 "처음에는 낯선 사람과 살아가는 것이 두렵고 어색했지만, 시간이 흐르면서 진정한 사랑을 알게 되었다"고 회고하셨습니다.

모친의 손은 늘 거칠었습니다. 농사일과 집안일로 다 굳어버린 손이었지만, 그 손길은 언제나 따뜻했습니다. 아플 때 이마에 얹어주시던 모친의 손, 학교에서 돌아오면 맞아주시던 따뜻한 미소, 어려운 살림에도 늘 넉넉한 마음으로 이웃과 나누셨던 모습들이 지금도 선명합니다.

모친은 특히 바느질 솜씨가 뛰어나셨습니다. 우리 집 아이들의 옷은 물론이고, 이웃집 아이들의 옷까지 깁고 새로 만들어주셨습니다. 모친의 바느질 솜씨는 동네에서 소문이 날 정도였는데, 명절이면 여러 집에서 한복을 맞춰달라고 부탁해 올 정도였습니다. 하지만 모친은 한 번도 삯을 받지 않으셨습니다. "이웃끼리 서로 돕는 것이 당연하다"는 것이 모친의 철학이었습니다.

모친께서는 글을 많이 배우지는 못하셨지만, 인생의 지혜만큼은 누구보다 깊으셨습니다. "남을 해치지 말고, 자신이 할 일을 묵묵히 하라"는 것이 모친의 철학이었습니다. 또한 "어려운 이웃을 외면하지 말고, 작은 도움이라도 베풀어라"는 가르침을 주셨습니다. 이런 모친의 가르침은 내가 평생을 살아가는 데 있어 가장 소중한 나침반이 되었습니다.

특별한 추모, 합제의 의미

특별히 기억에 남는 것은 어머니가 돌아가신 지 3년 후에 아버지의 기일(忌日)에 맞춰 합제(合祭)를 지냈던 일입니다. 이는 단순한 의례를 넘어, 부모님의 사랑과 헌신을 기리는 숭고한 시간이었습니다. 두 분을 함께 기리며 나는 가족의 소중함과 전통의 의미를 다시금 되새길 수 있었습니다.

합제를 지내기로 결심한 것은 모친의 삼년상을 마치고 난 후였습니다. 유교의 전통에서 삼년상은 부모에 대한 최고의 효도를 표현하는 방법입니다. 모친의 삼년상을 치르면서 나는 부모님의 은혜가 얼마나 큰지를 새삼 깨달았습니다. 그리고 이제 두 분이 저세상에서 함께 계실 텐데, 제사도 함께 지내드리는 것이 옳겠다는 생각이 들었습니다.

합제를 준비하는 과정에서 나는 부모님의 일생을 되돌아보게 되었습니다. 각각 다른 가문에서 태어나 하나가 되어 가정을 이루시고, 어려운 시대를 함께 헤쳐나가신 두 분의 사랑 이야기는 그 자체로 감동이었습니다. 부친과 모친은 비록 중매로 만나셨지만, 시간이 흐르면서 진정한 사랑을 키워나가셨습니다. 일제강점기의 어려움도, 전쟁의 참화도, 가난의 고통도 두 분이 함께 견뎌내셨습니다.

합제상을 차리는 일은 온 가족이 함께했습니다. 부모님이 생전에 좋아하셨던 음식들을 정성스럽게 준비했습니다. 부친이 좋아하셨던 북어포와 모친이 즐겨 드시던 나물들을 빠뜨리지 않고 올렸습니다. 또한 두 분이 함께 키우셨던 감나무에서 딴 감도 제상에 올렸습니다. 그 감나무는 아직도 우리 집 마당에 서 있는데, 해마다 가을이면 달콤한 감을 맺어줍니다.

합제를 지내는 동안 나는 두 분의 생전 모습을 떠올리며 눈물을 흘렸습니다. 어려운 시절에도 서로를 의지하며 가정을 지켜나가신 두 분의 모습, 자식들을 위해 모든 것을 희생하셨던 두 분의 사랑이 마음속에 가득 찼습니다. 그리고 이제 저세상에서도 함께 계실 두 분을 생각하며, 나는 그분들의 뜻을 이어받아 더욱 성실하게 살아가야겠다는 다짐을 하게 되었습니다.

합제 이후로 나는 매년 부친의 기일에 두 분을 함께 모시고 있습니다. 이는 단순한 관습이 아니라, 부모님의 사랑과 희생을 기억하고 그 뜻을 이어가겠다는 의지의 표현입니다. 후손들도 이런 전통을 이어받아 가족의 소중함을 잊지 않았으면 하는 바람입니다.

정체성의 확립, 나는 누구인가

나의 주민등록상 생년월일은 1941년 2월 28일이며, 주소는 서울특별시 강동구에 위치해 있습니다. 이 주소는 단순한 물리적 공간을 넘어, 나의 삶의 흔적이 고스란히 담긴 곳입니다. 젊은 시절 꿈을 키웠던 곳, 가족과 함께 행복을 나눴던 곳, 그리고 노년의 지혜를 쌓아가는 곳입니다.

천호동에 정착한 것은 노년기에 접어들면서 였습니다. 젊은 시절과 중년기를 다른 곳에서 보낸 후, 인생의 마지막 장을 열어갈 곳으로 천호동을 선택했습니다. 이 지역은 한강을 끼고 있어 공기가 맑고 조용해서 노년의 정취를 즐기기에 좋은 곳이었습니다. 처음 이사 왔을 때는 이미 고층 아파트들이 즐비하게 서 있는 번화한 도시였지만, 한편으로는 아직 정겨운 동네의 정취가 남아 있는 곳이기도 했습니다.

[사진 3 저자 차상근]

우리 집은 상가주택이었지만, 뒷마당에는 주차장과 감나무 한 그루와 작은 텃밭이 있었습니다. 노년에 접어들어 그 텃밭에서 상추와 배추, 무를 키우며 여생을 보내는 것은 큰 즐거움이었습니다. 평생 바쁘게 살아온 삶에서 벗어나 흙을 만지며 하루의 평안함을 느낄 수 있었습니다. 특히 가을이면 감나무에서 딴 감을 이웃들과 나누며 정을 쌓았던 기억이 선명합니다. 노년의 천호동 생활은 아픈 제게 삶의 여유와 성찰의 시간을 선사해주었습니다.

행정사무관, 수의사, 그리고 차상근 원장이라는 다양한 호칭은, 한 개인이 시대 속에서 어떻게 성장하고 봉사해왔는지를 보여주는 작은 증거들입니다. 이 호칭들은 제게 주어진 직책이자, 동시에 그 역할에 대한 책임감을 일깨워주는 이름들이었습니다. 각각의 호칭 뒤에는 무수한 노력과 헌신의 시간들이 축적되어 있습니다.

행정사무관이 되기까지의 길은 평탄하지 않았습니다. 대구농림고등학교 축산과를 졸업한 후 공무원 시험을 준비했습니다. 축산과에서 배운 지식은 훗날 수의사가 되는 데 큰 도움이 되었지만, 당시에는 아버지의 공직 생활의 영향으로 공직에 진출하고 싶은 마음이 컸습니다. 캄캄한 새벽부터 호롱불 아래서 책을 읽으며 공부하던 그 시절이 지금도 생생합니다. 부모님으로부터 명석한 두뇌를 물려받은 탓에 단 한번의 실패도 없이 공무원이 될 수 있었고, 그 기쁨은 이루 말할 수 없었습니다.

수의사라는 호칭은 내가 동물에 대한 사랑과 생명을 살리는 일에 대한 열정으로 얻은 자격입니다. 대구농림고등학교 축산과에서 쌓은 기초 지식이 큰 바탕이 되었습니다. 어린 시절부터 동물들과 가깝게 지내며 자란 나는, 아픈 동물들을 치료해주고 싶다는 마음을 품고 있었습니다. 부친의 영향도 컸는데, 부친은 집에서 키우는 가축들의 병을 직접 치료하시곤 했습니다. 고등학교에서 축산학을 배우면서 동물에 대한 이해가 더욱 깊어졌고, 이를 바탕으로 수의학을 더 공부하여 마침내 수의사 자격을 얻을 수 있었습니다. 이는 단순한 자격증이 아니라, 생명을 돌보고 사회에 봉사하겠다는 의지의 표현이었습니다.

차상근 원장이라는 호칭은 내가 설립한 동물병원에서 비롯되었습니다. 수의사로서 많은 동물들을 치료하며 쌓은 경험과 노하우를 바탕으로 동물병원을 운영했습니다. 비록 규모는 작았지만, 진심으로 아픈 동물들을 치료하려고 노력했습니다. 특히 경제적으로 어려운 가정의 반려동물들에게는 치료비를 할인해주거나 무료로 치료

해주기도 했는데, 이는 부모님의 가르침을 실천하는 일이었습니다.

시대의 증인으로서의 삶

나의 삶은 한국 현대사의 격동기와 맞물려 있습니다. 일제강점기에 태어나 해방과 분단, 한국전쟁과 산업화, 민주화의 과정을 모두 겪으며 살아온 세대입니다. 이런 경험은 때로는 고통스럽기도 했지만, 동시에 역사의 산 증인이 되게 해주었습니다.

어린 시절 일제강점기의 기억은 아직도 선명합니다. 학교에서 일본어를 배워야 했고, 일본식 이름을 강요받았습니다. 하지만 집에서는 부모님이 우리말과 우리 역사를 가르쳐주셨습니다. 해방이 되던 날의 기쁨은 이루 말할 수 없었지만, 얼마 지나지 않아 분단의 아픔을 겪게 되었습니다.

한국전쟁은 제 인생에서 가장 큰 시련이었습니다. 가족과 함께 피난길에 올라야 했고, 언제 돌아올 수 있을지 모르는 불안감 속에서 살아야 했습니다. 하지만 이런 시련 속에서도 가족의 소중함과 평화의 가치를 깨달을 수 있었습니다.

전쟁 이후 1960년대부터 시작된 경제 발전 과정도 직접 목격했습니다. 가난했던 우리나라가 점차 잘살게 되는 모습을 보며 큰 자부심을 느꼈습니다. 내가 공무원으로 일하면서 이런 발전 과정에 작은 기여를 할 수 있었다는 것은 큰 보람이었습니다.

1980년대의 민주화 운동도 잊을 수 없는 기억입니다. 비록 직접 참여하지는 못했지만, 젊은 세대들이 민주주의를 위해 투쟁하는 모습을 보며 존경심을 갖게 되었습니다. 그들의 희생 덕분에 우리가 지금의 민주주의를 누릴 수 있다고 생각합니다.

대구농림고등학교에서의 청춘

대구농림고등학교 축산과에서 보낸 3년은 제 인생의 터닝포인트였습니다. 전쟁의 상처가 아직 아물지 않은 1950년대 중반, 나는 동물과 축산업에 대한 꿈을 품고 대구로 향했습니다. 당시 농림고등학교는 실용적인 기술을 배울 수 있는 곳으로 인식되었고, 특히 축산과는 새로운 시대에 맞는 전문 기술을 익힐 수 있는 과였습니다.

기숙사 생활은 처음에는 낯설고 어려웠습니다. 집을 떠나 혼자 살아가는 것이 쉽지 않았지만, 같은 꿈을 가진 동기들과 함께 생활하면서 큰 위안을 얻었습니다. 새벽 5시에 일어나 학교 농장에서 소와 돼지를 돌보는 일부터 하루가 시작되었습니다. 처음에는 냄새와 더러움 때문에 힘들었지만, 점차 동물들과 교감하는 재미를 알게 되었습니다.

수의사가 되고 싶다는 꿈을 품게 되었습니다.

학교에서 가장 기억에 남는 것은 실습 시간이었습니다. 직접 송아지를 분만시키고, 아픈 돼지를 치료하며, 닭장을 청소하는 일들이 모두 소중한 경험이었습니다. 선생님들은 "동물을 다루는 사람은 무엇보다 인내심과 사랑이 있어야 한다"고 가르쳐주셨습니다. 이런 가르침은 훗날 수의사로 일할 때 큰 도움이 되었습니다.

졸업할 때 나는 우등상을 받았습니다. 3년 동안 성실하게 공부한 결과였지만, 무엇보다 동물에 대한 진정한 사랑을 배웠다는 것이 가장 큰 수확이었습니다. 졸업 후에는 꿈에 그리던 경북대학교 수의학과에 입학할 수 있었습니다. 대구농림고등학교에서 쌓은 축산학 기초가 큰 도움이 되었고, 무엇보다 동물에 대한 깊은 애정과 이해가 있었기에 수의학과 입학이 가능했습니다.

경북대학교 수의학과에서의 학문적 성장

경북대학교 수의학과에 입학한 것은 제 인생의 가장 큰 전환점이었습니다. 대구농림고등학교 축산과에서 쌓은 기초 지식이 있었지만, 대학에서의 수의학은 차원이 다른 깊이와 체계성을 요구했습니다. 해부학, 생리학, 약리학, 병리학 등 기초 의학부터 시작하여 각종 동물의 질병 진단과 치료에 이르기까지, 방대한 학문의 세계가 펼쳐졌습니다.

특히 기억에 남는 것은 해부학 실습이었습니다. 처음 개와 소의 해부를 할 때는 긴장되고 떨렸지만, 동물의 신체 구조를 정확히 알아야만 올바른 치료를 할 수 있다는 교수님의 말씀을 들으며 마음을 다잡았습니다. 밤늦도록 해부학 교실에서 뼈와 근육, 장기들을 외우며 공부했던 시간들이 지금도 생생합니다.

병리학 시간에는 각종 질병의 원인과 증상, 치료법을 배웠는데, 이론과 실습을 병행하며 실제 진료 능력을 키울 수 있었습니다. 대학 부속 동물병원에서의 임상 실습은 특히 값진 경험이었습니다. 실제 아픈 동물들을 진료하고 치료하는 과정에서 수의사로서의 소명을 더욱 확실하게 느낄 수 있었습니다.

해방 직후 수의과대학 소속의 6년제였다가, 1949년에는 예과 1년 본과 4년 한동안 5년이라 4년제의 농과대학 수의학과로 수업연

한이 단축 되었습니다. 5년의 대학 생활은 결코 쉽지 않았습니다. 학업량이 많아 밤늦도록 공부해야 했고, 실습과 과제로 인해 잠을 제대로 자지 못하는 날들이 많았습니다. 하지만 동물을 사랑하는 마음과 수의사가 되겠다는 확고한 의지가 있었기에 모든 어려움을 견뎌낼 수 있었습니다.

대학 시절 가장 영향을 받은 분은 김○○ 교수님이었습니다. 교수님은 "수의사는 단순히 동물을 치료하는 사람이 아니라, 동물과 인간이 함께 행복하게 살 수 있는 세상을 만드는 사람"이라고 가르쳐주셨습니다. 이런 교육 철학은 내가 수의사로서 평생 지켜온 신념의 바탕이 되었습니다.

공직자로서의 첫걸음

경북대학교 수의학과를 졸업한 후, 나는 공직에 진출하기로 결심했습니다. 당시 1960년대는 우리나라가 경제개발 5개년 계획을 추진하며 급속한 발전을 도모하던 시기였습니다. 축산업도 전통적인 농가 단위에서 벗어나 현대적인 산업으로 발전시켜야 한다는 국가적 과제가 있었고, 이 분야에 전문 지식을 가진 수의사들이 절실히 필요했습니다.

농림부 산하 축산 관련 기관에 배치받은 나는 수의사로서의 전문성과 행정가로서의 능력을 동시에 발휘할 수 있었습니다. 대구농림고등학교에서 배운 축산학 기초와 경북대학교에서 체득한 수의학 지식이 완벽하게 조화를 이루며, 현장에서 즉시 활용할 수 있었습니다.

초급 공무원으로 시작한 나는 성실함과 전문성을 인정받아 점차 승진할 수 있었습니다. 특히 축산업 발전을 위한 정책 수립과 농가 지도 업무에서 두각을 나타냈습니다. 전국의 축산농가를 직접 방문하여 질병 진단과 치료를 제공하고, 생산성 향상을 위한 프로그램을 운영했습니다.

공직 생활에서 가장 보람을 느꼈던 것은 농민들이 어려움을 극복하는 모습을 지켜보는 일이었습니다. 가난한 농가에 우량 종축을 보급하고, 사료 지원을 통해 생산성을 높이는 일에 참여할 때마다 큰 성취감을 느꼈습니다. 또한 축산업의 현대화 과정에서 작은 역할이나마 할 수 있었다는 것이 자랑스러웠습니다.

하지만 공직 생활이 항상 순탄했던 것은 아닙니다. 때로는 상급자의 부당한 지시를 받기도 했고, 정치적 압력에 시달리기도 했습니다. 그럴 때마다 부모님의 가르침을 떠올리며 원칙을 지키려고 노력했습니다. "옳지 않은 일에는 타협하지 말라"는 부친의 말씀이 늘 마음속에 있었습니다.

다년간 공직 생활을 통해 나는 행정사무관까지 승진할 수 있었습니다. 이는 개인적인 영광이기도 했지만, 동시에 더 큰 책임감을 느끼게 해주었습니다. 후배들에게는 "공직자는 국민을 위해 봉사하는 사람"이라는 마음가짐을 잊지 말라고 당부했습니다.

수의사로서의 전문성 발휘

공직에 있으면서 나는 수의사로서의 전문성을 마음껏 발휘할 수 있었습니다. 경북대학교에서 배운 이론적 지식을 현장에서 실천하는 기쁨은 이루 말할 수 없었습니다. 농가를 방문할 때마다 아픈 가축들을 직접 진료하고 치료하며, 농민들에게 올바른 사양 관리 방법을 지도했습니다.

특히 기억에 남는 것은 구제역이나 돼지열병 같은 가축 전염병이 발생했을 때의 일입니다. 질병의 확산을 막기 위해 밤낮없이 현장을 뛰어다니며 방역 작업을 지휘했습니다. 때로는 며칠간 집에 돌아가지 못하고 현장에서 숙식을 해결하며 일에 매진했습니다. 힘들었지만 제 전문 지식으로 농민들의 피해를 줄일 수 있다는 사명감이 있었기에 버틸 수 있었습니다.

존재의 의미, 삶의 무게

'나는 누구인가?' 이 질문은 평생을 따라다닌 화두였고, 그 답을 찾아가는 과정 자체가 나의 삶이었습니다. 가문의 정신을 이어받아 사회에 기여하고, 부모님의 뜻을 받들어 성실하게 살아가며, 나에게 주어진 역할을 다하고자 했습니다.

때로는 힘겨운 순간들도 있었습니다. 가난의 무게가 어깨를 짓누르기도 했고, 선택의 기로에서 혼란스러워하기도 했습니다. 공무원으로 일하면서 때로는 부당한 지시를 받기도 했고, 양심과 현실 사이에서 갈등하기도 했습니다. 하지만 나는 늘 저 자신에게 주어진 이름의 무게를 잊지 않으려 노력했습니다.

연안차씨 강렬공파 44대손으로서의 자부심, 차영우의 아들로서의 효심, 이단악의 아들로서의 사랑, 그리고 무엇보다 대한민국의 한 국민으로서의 책임감을 가지고 살아왔습니다. 이 모든 정체성이 조화롭게 어우러져 지금의 나를 만들어냈습니다.

특히 수의사로서의 정체성은 제게 특별한 의미가 있습니다. 생명을 살리는 일, 아픈 동물들을 치료하는 일은 단순한 직업이 아니라 소명이었습니다. 대구농림고등학교에서 처음 동물들과 만났을 때부터 시작된 이 여정은, 제 인생의 가장 소중한 부분이 되었습니다.

나의 이름 차상근은 단순한 호명이 아니라, 삶의 무게와 책임을 담은 존재의 선언이었습니다. '상근(相根)'이라는 이름에 담긴 "서로 돕고 뿌리를 잊지 않는다"는 의미처럼, 나는 이웃과 더불어 살아가며 조상들의 정신을 이어받으려 노력했습니다. 그리고 '송원(松苑)'이라는 아호에 담긴 소나무의 정신처럼, 어떤 시련이 와도 굴복하지 않고 푸른 기상을 잃지 않으려 했습니다.

지금 돌이켜보면, 제 삶은 완벽하지 않았지만 최선을 다한 삶이었다고 자부합니다. 가문의 전통을 지키고, 부모님의 은혜에 보답하며, 사회에 기여하고, 동물들의 생명을 돌보는 일에 헌신한 삶. 이것이 바로 차상근이라는 이름이 지닌 무게이자, 내가 이 세상에 존재하는 의미였습니다.

3장

배움의 시간

–생존을 위한 투쟁, 희망을 향한 여정

첫 배움터, 현풍 남부 초등학교

나의 배움은 고향 현풍의 작은 교실, 현풍 남부 초등학교에서 시작되었습니다. 1940년대 중반, 해방의 기쁨도 잠시, 혼란스러운 시대적 배경 속에서 시작된 학교생활은 나에게 희망의 빛과 같았습니다. 학교 가는 길은 멀고 험난했지만, 배움에 대한 갈증은 그 어떤 추위도 막을 수 없었습니다. 낡고 작은 교실에서 한글과 숫자를 익히고 역사와 지리를 배우며 세상에 대한 호기심을 키웠습니다. 특히 담임선생님께서 들려주시던 위인들의 이야기는 훌륭한 사람이 되고 싶다는 꿈을 심어주었습니다.

1950년 6.25 전쟁이 발발하고 초등학교 고학년이 되었을 때, 포성이 울리고 피란민들이 고향을 떠나는 혼란 속에서도 우리 가족은 현풍을 떠나지 않았습니다. 학교가 임시 휴업하고 교실이 피란민들의 거처가 되기도 했지만, 나는 책을 놓지 않았습니다. 선생님들은 마을 회관이나 큰 나무 아래에 임시 교실을 만들어 수업을 이어가셨고, 우리는 책과 연필이 부족하여 돌멩이로 땅에 글자를 써가며 공부했습니다. 이때 나는 어떤 상황에서도 배움의 의지를 잃지 않는 법을 배웠습니다.

전쟁이 끝나고 다시 학교에 다닐 수 있게 되자, 나는 잃어버린 시간을 만회하듯 공부에 더욱 매진했습니다. 평범한 일상이 얼마나 소중한지 깨달았기 때문입니다. 초등학교 고학년이 되면서 독서의 재미를 알게 되었고, 학교 도서관과 마을 서점에서 다양한 책을 닥치는 대로 읽었습니다. 특히 『파브르 곤충기』는 작은 생명체를 소중히 여기고 관찰하는 파브르의 자세에 큰 감동을 주었으며, 훗날 수의학을 전공하는 데 결정적인 영향을 미쳤습니다. 이때부터 집 주변 곤충들을 관찰하고 기록하는 습관을 들였습니다.

성장의 터전, 현풍 중학교

초등학교 졸업 후 현풍 중학교에 진학하여 제4회 졸업생이 되었습니다. 중학교 시절은 더 넓은 세상에 대한 호기심과 미래에 대한 막연한 기대감으로 가득했습니다. 사춘기의 혼란스러움 속에서도 학문에 대한 열정이 나를 이끌었습니다. 국어, 수학, 영어, 과학 등 다양한 과목을 통해 지식의 폭을 넓혔고, 특히 과학 시간에 배운 동식물 내용은 훗날 수의학 전공 선택에 중요한 영향을 미쳤습니다. 생명체의 신비로움과 복잡성을 알아가는 과정에서 생명을 돌보는 일에 관심을 갖게 되었습니다.

공부뿐만 아니라 학급 임원을 맡고 체육 활동에 참여하며 다양한 경험을 쌓았으며, 이는 훗날 사회생활에서 리더십을 발휘하는 데 큰 도움이 되었습니다. 중학교에서 처음 영어를 배울 때는 완전히 새로운 문자, 발음, 문법 구조에 당황했지만 포기하지 않았습니다. 영어 단어장을 만들어 매일 외우고, 소리 내어 읽으며 발음을 익혔습니다. 영어 선생님의 "앞으로는 영어를 모르면 세계와 소통할 수 없다"는 말씀은 나에게 큰 자극이 되어 영어를 넓은 세상으로 나아가는 열쇠로 여기게 했습니다. 방과 후에는 친구들과 영어 스터디 그룹을 만들어 사전 한 권을 돌려가며 사용하며 함께 실력을 키웠습니다.

수학 시간은 특별한 매력이 있었습니다. 복잡한 문제도 차근차근 풀면 명확한 답이 나오는 것이 신기했습니다. 수학 선생님은 "수학은 논리적 사고를 키우는 최고의 도구"라고 강조하시며 사고하는 방법을 가르쳐주셨습니다. 어려운 방정식과 함수도 꾸준히 연습하여 이해할 수 있게 되었고, 수학 문제집을 사기 어려워 친구들과 함께 문제를 베껴 쓰며 공부했습니다.

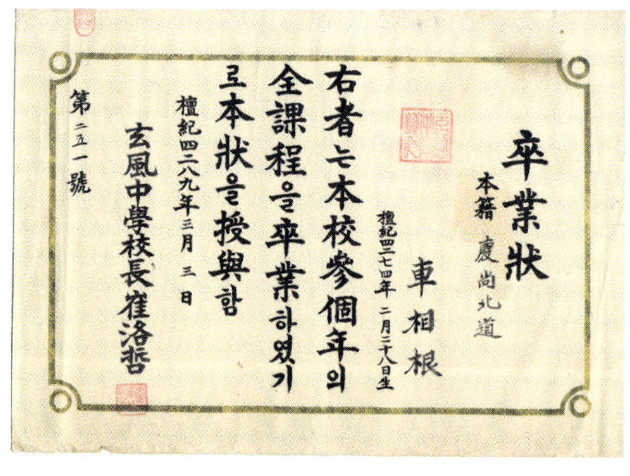
卒業狀

本籍 慶尚北道

車相根

檀紀四二七四年 二月二十八日生

右者는本校參個年의
全課程을卒業하였기
로本狀을授與함

檀紀四二八九年三月 三日

玄風中學校長 崔洛哲

第二五一號

[사진 4 현풍 남부 중학교 졸업장]

수학에서 배운 논리적 사고방식은 다른 과목 공부와 훗날 수의학 공부에도 큰 도움이 되었습니다. 축산과에서 배운 내용들은 매우 실용적입니다. 가축의 사양관리, 번식학, 사료학, 축산물 가공 등을 배웠는데, 특히 가축의 질병과 치료에 관한 수업이 제 관심을 끌었습니다. 아픈 동물을 돌보고 치료하는 과정에서 생명의 소중함을 깨달았습니다.

전문성의 기초, 대구 농림고등학교

1959년 2월 25일, 대구 농림고등학교 축산과를 제46회로 졸업했습니다. 이 시기는 제 인생의 중요한 전환점이었습니다. 고등학교에서 축산을 전공하며 평생 몸담을 분야를 찾았고, 단순한 지식 습득을 넘어 실제적인 기술과 경험을 쌓는 시간이었습니다. 가난은 지독한 그림자처럼 나를 따라다녔고, 학업을 지속하기 어려울 만큼의 현실적인 벽으로 다가오기도 했습니다. 학비 마련을 위해 방학마다 아르바이트를 했고, 교재 한 권을 사기 위해 며칠을 고민했지만, 그 가난 속에서 오히려 배움의 절실함을 깨달았습니다.

나에게 공부는 더 나은 삶을 위한 유일한 탈출구이자 미래를 개척할 강력한 무기였습니다. 책 한 권, 필기구 하나가 주는 소중함은 그 어떤 것과도 바꿀 수 없었습니다. 밤늦게 촛불을 켜놓고 공부하고, 도서관에서 빌린 책을 몇 번이고 읽어가며 암기하던 시간들이 지금도 생생합니다. 처음 대구 농림고등학교에 입학할 때의 떨림과 설렘, 그리고 큰 도시의 모습에 압도되면서도 새로운 세상에 대한 호기심으로 가득했던 기억이 선명합니다.

기숙사 생활은 처음에는 낯설고 어려웠지만, 나를 더욱 독립적이고 성숙한 사람으로 만들었습니다. 규칙적인 생활은 학습 효율을 높이는 데 도움이 되었습니다. 농림고등학교에서는 이론뿐만 아니라 실습에도 많은 시간을 할애했습니다. 축산 실습장에서 직접 소, 돼지, 닭 등을 키우며 동물들의 습성과 특성을 배웠습니다. 새벽 일찍 일어나 축사를 청소하고 사료를 주며 동물들의 건강 상태를 점검하는 일상이 훗날 수의사로 일할 때 소중한 밑바탕이 되었습니다. 처음 축사에 들어갔을 때의 당황스러움도 시간이 지나며 익숙함과 이해로 바뀌었습니다.

축산학 이론 수업에서는 동물의 해부학적 구조, 생리학적 특성, 사료학, 유전학 등을 배웠습니다. 실습을 통해 이론을 직접 경험하며 학문의 실용성을 깨달았습니다. 가축의 질병과 치료에 대한 기초 지식을 익히면서 동물을 치료하는 수의사라는 직업에 대해 구체적으로 생각하기 시작했습니다. 실습 중 새끼 돼지가 아플 때 선생님의 지도로 치료하며 생명을 구하는 보람을 느꼈습니다. 또한 질병 발생 후 치료보다 예방이 더 중요하다는 예방의학의 개념을 배웠습니다.

축산과에서 배운 내용들은 매우 실용적입니다. 가축의 사양관리, 번식학, 사료학, 축산물 가공 등을 배웠는데, 특히 가축의 질병과 치료에 관한 수업이 제 관심을 끌었습니다. 아픈 동물을 돌보고 치료하는 과정에서 생명의 소중함을 깨달았고,

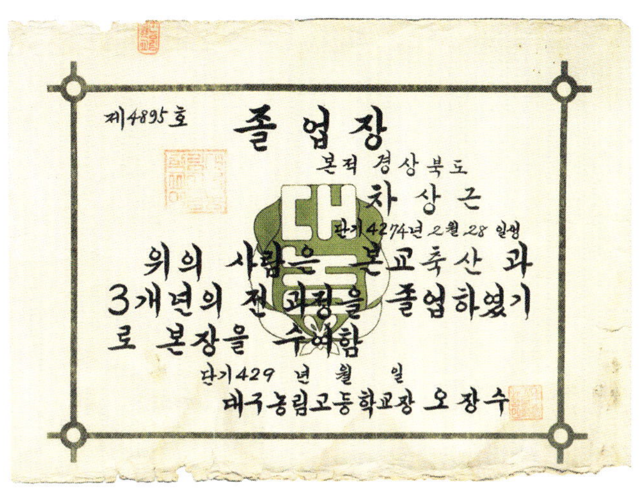

제4895호

졸업장

본적 경상북도

차 상 근

단기4274년 2월 28 일생

위의 사람은 본교축산 과
3개년의 전 과정을 졸업하였기
로 본장을 수여함

단기429 년 월 일

대구농림고등학교장 오 장수

[사진 5 대구 농림고 졸업장]

학문의 전당, 경북대학교 수의학과

고등학교 졸업 후 1963년 2월 26일, 경북대학교 수의학과에 진학하여 수의학사 학위를 취득했습니다. 대학교는 나에게 학문적 깊이를 더하고 전문성을 길러준 곳이었습니다. 수의학은 단순히 동물을 치료하는 기술을 넘어 생명에 대한 깊은 이해와 존중, 그리고 책임감을 요구하는 학문이었습니다. 대학 생활은 고등학교 때와 달리 더욱 전문적이고 심화된 내용들을 스스로 공부해야 하는 자율성을 요구했습니다. 해부학, 생리학, 병리학, 약리학 등 수의학 기초 과목들은 암기할 것도 많고 개념도 복잡했습니다.

해부학 실습실의 독특한 냄새, 수의학 서적을 탐독하며 밤을 지새우던 기억, 선후배들과 토론하며 지식을 쌓아가던 순간들이 생생합니다. 특히 첫 해부 실습 시간, 메스를 들고 동물의 몸을 해부할 때의 떨림과 경외감은 평생 잊을 수 없습니다. 생명의 신비로움과 복잡성을 직접 눈으로 확인하는 순간이었습니다. 경북대학교 수의학과 합격 소식에 가족과 마을 사람들의 축하와 격려 속에서 기쁨과 함께 무거운 책임감을 느꼈습니다. 가난한 농촌 출신으로서 대학 진학은 가족과 마을 전체의 희망이기도 했습니다.

대학교 1학년 때 처음 캠퍼스에 들어섰을 때의 압도적인 느낌과 함께 '과연 이곳에서 제대로 공부할 수 있을까?' 하는 걱정이 들었습니다. 첫 수업에서의 긴장감과 라틴어로 된 의학 용어의 어려움에도 불구하고 포기하지 않고 하나씩 익혀나갔습니다. 해부학은 동물의 몸을 직접 해부하며 각 기관의 구조와 기능을 배우는 생명의 신비로움을 체험하는 시간이었습니다. 해부학 교수님은 "해부학은 수의학의 기초 중의 기초"라 강조하셨고, 나는 해부학 도감을 항상 가지고 다니며 암기했습니다. 조별 해부 실습을 통해 동료들과 토론하며 더 깊이 있는 이해를 할 수 있었습니다.

해부학이 구조를 다루는 학문이라면, 생리학은 기능을 다루는 학문이었습니다. 동물의 몸이 어떻게 작동하고 각 기관들이 어떻게 협력하여 생명을 유지하는지 배우는 것은 매우 흥미로웠습니다. 생리학 실습에서는 살아있는 동물을 대상으로 심장 박동 관찰, 호흡 측정 등 다양한 실험을 통해 이론으로 배운 내용을 직접 확인했습니다. 특히 신경계 작동 원리 실험은 신경 전달의 신비로움을 실감하게 했습니다. 생리학 교수님의 "수의사는 단순히 병을 치료하는 것이 아니라, 정상적인 생리 기능을 회복시키는 것"이라는 말씀은 나의 수의학관 형성에 큰 영향을 미쳤습니다.

3학년이 되어 병리학을 배우면서 수의학 공부는 새로운 차원으로 접어들었습니다. 병리학은 질병 발생 원인, 진행 과정, 몸의 변화를 다루는 학문으로, 정상과 비정상을 구분하고 질병 원인을 찾아내는 수의사의 핵심 능력과 직결되었습니다. 병리학 실습실에서 다양한 질병으로 죽은 동물들의 장기 표본을 관찰하며 질병의 특징을 배우고, 현미경으로 조직 표본을 관찰하는 조직병리학 실습은 상당한 경험과 노하우를 요구했습니다.

병의 원인을 파악했다면 이제 치료 방법을 배워야 했습니다. 약리학은 각종 약물의 작용 원리와 사용법을 다루는 복잡하고 정교한 학문이었습니다. 수많은 약물의 특성과 동물의 종류, 나이, 체중, 건강 상태에 따른 용량 조절, 약물 간의 상호작용 등을 배웠습니다. 실습에서는 동물에게 직접 약물을 투여하며 효과를 관찰하며 이론과 실제 적용의 차이를 깨달았습니다. 동물의 질병을 일으키는 중요한 원인인 미생물과 기생충의 특성을 이해하는 것도 중요했습니다. 미생물학 실습에서는 무균 조작법과 세균 배양, 현미경 관찰 기술을 익혔고, 기생충학에서는 다양한 기생충의 생활사와 병원성, 인수공통감염병 등을 공부했습니다.

대학에서는 단순히 교과서 지식을 넘어 실제 임상 경험도 쌓을 수 있었습니다. 부속 동물병원 실습을 통해 실제 환축들을 진료하는 과정을 지켜보고 직접 참여하며 수술실 보조 역할, 응급 상황 대처법 등을 배웠습니다. 4학년이 되어 시작된 임상실습은 그동안 배운 모든 이론을 실제로 적용해보는 중요한 시간이었습니다.

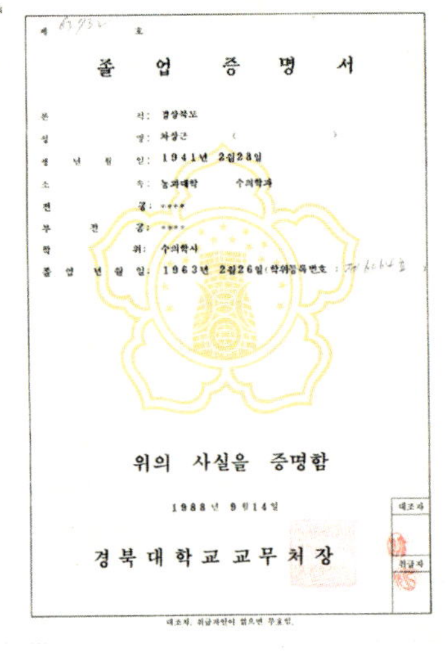

졸업증명서

본적: 경상북도
성명: 차상근
생년월일: 1941년 2월28일
소속: 농과대학 수의학과
학위: 수의학사
졸업년월일: 1963년 2월26일

위의 사실을 증명함

1988년 9월14일

경북대학교교무처장

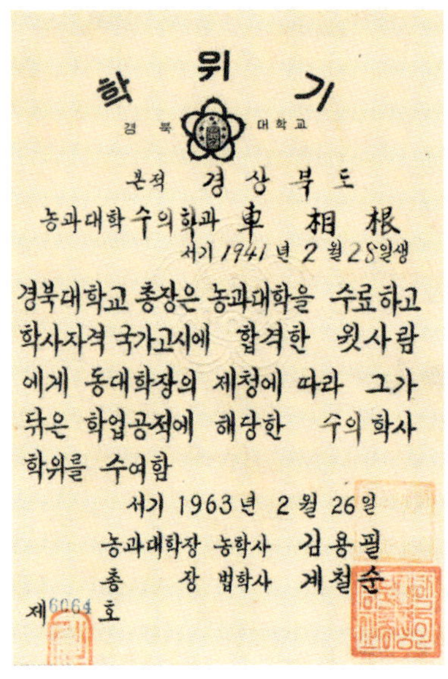

학위기

경북대학교

본적 경상북도
농과대학 수의학과 車 相 根
서기 1941년 2월 28일생

경북대학교 총장은 농과대학을 수료하고 학사자격 국가고시에 합격한 윗사람에게 동대학장의 제청에 따라 그가 닦은 학업공적에 해당한 수의학사 학위를 수여함

서기 1963년 2월 26일

농과대학장 농학사 김용필
총장 법학사 계철순

제6064호

[사진 6 경북대학교 농과대학 수의학과 졸업장 및 학위기]

실제 아픈 동물을 만났을 때의 긴장감과 주인의 걱정스러운 눈빛, 아픈 동물의 모습을 보며 수의사로서의 책임감을 절실히 느꼈습니다. 지도교수님과 함께 진료실에서 문진, 신체검사, 진단, 치료계획 수립 전 과정을 관찰하며 실제 진료의 복잡성을 배웠습니다. 수술실에서의 경험은 무균술, 마취 관리, 수술 과정의 정확성과 신속성 등 완벽함이 요구되는 공간의 긴장감을 느끼게 했고, 점차 직접 봉합과 간단한 처치를 할 수 있게 되었습니다.

국가고시, 꿈을 향한 마지막 관문

특히 졸업을 앞두고 국가고시를 준비하던 시절이 기억에 남습니다. 미래에 대한 불안감과 합격에 대한 열망이 교차하던 그때, 거의 매일 도서관에서 살다시피 했습니다. 수많은 공식과 용어들을 외우고, 복잡한 사례들을 분석하며 지식을 다졌습니다. 새벽부터 밤늦게까지 공부하는 것이 일상이었고, 식사조차 제대로 챙기지 못할 때가 많았습니다. 동기들과 스터디 그룹을 만들어 서로 문제를 내고 토론하며 부족한 부분을 채웠습니다. 때로는 좌절감에 빠지기도 했지만, 동료들과의 격려와 가족들의 믿음이 나를 일으켜 세웠습니다.

국가고시는 4년간 배운 모든 내용이 출제 범위였습니다. 방대한 지식을 체계적으로 정리하고 복습해야 했고, 과목별로 요약 노트를 만들고 중요한 개념들을 도식화하여 이해하기 쉽게 정리했습니다. 기출문제를 분석하여 출제 경향을 파악하고 효율적으로 공부했습니다. 단순 암기보다는 개념 간의 연관성을 이해하는 것이 중요했습니다. 스터디 그룹에서는 서로 다른 과목을 맡아 요약 발표를 하고 어려운 문제들을 함께 풀어나가며 깊이 있는 이해를 가능하게 했습니다.

국가고시는 필기시험뿐만 아니라 실기시험도 있었습니다. 실제 동물을 대상으로 진료 기술을 시연해야 하는 시험이었습니다. 신체검사 방법, 주사 기법, 간단한 외과 처치 등을 정확하고 신속하게 수행해야 했습니다. 실기시험 준비를 위해 실습실에서 반복 연습을 했고, 청진기 사용법부터 다양한 주사 기법을 완벽하게 익혔습니다. 동물 보정 기술도 중요한 부분으로, 동물의 크기와 성격에 따라 다른 보정 방법을 익혔습니다.

시험 당일의 긴장감은 지금도 생생합니다. 문제지를 받았을 때의 떨림, 시험 시간 내내 계속되는 집중력과의 싸움, 그리고 마지막 문제까지 최선을 다해 답안을 작성하던 그 순간들이 제 인생의 방향을 결정하는 중요한 시간들이었습니다. 필기시험에서는 시간 배분이 매우 중요했고, 실기시험에서는 평소 연습한 대로 차분하게 수행하려 노력했습니다. 국가고시 합격 발표가 있던 날, 합격자 명단에서 제 이름을 발견했을 때의 기쁨과 안도감은 말로 표현할 수 없었습니다. 그 동안의 모든 노력이 결실을 맺는 순간이었습니다.

가족들에게 합격 소식을 전했을 때 어머니께서 눈물을 흘리시며 기뻐하시던 모습이 지금도 생생합니다. “우리 아들이 드디어 수의사가 되었구나”라고 말씀하시며 자랑스러워하시던 모습에서 더 큰 책임감을 느꼈습니다. 동기들과 함께 합격을 축하하며 미래에 대한 포부를 나누었습니다. 각자 다른 길을 걷게 되겠지만, 동물의 건강과 복지를 위해 최선을 다하자는 다짐을 함께 했습니다. 그 순간 우리는 단순한 학생이 아닌 전문가로서의 첫걸음을 내딛는 것이었습니다.

배움의 진정한 의미

이 시간들은 나에게 전문성을 길러주었을 뿐만 아니라, 어떠한 어려움 속에서도 포기하지 않고 목표를 향해 나아가는 강인한 정신력을 심어주었습니다. 가난이라는 현실의 벽을 넘어, 꿈을 향해 쉼 없이 나아가게 했던 원동력은 다름 아닌 배움이었습니다. 배움은 나에게 단순히 지나가는 과정이 아닌, 삶의 목표이자 생존 그 자체였습니다. 나는 지식을 통해 세상을 이해하고, 기술을 통해 생명에 봉사하며, 끊임없이 배우고 성장하는 삶을 살았습니다. 나의 학력은 단순한 이력의 나열이 아니라, 한 개인이 역경 속에서도 꿈을 포기하지 않고 정진했던 삶의 흔적이며, 나를 지탱해준 가장 든든한 기반이었습니다.

무엇보다 배움을 통해 겸손함을 깨달았습니다. 알면 알수록 모르는 것이 더 많다는 것을, 그리고 평생 배워야 한다는 것을 깨달았습니다. 이런 깨달음은 훗날 내가 계속해서 다양한 분야를 공부하고 자격증을 취득하는 원동력이 되었습니다. 대학을 졸업하고 수의사 자격을 취득한 후에도 나의 배움은 멈추지 않았습니다. 의학 기술은 날로 발전하고 새로운 질병이 나타나며 치료법도 계속 개선되기 때문에 수의사는 평생 공부해야 하는 직업이었습니다. 나는 이런 변화에 뒤처지지 않기 위해 지속적으로 학회에 참석하고, 새로운 논문을 읽으며, 연수 교육을 받았습니다.

훗날 나는 후배 수의사들을 지도하는 위치에 서게 되었습니다. 그때마다 나의 학창 시절 경험을 바탕으로 "어려운 환경이 결코 배움의 장애가 될 수 없다", "진정한 실력은 끊임없는 노력에서 나온다", "동물을 사랑하는 마음이 수의학의 출발점이다"라는 메시지를 전달하며 조언을 아끼지 않았습니다. 특히 경제적으로 어려운 환경에서 공부하는 후배들에게 나의 경험을 들려주며 격려했습니다. 가난이 꿈을 포기하는 이유가 될 수 없으며, 오히려 더 강한 동기가 될 수 있다는 것을 강조하며 현재의 어려움이 아니라 미래에 대한 비전과 그것을 실현하려는 의지가 중요하다고 말씀드렸습니다.

나의 배움의 여정을 돌이켜보면, 교육이란 단순히 지식을 전달하는 것이 아니라 인격을 형성하고 꿈을 키우는 과정이라는 것을 깨달았습니다. 좋은 교육은 학생들로 하여금 스스로 배우고 성장할 수 있는 능력을 길러주는 것입니다. 나는 교육을 받는 과정에서 많은 훌륭한 스승들을 만났고, 그분들은 단순히 교과서 내용을 넘어 인생의 방향을 제시해주고 꿈을 키울 수 있도록 격려해주셨습니다. 저 역시 후배들에게 그런 스승이 되고 싶었습니다.

배움의 궁극적인 목표는 그 지식을 실제 삶에 적용하여 사회에 기여하는 것이라고 생각합니다. 나는 대학에서 배운 수의학 지식을 바탕으로 수많은 동물들을 치료하고, 농가의 경제적 손실을 줄이며, 인수공통감염병 예방에 기여할 수 있었습니다. 또한 내가 쌓은 경험과 지식을 후배들에게 전수하고 관련 분야의 발전에 기여하려고 노력했습니다. 개인의 성공을 넘어서 사회 전체의 발전에 기여하는 것이 진정한 배움의 완성이라고 믿었습니다. 이렇게 나의 배움의 시간은 단순한 학업 과정을 넘어, 인생의 철학과 가치관을 형성하는 소중한 시간이었고, 그 시간들이 있었기에 나는 오늘의 제가 될 수 있었고, 사회에 기여할 수 있는 전문가로 성장할 수 있었습니다. 배움은 곧 생존이었고, 동시에 희망이었으며, 나를 더 나은 사람으로 만들어준 가장 소중한 경험이었습니다.

4장

군인의 길
- 국가를 섬긴 젊은 날의 군화 발자국

[사진 7 1963년 당시 장교 모자]

소명 앞에 선 청년

경북대학교 수의학과를 졸업하고 사회에 첫발을 내딛기도 전에, 나는 조국을 위한 숭고한 의무를 다하기 위해 군인의 길을 선택했습니다. 1963년 2월 20일, 육군 소위로 임관하며 젊음과 열정을 국가에 바치겠다고 서약했습니다. 그 순간의 엄숙함과 자부심은 지금도 가슴 깊이 남아 있습니다.

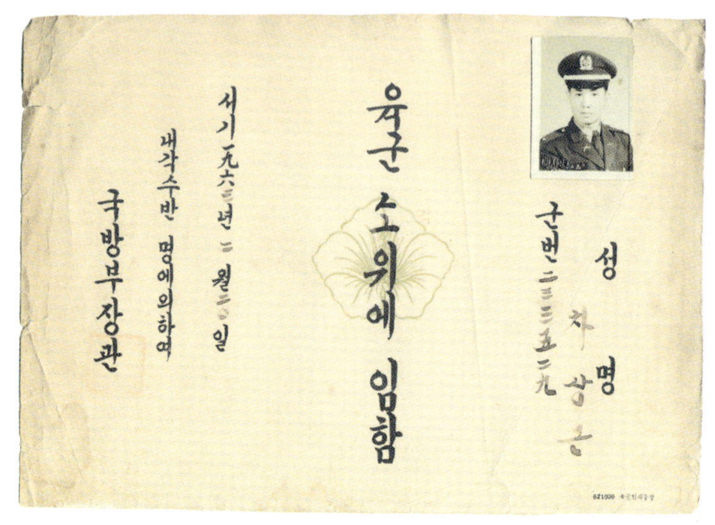

성명 차상근
군번 二三三五二九

육군 소위에 임함

서기 一九六三년 二월 三〇일
내각수반 명에 의하여
국방부장관

[사진 8 육군 소위 임명장]

임관식 날의 기억은 여전히 선명합니다. 새로 지급받은 군복을 입고 거울 앞에 섰을 때의 설렘, 부모님의 자랑스러운 눈빛, 그리고 어깨에 달린 소위 계급장의 무게감. 이 모든 것이 나에게 새로운 시작을 의미했습니다. 더 이상 개인의 꿈만을 좇는 청년이 아니라, 국가와 민족을 위해 헌신하는 군인으로 거듭나는 순간이었습니다.

1963년 3월 31일, 제293호 소집장을 받았습니다. 포병학교장 박준명 준장님의 서명이 찍힌 그 소집장은 단순한 공문서를 넘어, 제 인생에서 새로운 장을 여는 열쇠와 같았습니다. 같은 해 6월 1일, 나는 정식으로 육군에 입대했습니다. 군번 233529를 부여받았고, 제109 ROTC 1기 출신으로서 남다른 자부심을 느꼈습니다.

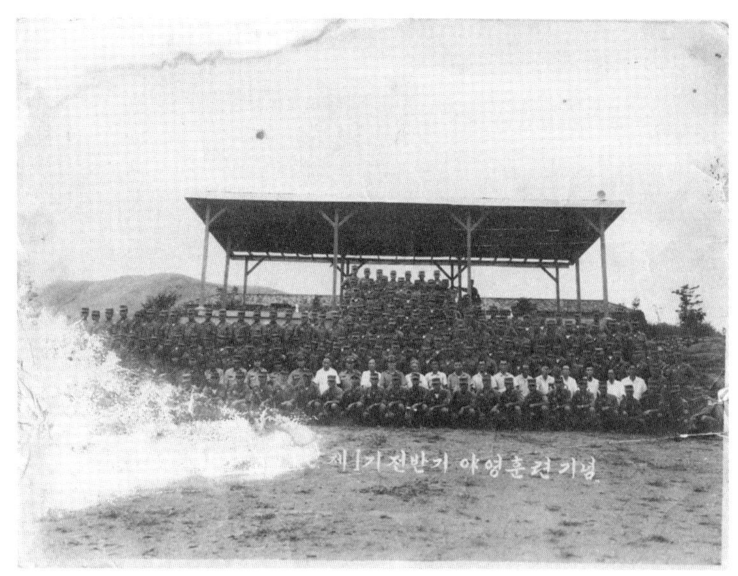

[사진 9 ROTC 제1기 야영훈련]

임관을 앞두고 많은 준비를 해야 했습니다. 대학에서 배운 ROTC 과정이 기초가 되었지만, 실제 장교로서 부대를 이끌어갈 준비는 별개의 문제였습니다. 군사학 교범을 다시 한번 정독하고, 부대 지휘에 필요한 리더십 이론을 공부했습니다.

특히 걱정되었던 것은 나보다 나이가 많은 부사관들과의 관계였습니다. 갓 졸업한 대학생이 오랜 군 경험을 가진 베테랑들을 지휘해야 한다는 부담감이 컸습니다. 하지만 선배들로부터 "겸손한 자세로 배우려는 마음을 가지되, 결정이 필요한 순간에는 과감하게 판단하라"는 조언을 들으며 마음의 준비를 해나갔습니다.

임관식을 며칠 앞두고 부모님과 함께 가족사진을 찍었습니다. 애석하게도 그날 찍은 사진을 어디에 있는지 모르지만 그때의 기억만은 선명하게 기억합니다. 군복을 입은 아들을 자랑스러워하시는 부모님의 모습에서 나는 더 큰 책임감을 느꼈습니다. 이제는 개인의 영광이 아니라 가족과 조국의 명예를 짊어져야 하는 군인이 되는 것이었습니다.

임관 후 첫 부대 배치를 받았을 때의 긴장감은 말로 표현하기 어렵습니다. 제6사단은 한국전쟁의 격전지였던 강원도 지역을 방어하는 주요 부대였습니다. 분단의 현실이 가장 생생하게 느껴지는 곳에서 근무하게 된다는 것은 특별한 의미가 있었습니다.

부대에 도착한 첫날, 나는 부대 곳곳을 둘러보며 이곳이 앞으로 2년여 동안 생활할 공간이라는 것을 실감했습니다. 막사의 냄새, 훈련장의 흙먼지, 그리고 장병들의 구령 소리까지 모든 것이 새로웠습니다.

첫 부하들과의 만남은 특히 기억에 남습니다. 나이도 출신도 다양한 젊은이들이 모인 곳이었습니다. 어떤 이는 대학을 중퇴하고 입대한 학생이었고, 어떤 이는 시골에서 농사를 짓다가 온 청년이었습니다. 이들 각자의 이야기를 들으며 나는 한국 사회의 다양한 모습을 이해할 수 있었습니다.

ROTC, 지식인 장교의 소명

ROTC 1기라는 것은 특별한 의미가 있었습니다. 단순히 의무적으로 복무하는 것이 아니라, 대학에서 충분한 교육을 받고 장교로서의 책임감을 갖춘 지식인 군인으로서의 역할을 해야 했습니다. 군사학 이론뿐만 아니라 리더십, 그리고 부하들을 이끌어가는 능력까지 갖춰야 했습니다.

ROTC 훈련 과정에서 배운 것들은 단순한 군사 기술을 넘어 인생의 소중한 교훈들이었습니다. 정확한 시간 관념, 명령과 복종의 중요성, 동료애, 그리고 무엇보다 책임감에 대해 배웠습니다. 새벽 기상나팔 소리에 맞춰 일어나는 것부터 시작해서, 정해진 시간 안에 모든 일과를 마치는 훈련은 시간의 소중함을 가르쳐주었습니다.

대학 시절 ROTC 훈련은 매주 토요일마다 이루어졌습니다. 다른 학생들이 휴식을 취하거나 여가를 즐길 때, 우리는 교련복을 입고 훈련장으로 향했습니다. 처음에는 불편하고 힘들었지만, 점차 그 시간들이 나를 단련시키는 소중한 경험이라는 것을 깨달았습니다.

기본적인 제식 훈련부터 시작해서 사격술, 전술학, 군사학 이론까지 다양한 분야를 배웠습니다. 특히 인상 깊었던 것은 리더십 훈련이었습니다. 조장이나 대장 역할을 맡아 동기들을 이끌어가는 경험을 통해 지휘관으로서의 기본 소양을 익혔습니다.

여름 훈련캠프는 특히 강도 높은 프로그램이었습니다. 며칠 동안 야외에서 텐트 생활을 하며 실전과 같은 훈련을 받았습니다. 새벽 기상부터 야간 수색까지, 모든 일정이 실제 군 생활과 동일하게 진행되었습니다. 힘들었지만, 동기들과 함께 극복해나가는 과정에서 강한 유대감을 형성할 수 있었습니다.

ROTC 출신 장교로서 나는 단순히 명령을 하달하는 것이 아니라, 부하들을 교육하고 계도하는 역할도 해야 했습니다. 문맹인 장병들에게는 한글을 가르치고, 기초적인 계산을 할 수 있도록 도와주었습니다. 이런 활동들은 군 본연의 임무 못지않게 중요한 일이었습니다.

저녁 시간에는 부하들과 함께 독서 모임을 만들기도 했습니다. 간단한 소설이나 위인전을 함께 읽고 토론하며, 그들의 교양 수준을 높이는 데 기여하고 싶었습니다. 처음에는 어색해하던 장병들도 점차 관심을 보이며 적극적으로 참여했습니다.

편지 쓰기를 도와주는 것도 중요한 역할 중 하나였습니다. 고향의 가족에게 안부를 전하고 싶어 하지만 글씨를 제대로 쓰지 못하는 장병들을 위해 대필을 해주거나, 편지 쓰는 방법을 가르쳐주었습니다. 이런 작은 배려들이 부대의 사기 진작에 큰 도움이 되었습니다.

포병, 전장의 핵심 병과

육군 포병 병과를 부여받고, 나는 제6사단 포병사령부에 배치되어 근무하게 되었습니다. 포병은 전장의 핵심 병과로, 정확한 계산과 팀워크, 그리고 강인한 정신력을 요구하는 분야였습니다. 포탄 하나의 궤적을 계산하기 위해서는 바람의 방향과 속도, 목표물까지의 거리, 고도 등 수많은 변수들을 고려해야 했습니다.

훈련장에서의 하루하루는 치열했습니다. 새벽 점호부터 시작해서 체력 단련, 사격 훈련, 전술 연습 등이 빈틈없이 이어졌습니다. 특히 사격 훈련 때는 정확성이 생명이었습니다. 1미터의 오차도 허용되지 않는 긴장감 속에서 모든 계산을 정확히 해야 했습니다. 이런 훈련들은 나에게 정밀함과 정확성의 중요성을 가르쳐주었습니다.

포병 부대에서의 생활은 또한 강한 동료애를 키워주었습니다. 포탄을 나르고, 포를 조준하고, 발사 명령을 수행하는 모든 과정이 팀워크를 기반으로 이루어졌습니다. 한 사람의 실수가 전체의 실패로 이어질 수 있기 때문에 서로에 대한 신뢰와 책임감이 무엇보다 중요했습니다.

포병 장교로서 가장 먼저 받은 교육은 포 조작법이었습니다. 105mm 곡사포의 구조와 작동 원리를 배우고, 사격 통제소에서 이루어지는 화력 조정 교육을 받았습니다. 관측된 목표의 좌표를 정확히 파악하고, 기상 조건을 고려하여 사격 제원을 계산하는 과정은 수학적 정확성을 요구하는 작업이었습니다.

또한, 강인한 체력을 기르기 위해 어린 시절 틈틈이 즐겨했던 복싱 실력을 부하들에게 가르치기도 했습니다.

훈련의 강도는 상당했습니다. 새벽 4시에 기상해서 체력 단련을 하고, 오전에는 포 조작 훈련, 오후에는 사격 훈련이 이어졌습니다. 야간 사격 훈련에서는 어둠 속에서 목표를 식별하고 정확히 타격하는 기술을 익혔습니다.

동계 훈련은 특히 혹독했습니다. 영하의 추위 속에서도 훈련은 계속되었고, 이런 극한 상황에서의 훈련을 통해 어떤 환경에서도 임무를 완수할 수 있는 강인한 정신력을 기를 수 있었습니다.

부하들을 이끌어가는 것은 생각보다 어려운 일이었습니다. 명령을 내리는 것은 쉬웠지만, 그들이 진심으로 따르게 만드는 것은 전혀 다른 문제였습니다. 솔선수범하는 모습을 보여주고, 부하들의 어려움을 이해하고 도와주며, 공정하게 대우하는 것이 진정한 리더십이라는 것을 깨달았습니다.

저녁 시간에는 부하들과 함께 담소를 나누며 그들의 개인적인 고민이나 걱정을 들어주었습니다. 고향에 남겨둔 가족에 대한 걱정, 전역 후의 진로에 대한 불안 등 젊은이들이 가질 수 있는 다양한 고민들을 함께 나누며 조언을 해주었습니다.

포병 훈련의 강도는 상상을 초월했습니다. 새벽 4시에 기상해서 체력 단련을 하고, 오전에는 포 조작 훈련, 오후에는 사격 훈련이 이어졌습니다. 특히 연속 사격 훈련 때는 몇 시간 동안 쉬지 않고 포탄을 장전하고 발사하는 작업을 반복해야 했습니다.

장거리 행군 훈련도 빼놓을 수 없는 과정이었습니다. 완전군장을 하고 20~30km를 행군하며 포를 견인하는 훈련은 체력의 한계를 시험하는 시간이었습니다. 발에 물집이 잡히고 어깨가 아파도 끝까지 완주해야 하는 정신력 훈련이기도 했습니다.

동계 훈련은 특히 혹독했습니다. 영하 20도를 밑도는 추위 속에서도 훈련은 계속되었습니다. 추위로 인해 장비가 얼어붙기도 하고, 손가락이 감각을 잃을 정도였지만 임무는 수행해야 했습니다. 이런 극한 상황에서의 훈련을 통해 어떤 환경에서도 임무를 완수할 수 있는 강인한 정신력을 기를 수 있었습니다.

군 복무 중에 새로운 화포 시스템이 도입되는 것을 경험했습니다. 기존의 수동식 조준 시스템에서 좀 더 정밀한 광학 장비가 도입되었고, 통신 장비도 개선되었습니다. 이런 기술 발전을 직접 경험하며 새로운 장비에 적응하는 것도 중요한 훈련 과정이었습니다.

새로운 장비의 매뉴얼을 공부하고, 부하들에게 사용법을 교육하는 것도 장교의 중요한 역할이었습니다. 기술이 발전해도 그것을 운용하는 사람의 역량이 뒷받침되지 않으면 의미가 없다는 것을 깨달았습니다.

군인 정신의 체득

훈련장에서 땀 흘리고, 밤늦게까지 전술을 익히며, 나는 군인으로서의 소명과 책임을 깊이 체감했습니다. 때로는 고된 훈련에 지치기도 했지만, 동료들과 함께 이겨내며 전우애를 다지는 과정은 훗날 사회생활에서도 큰 자산이 되었습니다. 젊은 날의 나는 군복을 입고 조국을 수호하는 일에 최선을 다했습니다.

군대에서 배운 가장 큰 교훈 중 하나는 '인내'였습니다. 힘든 훈련을 견뎌내는 것, 불편한 환경에서도 묵묵히 자신의 임무를 수행하는 것, 그리고 개인의 감정보다는 전체의 목표를 우선시하는 것. 이것들이 진정한 인내의 의미였습니다.

또한 '희생정신'도 배웠습니다. 개인의 편안함보다는 부대 전체의 안전을, 개인의 영광보다는 조국의 안위를 우선시하는 마음가짐이었습니다. 이런 정신은 훗날 공무원으로 일할 때, 개인의 이익보다는 공공의 이익을 먼저 생각하는 공복 정신의 바탕이 되었습니다.

극한 상황에서의 훈련을 통해 나는 자신의 한계를 뛰어넘는 경험을 했습니다. 72시간 연속 작전 훈련에서는 거의 잠을 자지 못하면서도 임무를 완수해야 했습니다. 이런 경험을 통해 "불가능"을 "가능"으로 바꾸는 정신력을 기를 수 있었습니다.

[사진 10 ROTC 전우와]

동료들과 형성한 전우애는 특별했습니다. 계급이나 출신을 떠나서 서로의 생명을 의지하는 관계였고, 이런 경험을 통해 진정한 동료애가 무엇인지 배울 수 있었습니다.

성장과 승진, 책임감의 무게

계급은 육군 소위에서 시작하여, 1965년 6월 30일 전역할 때는 중위 계급으로 전역했습니다. 비록 2년여의 짧지 않은 군 생활이었지만, 그 시간은 나를 단련하고 성장시키는 소중한 경험이었습니다. 소위에서 중위로 승진하는 과정에서 나는 더 큰 책임감을 느꼈습니다. 이제는 후배 장교들을 이끌어가야 하는 위치가 되었기 때문이었습니다.

부하들을 이끌어가는 것은 생각보다 어려운 일이었습니다. 명령을 내리는 것은 쉬웠지만, 그들이 진심으로 따르게 만드는 것은 전혀 다른 문제였습니다. 솔선수범하는 모습을 보여주고, 부하들의 어려움을 이해하고 도와주며, 공정하게 대우하는 것이 진정한 리더십이라는 것을 깨달았습니다.

새로운 역할에서 가장 중요한 것은 조직 관리와 리더십이었습니다. 여러 소대 간의 협조 체계를 유지하고, 행정 업무를 효율적으로 처리하며, 부대원들의 사기를 유지하는 것이 주요 과제였습니다.

후배 장교들에게는 나의 경험을 바탕으로 실무적인 조언을 해주었습니다. 부하들과의 관계 형성법, 위기 상황에서의 판단법, 그리고 군 간부로서 갖춰야 할 마음가짐을 가르쳐주었습니다.

전역과 민간 복귀 준비

2년여의 군 생활을 마치고 전역을 앞두고 있을 때, 나는 복잡한 감정을 느꼈습니다. 한편으로는 긴 복무를 마치고 사회로 복귀한다는 기대감이 있었지만, 다른 한편으로는 동료들과 헤어져야 한다는 아쉬움도 컸습니다.

전역을 앞두고 나는 민간 사회 복귀를 위한 준비를 시작했습니다. 수의사로서의 진로를 고민하며 취업 정보를 수집하고, 군에서 배운 경험들을 어떻게 민간에서 활용할 수 있을지 계획을 세웠습니다.

1965년 6월 30일, 전역식이 거행되었습니다. 2년여 동안 함께 생활한 동료들과의 작별은 매우 아쉬웠습니다. 서로의 연락처를 교환하고 민간에서도 계속 연락하기로 약속했습니다.

부대장님께서는 전역하는 우리들에게 "군에서 배운 정신을 잊지 말고 사회에서도 국가 발전에 기여하라"는 당부의 말씀을 해주셨습니다. 그 말씀이 가슴 깊이 새겨져 훗날 공무원으로 일할 때의 신념이 되었습니다.

전역장을 받는 순간의 감회는 특별했습니다. 군번 233529번으로 2년여 동안 복무한 시간들이 하나의 증서로 정리되는 순간이었습니다. 동시에 새로운 시작을 알리는 출발점이기도 했습니다.

전역을 앞두고 나는 2년여의 군 생활을 되돌아보았습니다. 소위로 임관해서 중위로 전역하기까지, 나는 많은 것을 배우고 성장했습니다. 무엇보다 리더십과 책임감, 그리고 국가에 대한 충성심을 기를 수 있었습니다.

군에서 배운 시간 관념과 규율 의식은 이후 모든 생활의 기반이 되었습니다. 정해진 시간에 정확히 일을 처리하고, 맡은 바 임무에 최선을 다하는 자세는 군에서 체득한 소중한 자산이었습니다.

조직 생활에서 필요한 협동심과 팀워크도 군에서 배운 중요한 교훈이었습니다. 개인의 능력도 중요하지만, 전체의 목표를 위해 함께 노력하는 것이 더 큰 성과를 만들어낸다는 것을 깨달았습니다.

예비군과 지속적인 국가 봉사

전역 후에도 나는 국가를 위한 봉사를 멈추지 않았습니다. 1969년 6월 7일에는 제37호 예비군 역파중대 부중대장으로 활동하며 지역 안보에 기여했습니다. 예비군 훈련을 통해 후배들에게 군사 기술을 전수하고, 국가 안보의 중요성을 일깨워주는 역할을 했습니다.

예비군 훈련은 현역 복무와는 다른 특성이 있었습니다. 각자 직업을 가지고 있는 민간인들이 일정 기간 모여서 훈련을 받는 것이었기 때문에, 효율적이고 실용적인 교육이 필요했습니다. 제한된 시간 안에 핵심적인 내용을 전달하는 것이 중요했습니다.

특히 신규 예비군들에게는 기본적인 군사 지식과 기술을 가르치는 일이 중요했습니다. 많은 이들이 군 복무를 마친 지 오래되어 기억이 희미해진 상태였기 때문에, 기초부터 차근차근 다시 가르쳐야 했습니다.

예비군 활동을 통해 나는 지역 주민들의 안보 의식을 높이는 데도 기여했습니다. 단순한 군사 훈련을 넘어서 북한의 위협과 대비 방법, 유사시 행동 요령 등을 교육했습니다.

농촌 지역의 특성상 안보에 대한 관심이 상대적으로 낮은 경우가 많았습니다. 일상생활에 바쁜 농민들에게 안보의 중요성을 인식시키고, 평시에도 경계를 늦추지 않도록 교육하는 것이 중요한 역할이었습니다.

간첩 신고 요령이나 수상한 인물 발견 시 대처 방법 등 실용적인 내용들을 교육하며 지역 사회의 안전망 구축에 기여했습니다. 이런 활동들이 실제로 지역 안보에 도움이 되는 사례들을 경험하며 보람을 느꼈습니다.

예비군 제도가 정착되어가는 과정에서 나는 훈련 내용과 방법의 개선에도 참여했습니다. 기존의 획일적인 훈련에서 벗어나 각 지역의 특성과 예비군들의 직업적 특성을 고려한 맞춤형 훈련을 개발하는 데 기여했습니다.

예를 들어, 농민들이 많은 지역에서는 농번기를 피해 훈련 일정을 조정하고, 농업과 관련된 전시 대비 요령을 포함시키는 등의 개선 사항들을 제안했습니다.

또한 예비군 간부들의 자질 향상을 위한 교육 프로그램 개발에도 참여했습니다. 단순히 군사 기술만이 아니라 리더십과 교육 기법, 동기 부여 방법 등을 포함하는 종합적인 교육 과정을 만들어나갔습니다.

지속적인 국방과 안보에 대한 관심

전역 후에도 나는 국가 안보와 국방에 대한 관심을 잃지 않았습니다. 예비군 활동을 통해 지역 안보에 기여하는 것 외에도, 수의사로서 축산 방역 업무를 통해 국가 안보의 한 축을 담당한다는 자부심을 가지고 일했습니다.

특히 구제역이나 조류독감 같은 가축 전염병은 국가 경제에 미치는 파급효과가 크기 때문에, 이를 예방하고 방제하는 일은 국가 안보와 직결되는 중요한 업무였습니다. 군에서 배운 경계 정신과 위기 대응 능력이 이런 업무에서 큰 도움이 되었습니다.

평생의 자산이 된 군 경험

이처럼 나의 젊음은 조국을 지키고 공동체에 봉사하는 데 아낌없이 바쳐졌습니다. 군인의 길은 단순한 병역 의무를 넘어, 저 자신을 단련하고 국가에 대한 헌신을 배우며, 사회에 대한 책임감을 일깨워준 소중한 시간이었습니다.

군에서 배운 규율과 책임감은 나의 인생 전반에 걸쳐 큰 영향을 주었습니다. 정해진 시간 안에 임무를 완수하고, 예측 불가능한 상황에서도 냉철하게 판단하며, 주어진 역할을 묵묵히 수행하는 태도는 훗날 공무원으로서, 그리고 수의사로서 직무를 수행하는 데 있어 중요한 기반이 되었습니다.

군에서 배운 리더십은 이후 모든 조직 생활의 기반이 되었습니다. 부하들을 이끌어가는 방법, 위기 상황에서의 의사 결정, 조직의 목표 달성을 위한 동기 부여 등은 모두 군에서 실전으로 배운 소중한 경험이었습니다.

특히 다양한 배경을 가진 사람들을 하나로 묶어 공동의 목표를 향해 나아가게 하는 능력은 군에서만 배울 수 있는 특별한 리더십이었습니다. 이런 경험은 훗날 공무원으로 일할 때 부서를 운영하고, 다양한 이해관계자들 간의 조정을 하는 데 큰 도움이 되었습니다.

또한 솔선수범의 중요성도 군에서 배운 소중한 교훈이었습니다. 말로만 하는 지시가 아니라, 직접 모범을 보이며 이끌어가는 리더십의 진정한 의미를 깨달았습니다.

군 복무를 통해 나는 확고한 국가관을 형성할 수 있었습니다. 자유 대한민국의 소중함과 이를 지켜나가야 할 의무에 대해 깊이 깨달았습니다. 이런 국가관은 이후 공무원으로 일할 때의 기본 신념이 되었습니다.

개인의 이익보다는 국가와 국민 전체의 이익을 우선시하는 공복 정신도 군에서 체득한 소중한 가치였습니다. 사사로운 감정이나 개인적 이해관계에 얽매이지 않고 공정하고 투명하게 업무를 처리하는 자세는 군에서 배운 군인 정신의 연장이었습니다.

군에서 경험한 다양한 위기 상황들은 훗날 사회생활에서 문제 해결 능력을 키우는 데 큰 도움이 되었습니다. 예상치 못한 상황에서도 당황하지 않고 침착하게 해결책을 찾아가는 능력은 군에서 훈련된 것이었습니다.

복잡한 상황을 체계적으로 분석하고, 우선순위를 정하여 단계적으로 해결해나가는 방법론도 군에서 배운 것이었습니다. 이런 문제 해결 능력은 수의사로 일할 때 복잡한 동물 질병을 진단하고 치료하는 데도 활용되었습니다.

군에서 만난 다양한 배경을 가진 사람들과의 교류는 나의 시야를 넓혀주었고, 조직의 목표를 위해 개인의 역량을 결집하는 방법을 배우게 했습니다. 전국 각지에서 온 동료들과 함께 생활하며 나는 우리나라의 다양한 지역 문화와 사람들의 삶을 이해할 수 있었습니다.

군에서 만난 동료들은 전역 후에도 소중한 인맥이 되었습니다. 각자 다른 분야에서 일하게 되었지만, 군에서 형성된 끈끈한 동료애는 계속 이어졌습니다. 이들과의 네트워크는 이후 업무나 개인적인 일에서 많은 도움이 되었습니다.

특히 ROTC 동기들과는 정기적인 모임을 통해 지속적인 교류를 이어갔습니다. 각자의 분야에서 쌓은 경험과 정보를 나누며 서로에게 도움이 되었고, 국가 발전을 위해 각자의 위치에서 최선을 다하자는 다짐을 함께 했습니다.

훗날 나는 젊은이들에게 군 복무의 의미와 가치에 대해 자주 이야기했습니다. 단순히 의무적으로 치러야 하는 시간이 아니라, 자신을 단련하고 성장시킬 수 있는 소중한 기회라는 것을 강조했습니다.

군에서 배울 수 있는 것들, 즉 규율과 책임감, 동료애와 희생정신, 리더십과 팀워크는 사회생활에서도 반드시 필요한 덕목들이라는 것을 알려주었습니다. 힘들고 어려운 순간들도 있겠지만, 그런 시련을 통해 더 강하고 성숙한 사람으로 성장할 수 있다고 격려했습니다.

무엇보다 국가를 사랑하고 국민을 위해 봉사하는 마음가짐을 갖추는 것이 진정한 군인 정신의 핵심이라는 것을 전해주었습니다. 전역 후에도 각자의 위치에서 국가 발전에 기여하는 것이 군인으로서의 소명을 완성하는 일이라고 강조했습니다.

군복을 입었던 시절의 강렬한 기억과 경험들은 제 삶에 깊은 책임감과 봉사 정신을 새겨주었고, 이는 이후의 삶을 살아가는 데 있어 굳건한 주춧돌이 되었습니다. 젊은 날의 군화 발자국은 나의 삶에 긍지와 자부심으로 아로새겨져 있으며, 평생에 걸쳐 나를 이끌어준 나침반과 같은 존재가 되었습니다.

5장

행정과 봉사

- 공복(公僕)의 시간, 민초의 이름으로

공직의 시작, 농촌지도원이라는 사명

1966년 4월 6일, 벚꽃이 만개한 봄날, 27세의 젊은 나이에 5급 국가공무원 농촌지도직(축산분야)으로 봉화군 농촌지도소에 첫 발령을 받았습니다. 기쁨과 동시에 '과연 농민들에게 도움이 될 수 있을까?' 하는 무거운 책임감이 어깨를 짓눌렀습니다.

봉화군은 태백산맥 깊숙한 산간 지역으로, 도시에서 자란 그에게 모든 것이 낯설었습니다. 하지만 이곳에서 농촌지도원이 단순한 공무원이 아닌, 농민들의 어려움을 함께 나누고 해결책을 찾아주는 동반자임을 깨달았습니다. 매일 아침 일찍 농가를 방문해 축사를 둘러보고, 가축 건강을 점검하며 새로운 사육 방법을 설명하는 것이 주된 업무였습니다.

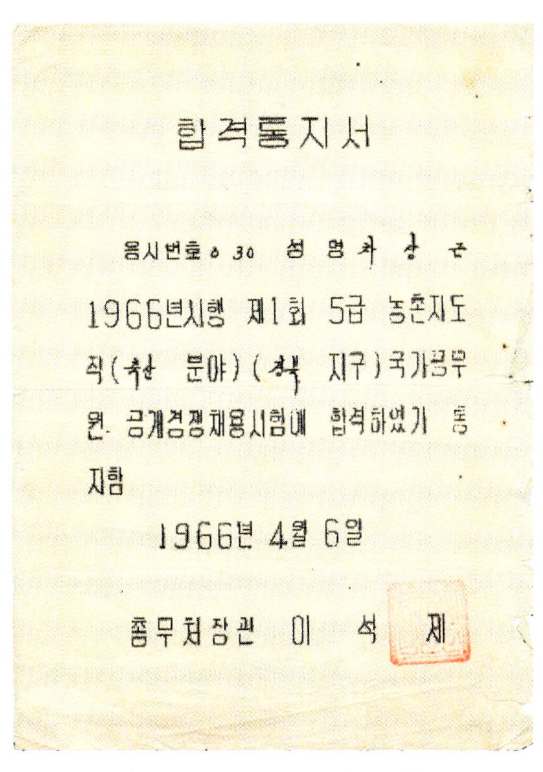

합격통지서

응시번호 030 성명 차상곤

1966년시행 제1회 5급 농촌지도직(축산 분야)(경북 지구)국가공무원. 공개경쟁채용시험에 합격하였기 통지함

1966년 4월 6일

총무처장관 이 석 제

[사진 11 국가 공무원 합격 통지서]

처음에는 젊은 도시 공무원에 대한 농민들의 불신도 있었지만, 매일 아침 인사를 나누고 농민들의 이야기에 귀 기울이며 점차 신뢰를 쌓아갔습니다. 격식을 차리지 않고 막걸리를 나누며 농사 걱정을 함께하고, 때로는 직접 축사에 들어가 농민들과 함께 일하며 소통했습니다. 대학에서 배운 이론이 현장에서 통하지 않는 경우가 많았기에, 농민들의 경험과 지혜를 배우며 '현장 중심의 농촌지도'라는 자신만의 철학을 세웠습니다.

문경으로의 발령, 새로운 도전

1966년 9월 5일, 문경농촌지도소로 발령받아 새로운 도전을 시작했습니다. 봉화와 달리 평야가 많고 교통이 편리한 문경은 그의 인생 터전이 될 줄은 꿈에도 몰랐습니다. 문경 사람들의 인정 많고 따뜻한 성품에 깊은 인상을 받았습니다.

문경에서는 봉화에서의 경험을 바탕으로 더욱 체계적인 농촌지도 활동을 펼쳤습니다. 지역 축산업 현황을 파악하고, 낮은 생산성, 사료비 부담, 질병 예방 인식 부족 등의 문제점을 도출했습니다. 이를 해결하기 위해 '농민교육의 날'을 정해 정기 교육을 실시하고, 바쁜 농민들을 위해 '찾아가는 교육 서비스'를 도입했습니다. 슬라이드 프로젝터를 활용한 시각 교육도 병행했습니다.

교육과 함께 중요한 사업은 시범농가 운영이었습니다. 열의 있는 농가를 선정해 새로운 기술을 먼저 적용해보도록 했고, 6개월 후 젖소 우유 생산량이 30% 증가하는 놀라운 성과를 거두었습니다. 이 소식은 마을에 알려져 다른 농가들도 앞다투어 신기술을 도입하며 시범사업의 파급효과가 나타나기 시작했습니다.

농촌 현실과 나의 인생 시작

문경으로 내려와 농촌지도소에서 공무원 일을 하면서 행정교육을 담당했습니다. 병원을 당장 개원하지 않은 이유는 당시 수의사 직업이 생소했고 나의 가족을 만들게 되면 안정적인 수입이 있어야 겠다는 생각을 했습니다. 본격적인 수의사로서 가축병원 개원을 한 것은 1977년 4월 이였습니다.

공직 생활을 문경에서 할 때 나의 반려자를 만나면서 결혼과 동시에 첫아이를 가졌습니다. 세상에서 가장 예쁜 나의 아내랑 꼭 닮은 딸아이였습니다.

[사진 12 아내와 큰딸 돌사진]

승진과 발전, 더 큰 책임감

1967년 2월 8일, 4급 국가공무원 농촌지도직(농업분야)으로 승진하며 축산뿐만 아니라 작물 재배, 농업 기계, 농가 경영 등 농업 전반에 대한 지도를 담당하게 되었습니다. 같은 해 4월 20일에는 문경군 농촌지도소 농촌지도사보로 임명되어 농업 정책의 현장 적용과 지역 농업 발전 기획에도 참여하게 되었습니다.

1960년대 말부터 시작된 새마을 운동은 그의 공직 생활에 큰 변화를 가져왔습니다. 농로 개설, 수리 시설 확충, 축사 개량 등 다양한 사업에서 기술적 뒷받침을 담당했습니다. 특히 마을 단위 종합 개발 사업에 농업 분야 책임자로 참여하며, 농민들이 새로운 기술을 익히고 놀라운 성과를 거두는 모습을 보며 큰 보람을 느꼈습니다. 새로운 벼 품종 도입으로 수확량이 두 배로 늘고, 축사 개량을 통해 가축 생산성이 향상되는 성공 사례들이 지역 전체 농업 소득 증대로 이어졌습니다.

경남으로의 이동, 새로운 환경에서의 적응

1970년 1월 1일, 창녕군 농촌지도소 농촌지도사로 발령받아 경북에서 경남으로 큰 변화를 맞았습니다. 낙동강 하류의 비옥한 평야 지대인 창녕은 산간 지역과는 완전히 다른 환경이었습니다. 대규모 벼농사가 주를 이루었고, 농업 기계화도 진전되어 있었습니다.

창녕군에서의 첫 과제는 평야지대 농업 특성 파악이었습니다. 개별 농가 방문보다는 권역별 집단 지도 방식을 도입하여 효율성을 높였습니다. 또한 트랙터, 콤바인 등 농업 기계의 효율적 활용을 위해 농업 기계 제조업체와 협력하여 정기 교육 프로그램을 운영했습니다. 낙동강 유역의 풍부한 수자원을 활용하여 수도작 개량에 집중하고, 이모작 재배를 통한 농지 이용률 증대에도 힘썼습니다.

지방 공무원으로의 전환, 더 깊은 현장 업무

1971년 3월 25일, 경상남도지사로부터 농림기사 임명을 받아 창녕군 농림과 농사계에서 근무하게 되었습니다. 국가 공무원에서 지방 공무원으로 신분이 바뀌었지만, 농민들을 위한 봉사 정신은 변함없었습니다. 농업 정책 수립과 시행, 보조금 지급, 재해 복구 사업 등 농민들의 삶에 직접적인 영향을 미치는 업무들을 담당했습니다.

이 해에 둘째 딸아이를 얻었습니다. 원하던 아들은 아니었지만 너무나 소중하고 귀했습니다. 농림과에서 일하며 정부 정책과 현장 실정 사이의 간극을 실감했습니다. 그는 항상 현장을 중시하여 농민들의 의견을 수렴하고, 문제점이 발견되면 상급 기관에 건의하여 정책 개선을 요구했습니다. 1971년 여름 태풍으로 창녕군이 큰 피해를 입었을 때는 재해 복구 사업단 일원으로 밤낮없이 복구 작업을 지원하며, 절망에 빠진 농민들에게 희망을 주었습니다.

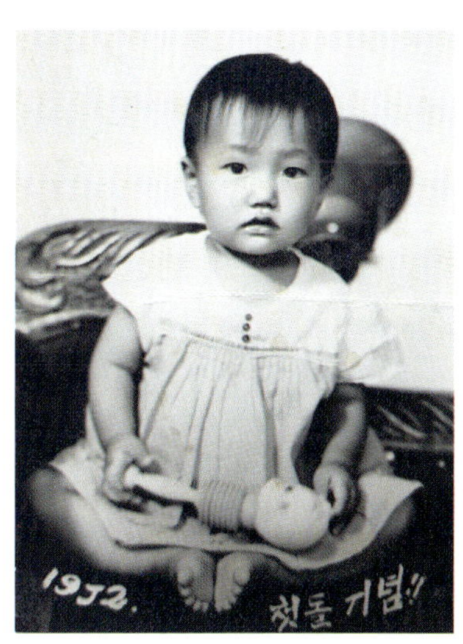

[사진 13 둘째딸 돌사진과 큰딸과 함께]

축산 전문가로서의 특화

1972년 6월 20일, 창녕군 식산과 축산계장직무대리를 맡으며 축산 분야 전문성을 다시 발휘하게 되었습니다. 8월 1일에는 정식으로 축산계장에 임명되어 지역 축산업 발전을 위해 체계적인 접근을 시도했습니다.

가장 중점을 둔 사업은 우량 종축 보급이었습니다. 전국 우량 종축 생산 농장을 직접 방문하여 신뢰할 만한 곳과 계약을 체결하고, 농민들이 쉽게 구입할 수 있도록 저리 융자 제도를 도입했습니다. 처음에는 시큰둥했던 농민들도 시범 농가에서 우량 종축의 효과를 직접 확인하며 점차 적극적으로 참여하게 되었습니다.

우량 종축 보급과 함께 축사 현대화 사업도 병행했습니다. 각 농가를 방문해 축사 환경을 점검하고, 적절한 온도와 습도 유지, 충분한 환기, 청결한 사육 환경 조성 등 개선 방안을 제시했습니다. 또한 사료 저장 시설과 분뇨 처리 시설 개선을 통해 지속가능한 축산업을 위한 기반을 마련했습니다.

축산 기술 보급을 위해 농민 교육도 체계화했습니다. 초급, 중급, 고급 과정으로 나누어 기본적인 사육 관리부터 경영 관리까지 폭넓은 교육을 실시하고, 계절별 특성을 고려한 교육도 병행했습니다.

이곳 창녕에서 장남인 나의 셋째 아이를 낳았습니다. 아주 건강한 턱에 당시 남양 유업 우량아 광고모델로 내 보낼까 하는 생각도 했습니다. 제 여담입니다만...

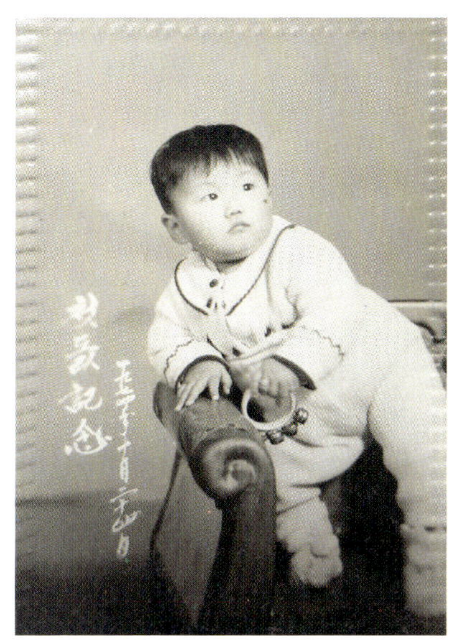

[사진 14 첫째아들(장남) 돌사진]

다양한 지역에서의 경험 축적

1974년 9월 10일, 거제군 산업과 축산계장 겸 지방수의사로 발령받아 섬 지역의 특수성을 경험했습니다. 거제도만의 온화한 기후와 깨끗한 자연환경을 활용하여 소규모 고품질 친환경 축산업 발전에 중점을 두었으며, 관광객을 대상으로 한 직판 체계를 구축하여 농가 소득 증대에 기여했습니다. 축산계장과 지방수의사를 겸임하며 가축 질병 예방과 치료에 더욱 전문성을 발휘했고, 특히 1970년대 중반 전국을 강타했던 구제역 예방 사업에서 철저한 방역 체계를 구축하여 피해를 최소화했습니다.

1975년 10월 27일, 다시 산간 지역인 거창군 산업과 축산계장으로 발령받았습니다. 지리산 자락의 서늘한 기후가 유럽형 젖소 사육에 유리하다는 점을 살려 낙농업 발전에 집중했습니다. 낙농 협동조합 설립을 추진하여 우유 공동 수집 및 가공, 판매 체계를 구축하고, 방목을 활용한 자연친화적 사육 방식으로 고품질 축산물을 생산하여 도시 소비자들로부터 큰 인기를 얻었습니다.

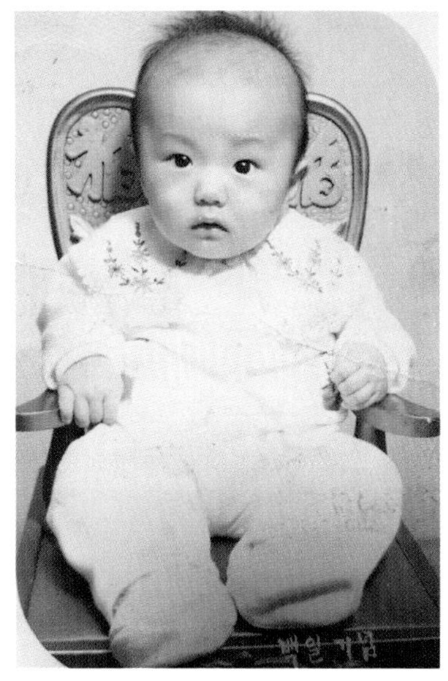

[사진 15 둘째아들(막내) 돌사진]

1976년 6월에 이 곳 거창에서 저랑 꼭 닮은 막내 아들을 낳았습니다. 낳자마자 날 꼭 닮았다고 고생한 아내에게 얘기했더니 살포시 미소를 보였던 그날의 기억이 생생합니다.

공수의로서의 새로운 출발

1977년 4월 6일, 11년 만에 다시 문경으로 돌아와 문경군 점촌가축병원 원장 겸 공수의로 위촉받았습니다. 젊은 농촌지도원으로 시작했던 곳에서 지역 축산업의 총괄 책임자가 된 것이었습니다. 공수의라는 직책은 단순한 수의사를 넘어 가축 질병 예방과 치료, 축산 기술 지도, 축산물 위생 관리, 축산 정책 현장 적용까지 모든 것을 총괄하는 자리였습니다.

점촌가축병원 개원과 함께 공무원에서 민간 수의사로 신분이 바뀌었지만, 농민들에게 더 직접적이고 전문적인 서비스를 제공하고 싶다는 마음이 컸습니다. 동시에 문경군으로부터 공수의 위촉을 받아 가축 방역, 축산물 위생 관리 등 공적 업무도 계속 수행하며 개업의와 공직자의 역할을 동시에 담당했습니다. 이런 이중 역할은 오히려 시너지를 만들어냈고, 특히 우수한 씨수소 정액을 이용한 인공수정 사업은 송아지 품질 향상에 큰 성과를 거두었습니다. 축산물 위생 관리 강화에도 힘써 농장에서 소비자까지 전 과정에 걸친 위생 관리 체계를 구축하여 문경 지역 축산물의 신뢰도를 높였습니다.

민초를 향한 진심, 발로 뛰는 행정

1988년 1월 1일, 경북도지사로부터 문경군 지구 공수의 위촉을 받으며 도 차원에서 역할을 인정받았고, 진정한 의미의 '발로 뛰는 행정'을 실천했습니다. 사무실에 앉아 서류로만 업무를 처리하는 것이 아니라, 직접 현장으로 나가 농민들의 생생한 목소리를 들었습니다.

나는 24시간 농민 곁에 있는 공무원이었습니다. 행정 시간표가 끝나는 오후나 주말, 공휴일이 나의 업무가 끝나는 시간은 아니었습니다. 농민들의 전화 한 통, 문자 한 줄이 오면 언제든 현장으로 향할 준비가 되어 있었습니다.

나는 책상 앞에서 정책을 집행하는 사람이기보다, 흙 묻은 장화를 신고 농민 곁에 서 있는 사람이고자 했습니다. 정부의 정책이나 규정이 현장의 현실과 맞지 않을 때에는, 규정의 문장보다 농민의 사정을 먼저 이해하려 노력했습니다. 형식적인 잣대보다는 사람의 삶을 기준으로 판단하고자 했고, 가능한 범위 안에서 최대한 유연하게 제도를 적용하려 애썼습니다. 때로는 제도 밖의 사각지대에 놓인 농민을 마주할 때도 있었지만, 그럴수록 "어떻게든 방법을 찾아보자"는 마음으로 함께 고민했습니다.

전문 용어나 어려운 행정 용어는 최대한 피했습니다. 이해되지 않는 설명은 아무 의미가 없다고 생각했기 때문입니다. 농민의 눈높이에 맞춰 쉬운 말로 풀어 설명하고, 필요하다면 여러 번 반복해서 이야기했습니다. "이건 이렇게 하시면 됩니다"라는 말 한마디가 농민에게는 큰 안도와 신뢰로 이어진다는 것을, 나는 현장에서 배웠습니다.

돌이켜보면, 나는 단순히 일을 '처리하는' 공무원이 아니라 농민의 하루와 함께 숨 쉬는 사람이었습니다. 농민의 걱정이 곧 나의 걱정이었고, 농가의 웃음이 나에게도 보람이 되었습니다.

표창과 인정, 노력의 결실

1971년 6월 24일, 농림공무원교육원장 우등상 (식량증산반): 첫 공식 표창으로 전문성을 인정받는 순간이었습니다.

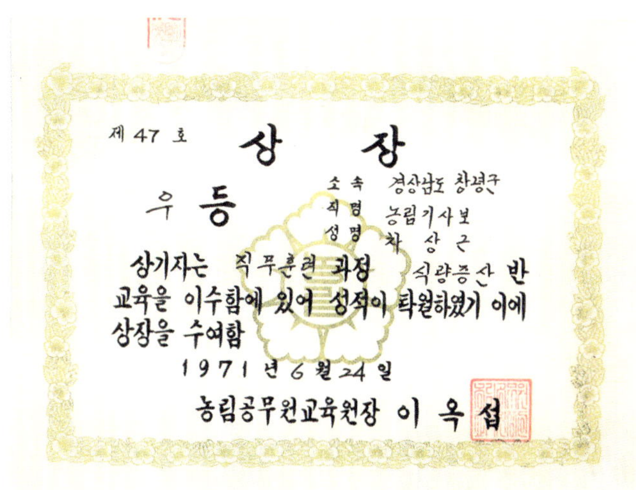

제 47 호

상 장

우 등

소속 경상남도 창녕군
직명 농림기사보
성명 차 상 근

상기자는 직무훈련 과정 식량증산 반 교육을 이수함에 있어 성적이 탁월하였기 이에 상장을 수여함

1971년 6월 24일

농림공무원교육원장 이 옥 섭

[사진 16 농림공무원 교육 성적 우수 상장]

제 609 호

표 창 장

소속 식산과
직위 [illegible] 성명 차 상 근

위의 사람은 평소 책임감이 왕성하고 사명감이 투철하여 주민복지 향상과 유신과업 수행등 군정발전에 기여한바 크므로 그공을 높이 치하하여 이에 표창함

1973년 12월 31일

창녕군수 이 진 혁

[사진 17 창녕 군수 표창장]

1973년 12월 31일, 창녕군수 표창 (군정발전 기여): 창녕군에서의 3년간의 노력이 결실을 맺었습니다.

1977년 4월 6일, 거창군수 축산장려사업 기여 표창: 거창군 낙농업 발전 노력이 인정받았습니다.

第390號 表彰狀

居昌郡 産業課
地方獸医師 車相根

貴下는 平素 熱誠的인 努力으로 郡政을 슬기롭게롭 推進하였을뿐 아니라 特히 本郡 力点施策으로 推進한 畜産奬励事業에 寄與한 功이 크므로 이에 表彰함

1977年 4月 6日

居昌郡守 許淳道

[사진 18 거창 군수 표창장]

1987년 12월 1일, 경북농촌진흥원장 표창 (농가소득증대 이바지): 20여 년간의 농업 기술 보급과 농민 지도 활동이 종합적으로 평가받는 대미를 장식하는 표창이었습니다.

제 1431 호

표 창 장

경상북도 점촌시 점촌동 271

차 상 근

위 사람은 선진과학 영농의 기수로서 투철한 사명감과 봉사정신으로 새로운 영농기술을 선도 실천하여 풍년농사 달성과 농가소득 증대에 크게 이바지 하였으므로 이에 표창함

1987년 12월 1일

경상북도 농촌진흥원장 손 삼 곤

[사진 19 경북 농촌진흥원 표창장]

이러한 표창들은 내가 걸어온 길이 옳았다는 확신을 주었고, 더 큰 책임감을 느끼게 하는 동력이 되었습니다.

기술 혁신과 농업 현대화의 선도

나의 공직 생활은 농업 기술의 급속한 발전 과정과 함께했습니다. 나는 항상 새로운 기술을 가장 먼저 학습하고 현장에 적용하는 선구자 역할을 했습니다. 인공수정 기술, 사료 첨가제, 새로운 백신, 현대적 축사 설계 등 모든 신기술을 적극적으로 도입했습니다. 1970년대부터 본격화된 농업 기계화에도 적극 참여하여 농업 기계 교육 프로그램을 기획하고 직접 교육을 담당했으며, 공동 이용 체계를 구축하여 농가의 부담을 줄이고 기계화 효과를 극대화했습니다

다. 1980년대 후반부터 도입된 컴퓨터와 정보통신 기술도 적극적으로 활용하며 젊은 직원들보다 더 적극적으로 새로운 기술을 받아들였습니다.

후배 양성과 지식 전수

공직 후반기에는 후배 공무원들을 지도하는 멘토 역할을 자처했습니다. 새로 발령받은 젊은 공무원들에게 현장 경험을 전수하고, 농민들과 소통하는 방법을 가르쳤습니다. 나는 '현장의 중요성'과 농민들과의 신뢰 관계를 항상 강조했습니다. 40여 년간의 경험을 후세에 전하기 위해 지역별 농업 특성, 효과적인 지도 방법, 성공 사례와 실패 사례 등을 체계적으로 정리하여 후배들이 참고할 수 있도록 했습니다.

퇴임, 아쉬움과 보람이 교차하는 순간

2007년 10월 13일, 공직 생활을 마무리하는 퇴임의 순간이 찾아왔습니다. 아쉬움과 보람, 그리고 안도감이 동시에 밀려왔습니다. 퇴임식에는 내가 도와준 농민들, 함께 일했던 동료들, 후배 공무원들이 참석하여 감사 인사를 전했습니다.

나는 지난 공직기간을 돌아보며 가장 기억에 남는 것은 농민들과 함께했던 순간들이라고 회고했습니다. 어려운 문제를 함께 해결했을 때의 기쁨, 새로운 기술로 성과를 거두었을 때의 보람이 생생했습니다. 더 많은 농민을 돕고, 더 적극적으로 새로운 사업을 추진할 수 있었을 것이라는 아쉬움도 있었지만, 주어진 환경에서 최선을 다했고 농민들을 위해 진심으로 봉사했다는 자부심 또한 컸습니다. 나는 공직에서는 은퇴했지만, 농민들을 위한 봉사는 계속하고 싶다는 다짐을 했습니다.

공복(公僕) 정신의 의미와 가치

다년간 공직 생활을 통해 나는 '공복(公僕)'의 진정한 의미를 깨달았습니다. 공복은 단순히 국민의 종이라는 겸양의 표현이 아니라, 국민을 위해 존재한다는 공무원의 명확한 가치관이었습니다. 진정한 공복은 국민의 어려움을 내 일처럼 여기고, 문제 해결을 위해 최선을 다하며, 격식이나 체면보다는 실질적인 도움을 주는 존재였습니다.

나의 공직 생활의 핵심은 '현장 중심 행정'이었습니다. 현장에서만 발견할 수 있는 문제들이 있고, 현장에서만 찾을 수 있는 해답들이 있다는 믿음이 있었습니다. 또한 공무원과 국민 사이의 신뢰 관계가 모든 행정의 기본이며, 신뢰는 일상의 작은 약속들을 지키면서 천천히 쌓아가는 것이라고 강조했습니다.

미래의 공무원들에게 나는 다음과 같은 메시지를 전했습니다:

항상 국민의 입장에서 생각하라.

현장을 소홀히 하지 마라.

끊임없이 학습하라.

변화하는 농업 환경과 대응

나는 대한민국 농업이 전통에서 현대로, 그리고 지속가능한 농업으로 변화하는 과정을 직접 목격하고 참여했습니다.

1960년대: 전통에서 현대로의 전환기: 농민들의 의식 변화를 위해 새로운 기술을 설득하고 교육하는 데 많은 노력을 기울였습니다.

1970년대: 새마을운동과 농업 혁신: 다양한 혁신 사업의 현장 책임자로 활동하며 농업 생산성 향상에 기여했습니다.

1980년대: 경영 효율성과 품질 향상: 농가 경영 컨설팅에 중점을 두어 경영 분석, 비용 절감, 마케팅 전략 등을 지도했습니다.

1990년대 이후: 친환경과 지속가능성: 퇴임을 앞두고 친환경 농업에 대한 관심을 가지고 유기농법, 생물학적 방제 등 새로운 개념을 현장에 적용하려 노력했습니다.

개인적인 성장과 변화

나는 젊은 시절의 이론에 충실한 기술자에서, 현장 경험을 통해 농민들의 지혜를 배우고 함께 성장하는 겸손한 자세를 갖게 되었습니다. 중견 공무원 시절에는 이론과 실무, 정책과 현장 사이의 균형을 잡는 능력을 키웠고, 베테랑으로서는 축적된 경험과 지식을 후배들에게 전수하는 멘토 역할을 수행했습니다.

지역사회와의 관계

문경은 나의 공직 생활에서 특별한 의미를 가진 곳이었습니다.

단순한 공무원을 넘어 지역사회의 일원이 되어 농민들과 인간적인 유대를 맺고, 지역의 크고 작은 일들에 참여했습니다. 농업 분야뿐만 아니라 지역 전체의 발전에도 관심을 가지고 농업 기반 시설 확충에 많은 노력을 기울였습니다. 행정과 주민을 연결하는 가교 역할을 수행하며 주민들의 신뢰를 높이는 데 기여했습니다.

기술 발전과 함께한 여정

나의 공직 생활은 농업 기술의 급속한 발전과 궤를 같이 했습니다. 아날로그적 농업에서 디지털 농업까지 모든 변화를 직접 경험하고 적용했습니다. 나이가 들어서도 컴퓨터와 인터넷 활용법을 배우는 등 새로운 기술을 적극적으로 받아들였고, 이러한 자세는 농민들에게도 긍정적인 영향을 미쳤습니다. 나는 기술 발전을 수용하면서도 기술이 수단일 뿐 목적은 농민들의 삶의 질 향상이어야 한다는 철학을 잊지 않았습니다.

위기 상황에서의 대응

공직 생활 중 다양한 자연재해와 가축 전염병, 경제적 어려움을 겪었습니다. 나는 재해 발생 시 가장 먼저 현장으로 달려가 신속하게 대응했고, 가축 전염병 발생 시에는 평상시 예방 활동에 힘쓰는 한편 발생 시에는 신속한 방역 조치를 취했습니다. 특히 농민들과의 신뢰 관계가 위기 상황 대응에 큰 힘이 되었음을 강조했습니다.

가족과 개인 생활

나의 헌신적인 공직 생활은 가족의 희생과 이해 없이는 불가능했습니다. 특히 아내는 나의 가장 든든한 후원자였으며, 가족의 지원 덕분에 공직에 전념할 수 있었습니다. 나는 농민들의 삶이 개선되는 것을 직접 목격하는 것이 가장 큰 성취이자 보람이었고, 수많은 사람들과의 인간적 유대가 소중한 자산이 되었다고 말했습니다.

미래에 대한 전망과 제언

퇴임을 앞두고 농업의 미래에 대해 깊이 생각하며, IT 기술과 바이오 기술이 농업에 접목되면서 새로운 형태의 농업이 등장할 것이라고 전망했습니다. 동시에 안전한 먹거리 생산, 환경 보전 등 농업의 본질적 가치도 더욱 중요해질 것이라고 강조했습니다.

미래의 공직자들에게는 변화를 두려워하지 말고, 국민과의 소통을 소홀히 하지 않으며, 전문성을 지속적으로 개발하고, 인간적 품격을 잃지 말 것을 당부했습니다. 농업에 종사하는 후배들에게는 자부심을 가지고 끊임없이 학습하며, 협동의 힘을 활용하고, 소비자와의 직접적인 관계를 구축할 것을 조언했습니다.

공복(公僕)의 시간을 마치며

1976년까지 공직 생활은 한 개인의 성장 과정이자 대한민국 농업 발전의 역사였습니다. 나는 이 과정에서 작은 역할을 담당했지만, 그 시간들이 인생의 가장 소중한 자산이 되었다고 말합니다.

나는 공직 생활을 통해 '봉사'의 참된 의미를 배웠습니다. 봉사는 일방적인 희생이 아니라 서로를 존중하고 배려하는 상호 작용이며,

농민들을 도우면서 자신 역시 많은 것을 배웠다고 고백합니다. 40년간 만난 농민들은 나에게 인생의 스승이었으며, 그들의 순박함과 성실함, 포기하지 않는 의지, 자연과 더불어 사는 지혜는 책에서 배울 수 없는 소중한 교훈이었습니다.

'공복(公僕)'이라는 단어에는 국민을 위해 존재하는 공직자의 정체성을 규정하는 깊은 철학이 담겨 있습니다. 나는 이 정신이 후배 공직자들에게 이어져야 한다고 믿으며, 공복 정신의 핵심은 '섬김의 리더십'이라고 강조합니다. 권력으로 지배하는 것이 아니라 봉사로 이끄는 리더십, 명령으로 통제하는 것이 아니라 설득과 협력으로 함께 나아가는 리더십이 민주주의 시대에 요구되는 공직자의 자세라고 역설합니다.

그동안 자신을 신뢰하고 따라준 모든 농민들, 함께 일한 동료들과 후배들, 그리고 묵묵히 지원해준 가족들에게 감사의 마음을 전하며, 비록 공직에서는 은퇴했지만 농민들을 위한 마음과 농업 발전에 대한 관심은 계속될 것이라고 다짐합니다.

격식보다는 진심이, 명령보다는 발로 뛰는 실천이 먼저였던 그 시간들은 나에게 공복의 시간이었고, 민초들의 이름으로 살아온 소중한 시간이었습니다.

6장

수의사의 길
-생명을 돌보는 것은 곧 인간을 위한 일이었다

소명의 시작, 수의사 국가시험 합격

1963년 4월 1일, 나는 제7회 수의사 국가시험에 합격하며 수의사로서 첫걸음을 내디딜 자격을 얻었습니다. 그 순간의 기쁨과 감격은 지금도 생생합니다. 몇 년간의 치열한 공부와 준비 끝에 얻은 결과였기에 더욱 값졌습니다.

시험 준비 과정은 결코 쉽지 않았습니다. 해부학, 생리학, 병리학, 약리학 등 방대한 의학 지식을 습득해야 했습니다. 특히 당시에는 참고 서적이 부족했고, 대부분의 전문 서적이 일본어나 영어로 되어 있어 언어 장벽까지 극복해야 했습니다. 밤늦게까지 촛불 아래서 공부하던 날들이 많았습니다. 전기 사정이 좋지 않던 시절이라 종종 정전이 되었고, 그럴 때면 호롱불이나 양초에 의존해야 했습니다.

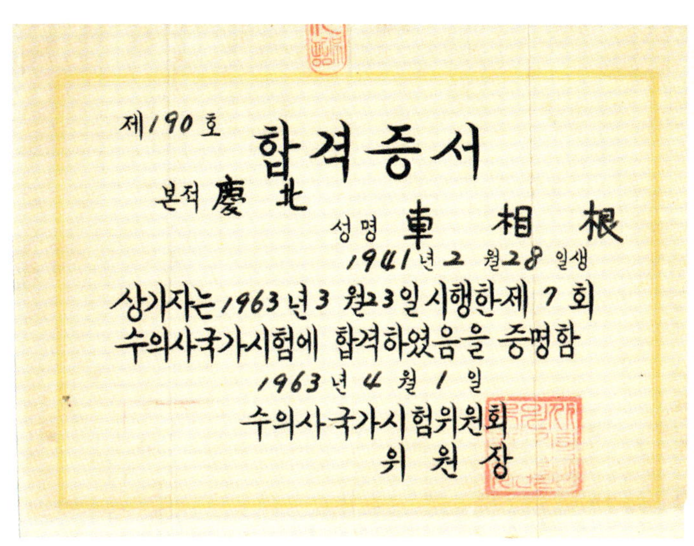

제190호

합격증서

본적 慶北

성명 車 相 根

1941년 2월 28일생

상기자는 1963년 3월 23일 시행한 제 7 회
수의사국가시험에 합격하였음을 증명함

1963년 4월 1일

수의사국가시험위원회
위원장

[사진 20 수의사 합격증서]

국가고시 위원장의 합격 통지서를 받아 든 순간, 나는 이제 정말 수의사가 될 수 있다는 실감이 들었습니다. 그리고 두 달 후인 6월 1일, 제1851호로 최초의 수의사 면허를 취득하며 오랫동안 꿈꿔왔던 생명 존중의 길을 정식으로 걷게 되었습니다. 농림부 장관의 서명이 찍힌 그 면허증은 단순한 자격증을 넘어, 생명을 다루는 숭고한 직업에 대한 허가서이자 책임장이었습니다.

면허증을 받던 날, 나는 가족들과 함께 소박한 축하 자리를 가졌습니다. 부모님께서는 무척 기뻐하시며 "이제 정말 의사가 되었구나"라고 말씀하셨습니다. 그때만 해도 수의사라는 직업이 일반 사람들에게는 다소 생소한 편이었지만, 우리 가족은 생명을 다루는 숭고한 직업이라는 것을 잘 알고 있었습니다.

수의사로서의 새로운 출발

1977년 4월 6일, 11년 만에 다시 문경으로 돌아와 문경군 점촌가축병원 원장 겸 공수의로 위촉받았습니다.

젊은 농촌지도원으로 시작했던 곳에서 지역 축산업의 총괄 책임자가 된 것이었습니다. 공수의라는 직책은 단순한 수의사를 넘어 가축 질병 예방과 치료, 축산 기술 지도, 축산물 위생 관리, 축산 정책 현장 적용까지 모든 것을 총괄하는 자리였습니다.

점촌가축병원 개원과 함께 공무원에서 민간 수의사로 신분이 바뀌었지만, 농민들에게 더 직접적이고 전문적인 서비스를 제공하고 싶다는 마음이 컸습니다. 동시에 문경군으로부터 공수의 위촉을 받아 가축 방역, 축산물 위생 관리 등 공적 업무도 계속 수행하며 개업의와 공직자의 역할을 동시에 담당했습니다. 이런 이중 역할은 오히려 시너지를 만들어냈고, 특히 우수한 씨수소 정액을 이용한 인공수정 사업은 송아지 품질 향상에 큰 성과를 거두었습니다. 축산물 위생 관리 강화에도 힘써 농장에서 소비자까지 전 과정에 걸친 위생 관리 체계를 구축하여 문경 지역 축산물의 신뢰도를 높였습니다.

1960년대 농촌 사회에서 가축은 가족의 일부이자 생계의 전부였습니다. 소 한 마리가 병들면 그 집안의 1년 농사가 망쳐질 수 있었고, 돼지나 닭이 전염병에 걸리면 농가 전체가 경제적 위기에 빠질 수 있었습니다.

당시 농가의 경제 상황은 매우 어려웠습니다. 소 한 마리는 그 가정의 전 재산이나 다름없었습니다. 농사일에 꼭 필요한 노동력이자, 비료를 생산하는 소중한 자원이었습니다. 또한 송아지를 낳으면 그것이 곧 현금 수입원이 되었습니다. 그래서 소가 병들면 농민들은 마치 가족이 위험에 빠진 것처럼 걱정했습니다.

[사진 21 점촌가축병원 전경]

돼지 사육도 농가의 중요한 부업이었습니다. 남은 음식물과 채소 부산물을 활용해 키울 수 있었고, 비교적 빠른 시일 내에 현금 수입을 얻을 수 있었습니다. 하지만 돼지들은 질병에 취약했고, 특히 전염병이 발생하면 순식간에 전체 농장이 위험에 빠질 수 있었습니다. 닭 역시 마찬가지였습니다. 계란은 농가의 꾸준한 수입원이었고, 닭고기는 특별한 날의 귀한 음식이었습니다. 하지만 닭들은 더욱 질병에 민감했고, 조류독감 같은 전염병이 발생하면 하루아침에 모든 것을 잃을 수 있었습니다.

그래서 수의사의 역할은 매우 중요했습니다. 단순히 아픈 동물을 치료하는 것을 넘어, 농가의 희망을 지켜주는 일이었습니다. 새벽에 급하게 걸려오는 전화를 받고 우사를 달려가면, 농민들의 간절한 눈빛을 마주해야 했습니다. 그 눈빛에는 애타는 마음과 간절한 부탁, 그리고 수의사에 대한 절대적인 신뢰가 담겨 있었습니다.

농민들과의 깊은 유대

농민들과의 관계는 단순한 의사-환자 관계를 넘어서는 특별한 것이었습니다. 나는 농민들의 삶 속으로 깊이 들어가 그들의 고충과 어려움을 함께 나누어야 했습니다. 진료를 위해 농가를 방문하면, 농민들은 항상 정성스럽게 대접해 주었습니다. 비록 넉넉하지 않은 형편이었지만, 직접 기른 쌀로 지은 밥과 텃밭에서 가꾼 채소로 만든 반찬을 내어주며 고마움을 표현했습니다.

한번은 한겨울 밤에 급한 전화를 받고 산골 마을로 출동한 적이 있습니다. 눈이 많이 내린 날이어서 차로 접근하기 어려웠고, 마지막 구간은 걸어서 가야 했습니다. 농민은 손전등을 들고 나와 길을 안내해 주었고, 병든 소를 살리기 위해 밤새 함께 노력했습니다. 다음 날 아침, 소가 건강을 되찾은 것을 확인하고 돌아올 때, 그 농민은 제 손을 꼭 잡고 "선생님 덕분에 우리 가족이 살았습니다"라고 말했습니다. 그 말은 지금도 가슴 깊이 남아 있습니다.

농민들은 나를 단순한 의사로만 보지 않았습니다. 때로는 상담사 역할도 했고, 때로는 기술 지도사 역할도 했습니다. 축사 환경 개선에 대한 조언을 구하기도 했고, 사료 선택에 대한 의견을 묻기도 했습니다. 심지어는 가정사 상담을 해달라고 부탁하는 경우도 있었습니다. 나는 이런 요청들을 부담스러워하지 않았습니다. 오히려 농민들이 나를 신뢰하고 의지한다는 것이 고마웠습니다.

끊임없는 자기계발과 전문성 향상

나는 시대의 변화에 발맞춰 끊임없이 배우고 발전하고자 노력했습니다. 1973년 11월 30일과 2013년 3월 23일, 두 차례에 걸쳐 제1851호 수의사 면허를 갱신하며, 늘 최신 지견을 습득하고 전문성을 유지하려 했습니다.

수의학도 다른 의학 분야와 마찬가지로 끊임없이 발전하고 있었기에, 과거의 지식에만 안주해서는 안 되었습니다. 새로운 치료법이 나오면 관련 서적을 구해 공부했고, 학술대회가 있으면 참석해서 최신 동향을 파악했습니다. 때로는 서울이나 대구까지 가서 연수를 받기도 했습니다.

당시에는 인터넷이 없었기 때문에, 최신 정보를 얻기 위해서는 직접 발품을 팔아야 했습니다. 전문 서적들은 대부분 서울의 큰 서점에서만 구할 수 있었고, 가격도 만만치 않았습니다. 하지만 나는 전문성 향상을 위해서는 아까워하지 않았습니다. 한 달에 한두 번씩은 서울을 오가며 새로운 책들을 구입했고, 동료 수의사들과 정보를 교환했습니다. 각종 전문 서적들 외에 관련 정보지. 신문 스크랩 등은 나의 전문성 향상을 위한 최고의 친구였습니다. 외국 학술지들도 정기적으로 구독했습니다. 영어로 된 논문들을 읽는 것은 쉽지 않았지만, 사전을 옆에 두고 천천히 번역하며 공부했습니다.

특히 새로운 질병이나 치료법에 관한 논문들은 여러 번 읽으며 내용을 완전히 이해하려고 노력했습니다.

이런 노력들이 쌓여 나는 지역에서 신뢰받는 수의사로 성장할 수 있었습니다.

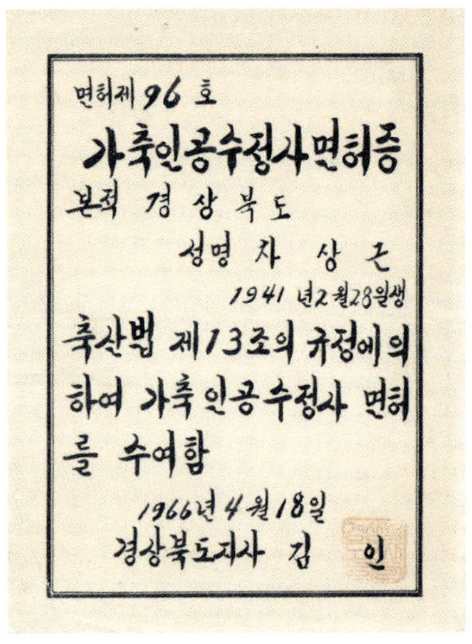

면허제 96 호

가축인공수정사면허증

본적 경상북도

성명 차 상 곤

1941 년 2 월 28 일생

축산법 제 13 조의 규정에 의하여 가축인공수정사 면허를 수여함

1966년 4월 18일

경상북도지사 김 인

[사진 22 가축인공 수정 면허증]

1966년 4월 18일에는 경상북도 지사로부터 제96호 가축인공수정사 면허를 취득하여, 가축 개량과 생산성 향상에도 기여할 수 있는 기반을 마련했습니다

인공수정 기술의 도입과 활용

인공수정 기술은 당시로서는 매우 첨단 기술이었습니다. 우수한

종축의 유전자를 통해 더 좋은 품질의 후대를 생산할 수 있게 해주는 혁신적인 기술이었습니다. 이 기술을 통해 농가들은 비싼 종축을 직접 사육하지 않고도 우수한 품질의 송아지나 새끼 돼지를 얻을 수 있었습니다.

[사진 23 인공수정 송아지 전시]

인공수정 기술을 익히기 위해 나는 축산기술연구소에서 특별 연수를 받았습니다. 정자의 채취, 보관, 주입 등 일련의 과정을 정확히 배워야 했습니다. 특히 위생 관리가 매우 중요했는데, 조금이라도 오염되면 전체 과정이 실패할 수 있었습니다.

처음에는 농민들이 인공수정에 대해 반신반의했습니다. 자연 교배가 아닌 인공적인 방법으로 새끼를 얻는다는 것이 신기하면서도 의심스러웠던 것 같습니다. 하지만 실제로 인공수정을 통해 태어난 송아지들이 더 우수한 품질을 보이자, 점차 많은 농가들이 이 기술을 요청하기 시작했습니다.

인공수정 작업은 매우 정밀한 기술이 필요했습니다. 암컷의 발정 주기를 정확히 파악해야 했고, 적절한 시기에 정자를 주입해야 했습니다. 또한 스트레스를 최소화하기 위해 동물을 안정시키는 것도 중요했습니다. 한 번의 실수가 몇 달간의 기회를 놓치는 결과를 가져올 수 있었기 때문에, 항상 신중하게 작업했습니다.

성공적인 인공수정 사례들이 늘어나면서, 나는 지역 축산업 발전에 크게 기여할 수 있었습니다. 우수한 품질의 가축들이 늘어나면서 농가 소득도 증가했고, 이는 지역 경제 활성화로 이어졌습니다.

위생과 방역, 공중보건의 수호자

1977년 3월 22일에는 제74호 폐수검안 지정을 받아, 위생적인 측면에서도 중요한 역할을 수행하게 되었습니다. 이는 단순히 동물의 질병을 치료하는 것을 넘어, 식품 안전과 공중보건을 책임지는 역할이었습니다. 도축장에서 나오는 고기가 안전한지 검사하고, 유통되는 축산물이 위생적인지 확인하는 일이었습니다. 이 일은 매우 중요했습니다. 잘못된 축산물이 시장에 유통되면 많은 사람들의 건강에 해를 끼칠 수 있기 때문이었습니다.

검안 작업은 매우 세밀하고 까다로운 과정이었습니다. 도축된 가축의 내장을 하나하나 검사하며, 질병의 흔적이나 이상 소견이 있는지 확인해야 했습니다. 간, 폐, 신장, 심장 등 각 장기의 색깔, 크기, 질감을 꼼꼼히 살펴보았습니다. 조금이라도 의심스러운 부분이 있으면 현미경으로 조직 검사를 하기도 했습니다.

때로는 육안으로는 정상으로 보이는 고기에서 세균이나 기생충이 발견되기도 했습니다. 이런 경우에는 아무리 업체에서 항의해도 단호하게 폐기 처분했습니다. 공중보건을 지키는 것이 개인의 이익보다 훨씬 중요하다고 생각했기 때문이었습니다.

도축장 외에도 축산물 가공업체나 유통업체를 정기적으로 점검했습니다. 위생 시설이 제대로 갖춰져 있는지, 보관 온도가 적절한지, 작업자들이 위생복을 제대로 착용하고 있는지 등을 확인했습니다. 때로는 불시 점검을 통해 평소 관리 상태를 파악하기도 했습니다. 이런 엄격한 관리 덕분에 우리 지역에서는 축산물로 인한 식중독 사고가 거의 발생하지 않았습니다. 이는 저에게 큰 자부심을 주었습니다. 보이지 않는 곳에서 묵묵히 공중보건을 지키는 일이었지만, 많은 사람들의 건강을 보호하는 중요한 역할이었습니다.

공수의로서의 사명감

특히 1980년 1월 1일, 경상북도 지사 김무연 님으로부터 공수의로 위촉된 것은 제 수의사 인생의 중요한 전환점이었습니다. 공수의는 지역 가축의 질병 예방 및 치료, 그리고 축산 위생 관리 전반을 책임지는 역할이었습니다.

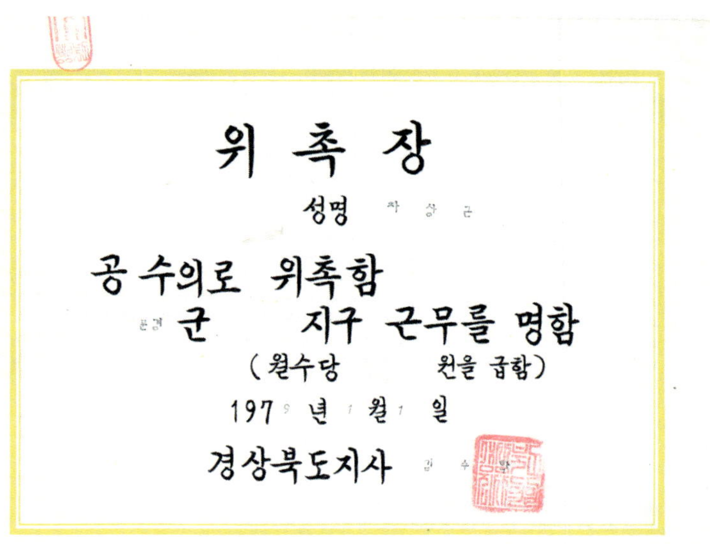

위 촉 장

성명 차 상 근

공수의로 위촉함

문경 군 지구 근무를 명함

(월수당 원을 급함)

1979 년 1 월 1 일

경상북도지사 김 수 학

[사진 24 경북 공수의 위촉장]

단순히 개인 병원을 운영하는 수의사가 아니라, 지역 전체의 축산업 발전을 책임지는 공적인 역할이었습니다. 이는 개인적인 영리 추구를 넘어, 지역사회에 대한 봉사와 헌신을 의미했습니다.

지역 축산 농가와 긴밀히 소통하며 가축의 건강을 돌보는 데 헌신했습니다. 병원은 단순한 치료 공간을 넘어, 농민들에게 새로운 기술을 전수하고 상담을 해주는 종합 서비스 공간이었습니다.

정기적으로 농가를 순회하며 가축들의 건강 상태를 점검했습니다. 질병의 조기 발견과 예방에 중점을 두었습니다. 병이 심해진 후에 치료하는 것보다는, 미리 예방하는 것이 훨씬 효과적이고 경제적이었기 때문이었습니다.

새로운 사료나 약품에 대한 정보를 제공하고, 축사 환경 개선에 대한 조언도 해 주었습니다. 환기 시설, 급수 시설, 분뇨 처리 시설 등 축사의 전반적인 환경이 가축의 건강에 미치는 영향을 설명하고, 개선 방안을 제시했습니다.

또한 농민들을 대상으로 한 교육도 중요한 업무였습니다. 정기적으로 축산기술 강습회를 개최하여, 질병 예방법, 영양 관리법, 번식 기술 등을 교육했습니다. 이론적인 내용뿐만 아니라 실제 현장에서 적용할 수 있는 실용적인 기술들을 중심으로 교육했습니다.

전염병과의 치열한 전쟁

구제역이나 기타 전염병이 발생할 때면 밤낮없이 현장으로 달려가 방역과 치료에 매달렸습니다. 전염병은 시간과의 싸움이었습니다. 조금이라도 늦으면 인근 농가로 번져 더 큰 피해를 입힐 수 있었기 때문이었습니다.

1980년대 초 구제역이 발생했을 때의 일이 지금도 생생합니다. 첫 신고가 들어온 것은 새벽 3시였습니다. 한 농가의 소가 갑자기 침을 흘리고 입 안에 물집이 생겼다는 신고였습니다. 즉시 방역복을 입고 현장으로 출동했습니다.

도착해보니 증상이 구제역과 매우 유사했습니다. 즉시 시료를 채취하여 검사기관에 보냈고, 결과가 나올 때까지 농장을 완전히 폐쇄했습니다. 그리고 인근 농가들에게 긴급 연락을 취하여 예방 조치를 당부했습니다.

검사 결과 구제역 양성으로 확인되자, 즉시 방역 작업에 들어갔습니다. 감염된 가축들은 안타깝게도 살처분해야 했고, 농장 전체를 소독해야 했습니다. 농민의 절망적인 표정을 보는 것은 정말 가슴 아픈 일이었습니다.

하지만 신속한 대응 덕분에 다른 농가로의 전파는 막을 수 있었습니다. 며칠 동안 밤낮으로 방역 작업을 했고, 반경 3km 내의 모든 농가를 일일이 점검했습니다. 다행히 추가 감염은 발생하지 않았습니다.

전염병이 발생하면 개인적인 일정은 모두 뒤로 미뤄야 했습니다. 가족과의 약속도 취소하고, 휴일도 없이 방역 작업에 매달렸습니다. 하지만 이것이 공수의로서의 사명이라고 생각했습니다. 한 농가의 피해를 막기 위해 노력하는 것이 결국 지역 전체의 축산업을 지키는 일이었습니다.

24시간 응급 진료 체계

중증 환축의 경우 24시간 집중 관리가 필요했습니다. 그런 날이면 병원에서 잠을 자기도 했습니다. 응급실이 따로 있지 않았기 때문에, 진료실 한쪽에 간이침대를 놓고 환축을 지켜보며 밤을 새웠습니다.

한번은 난산으로 고생하는 소를 밤새 돌본 적이 있습니다. 송아지가 거꾸로 나오려 하여 정상 분만이 어려운 상황이었습니다. 수술을 할 수도 있었지만, 당시 기술로는 위험이 컸습니다. 결국 손으로 송아지의 자세를 바로잡으며 자연분만을 유도했습니다.

몇 시간의 사투 끝에 송아지가 무사히 태어났을 때의 감동은 말로 표현할 수 없었습니다. 어미 소도 건강했고, 송아지도 곧 일어서서 젖을 먹기 시작했습니다. 농민은 눈물을 흘리며 고마워했습니다. 그 순간 모든 피로가 사라지고, 수의사로서의 보람을 느꼈습니다.

응급 진료를 위해 항상 준비를 갖추고 있어야 했습니다. 차량에는 각종 응급약품과 수술 도구들을 상시 비치했습니다. 언제든지 출동할 수 있도록 연락처도 여러 곳에 공지했습니다. 휴대전화가 없던 시절이라, 집 전화와 병원 전화번호를 농민들에게 알려주었습니다.

깊은 밤에 전화벨이 울리면 가족들도 깨어났지만, 아무도 불평하지 않았습니다. 오히려 빨리 준비할 수 있도록 도와주었습니다. 아내는 따뜻한 차를 준비해 주었고, 아이들은 응급가방을 챙겨 주었습니다. 가족의 이해와 협조가 없었다면 24시간 응급 진료는 불가능했을 것입니다.

농가 소득 증대의 동반자

건강한 가축을 통해 농가 소득이 증대되는 모습을 볼 때 가장 큰 보람을 느꼈습니다. 병든 소가 치료되어 다시 농사일을 할 수 있게 되거나, 돼지가 건강하게 자라 좋은 가격에 팔리는 모습을 보면 정말 뿌듯했습니다.

한 농가에서 사육하던 돼지들이 설사병으로 고생하고 있었습니다. 몇 마리가 이미 죽었고, 나머지 돼지들도 위험한 상태였습니다.

농민은 절망적인 표정으로 "이제 망했다"고 했습니다. 하지만 나는 포기하지 않았습니다.

정확한 원인을 찾기 위해 분변 검사를 했고, 세균성 설사임을 확인했습니다. 적절한 항생제 치료와 함께 영양 보충, 환경 개선을 병행했습니다. 축사를 깨끗이 소독하고, 급수 시설을 점검했습니다. 사료도 소화가 잘 되는 것으로 바꿔 주었습니다.

며칠간의 집중 치료 끝에 돼지들이 건강을 되찾기 시작했습니다. 설사가 멈추고, 사료를 잘 먹기 시작했습니다. 한 달 후 그 돼지들은 다른 돼지들보다 더 건강하게 자라고 있었습니다. 농민은 시장에서 좋은 가격에 돼지를 팔 수 있었고, 그해 가장 큰 수익을 올렸습니다.

이런 사례들이 입소문을 타면서 더 많은 농가들이 나를 찾아왔습니다. 단순히 치료만 하는 것이 아니라, 사육 방법 개선, 영양 관리, 환경 개선까지 종합적으로 상담해 주었습니다. 이는 농가의 생산성 향상과 소득 증대로 직결되었습니다.

특히 우수한 품질의 가축을 생산하여 브랜드화에 성공한 농가들이 늘어났습니다. 건강하고 품질 좋은 축산물은 소비자들에게 인정받았고, 더 높은 가격에 판매될 수 있었습니다. 이는 지역 축산업의 경쟁력 향상으로 이어졌습니다.

지역사회와의 깊은 연대

농민들이 고마워하는 마음을 표현할 때면 더욱 보람을 느꼈습니다. 때로는 직접 기른 농산물을 가져다주기도 했고, 때로는 정성스럽게 준비한 음식을 대접해 주기도 했습니다. 그런 마음들이 모여 나는 지역 사회의 일원으로서 깊은 유대감을 느낄 수 있었습니다.

추석이나 설날 같은 명절이면 농민들로부터 받은 선물들이 집 안 가득했습니다. 직접 기른 쌀, 고구마, 배추, 무 등이 산더미처럼 쌓였습니다. 정성스럽게 만든 김치나 장아찌도 많이 받았습니다. 이런 선물들은 단순한 물질적 대가가 아니라, 고마움과 신뢰의 표현이었습니다.

한번은 한 농민이 직접 기른 송아지를 가져와서 "선생님 덕분에 이 송아지가 태어날 수 있었습니다"라고 말하며 눈물을 흘린 적이 있습니다. 그 어미 소가 난산으로 위험했는데, 밤새 정성을 다해 치료한 결과 무사히 송아지를 낳을 수 있었던 것입니다. 그 농민은 송아지 이름을 "은혜"라고 지었다고 했습니다.

지역의 크고 작은 행사에도 적극적으로 참여했습니다. 마을 체육대회, 농민의 날 행사, 각종 축제 등에서 의료진으로 참여하여 응급 상황에 대비했습니다. 비록 동물 의사였지만, 응급처치 정도는 할 수 있었기 때문에 많은 도움이 되었습니다.

기술 혁신과 장비 현대화

1980년대 들어서면서 수의학 기술도 급속히 발전하기 시작했습니다. 새로운 진단 장비들이 개발되고, 치료법도 더욱 정교해졌습니다. 나는 이런 변화에 뒤처지지 않기 위해 끊임없이 노력했습니다.

첫 번째 큰 투자는 X-ray 촬영 장비였습니다. 당시로서는 상당히 비싼 장비였지만, 정확한 진단을 위해서는 꼭 필요하다고 판단했습니다. 골절이나 내부 장기의 이상을 육안으로만 판단하는 것에는 한계가 있었기 때문이었습니다.

X-ray 장비를 도입한 후 진단의 정확도가 크게 향상되었습니다. 이전에는 추측에 의존해야 했던 부분들을 명확히 확인할 수 있게 되었습니다. 농민들도 X-ray 사진을 보며 자신의 가축 상태를 더 잘 이해할 수 있었습니다.

혈액 검사 장비도 점차 도입했습니다. 간단한 혈구 검사부터 시작하여, 생화학 검사까지 할 수 있는 장비를 갖추었습니다. 이를 통해 감염성 질환의 조기 진단이 가능해졌고, 치료 효과도 객관적으로 평가할 수 있게 되었습니다.

현미경도 더 성능이 좋은 것으로 교체했습니다. 세균이나 기생충 검사의 정확도가 높아졌고, 조직 검사도 더 정밀하게 할 수 있었습니다. 이런 장비들을 활용하여 농민들에게 더 정확하고 신뢰할 수 있는 진료 서비스를 제공할 수 있었습니다.

후진 양성과 기술 전수

경험이 쌓이면서 후진 양성의 필요성을 느끼게 되었습니다. 젊은 수의사들이 현장에서 겪는 어려움을 덜어주고, 실무 경험을 전수하고 싶었습니다. 문경시 수의사회 회장을 역임하면서 이런 역할을 더욱 적극적으로 수행할 수 있었습니다.

신입 수의사들을 대상으로 한 멘토링 프로그램을 운영했습니다. 이론적 지식은 풍부하지만 실무 경험이 부족한 젊은 수의사들에게 현장의 노하우를 전수했습니다. 함께 농가를 방문하여 실제 진료

과정을 보여주고, 농민들과의 소통 방법도 가르쳐 주었습니다.

"진료 기술도 중요하지만, 농민들의 마음을 이해하는 것이 더 중요하다"는 것을 항상 강조했습니다. 농민들은 단순히 기술적인 치료만을 원하는 것이 아니라, 자신의 고충을 이해하고 공감해 주는 수의사를 원한다는 것을 설명했습니다.

정기적으로 사례 발표회를 개최하여 어려운 증례들을 함께 토의했습니다. 각자의 경험을 나누고, 더 나은 치료법을 모색하는 시간이었다. 이런 모임을 통해 지역 수의사들의 전반적인 실력 향상을 도모할 수 있었습니다.

또한 농민들을 대상으로 한 교육에도 젊은 수의사들을 참여시켰습니다. 교육 경험을 쌓을 수 있을 뿐만 아니라, 농민들과의 관계 형성에도 도움이 되었습니다. 많은 젊은 수의사들이 이런 과정을 통해 지역사회에 뿌리내릴 수 있었습니다.

[사진 25 수의사 보수교육]

생명 존중의 철학과 윤리 의식

수의사로서의 삶은 늘 도전의 연속이었습니다. 때로는 희귀한 질병과 씨름해야 했고, 때로는 예기치 않은 상황에 직면하기도 했습니다. 하지만 나는 생명을 살리는 일, 그리고 그 생명을 통해 사람들의 삶을 지키는 일의 숭고함을 항상 마음속에 새겼습니다.

모든 생명은 소중하다는 것이 나의 철학이었습니다. 작은 닭 한 마리라도 성심껏 치료했고, 큰 소라고 해서 더 정성을 들이지는 않았습니다. 생명의 크기나 경제적 가치로 차별하지 않고, 모든 생명을 동등하게 대했습니다.

하지만 때로는 윤리적 딜레마에 직면하기도 했습니다. 전염병이 발생하여 건강한 가축까지 살처분해야 하는 상황이나, 치료비가 가축의 경제적 가치보다 훨씬 높은 경우 등이 그것이었습니다. 이런 상황에서는 농민의 입장을 충분히 고려하면서도, 올바른 방향을 제시하려고 노력했습니다.

안락사의 문제도 항상 고민스러웠습니다. 회복 불가능한 중병으로 고통받는 동물의 경우, 계속 치료하는 것이 오히려 잔인할 수 있었습니다. 이런 경우에는 농민과 충분히 상의한 후 가장 인도적인 방법을 선택했습니다. 결정하기 어려운 상황이었지만, 동물의 고통을 덜어주는 것이 우선이라고 생각했습니다.

이런 마음가짐이 농민들에게도 전해졌고, 그래서 더욱 신뢰받을 수 있었던 것 같습니다. 단순히 기술적인 능력뿐만 아니라, 생명에 대한 진정성 있는 태도를 인정받았습니다.

사회적 책임과 봉사 활동

수의사로서의 전문성을 사회에 환원하는 것도 중요한 역할이라고 생각했습니다. 정기적으로 농촌 봉사활동에 참여하여 무료 진료를 실시했습니다. 경제적으로 어려운 농가들이 치료비 부담 때문에 가축 치료를 포기하는 일이 없도록 노력했습니다.

특히 독거노인이나 소외된 농가들을 우선적으로 돌보았습니다. 이런 농가들은 정보 접근도 어렵고, 응급 상황에서도 도움을 요청하기 어려웠습니다. 정기적으로 방문하여 가축의 건강 상태를 점검하고, 필요한 조치를 취해 주었습니다.

자연재해가 발생했을 때도 적극적으로 지원했습니다. 홍수나 태풍으로 축사가 침수되거나 파손되었을 때, 즉시 현장으로 달려가 응급 처치를 했습니다. 가축들이 스트레스로 인해 면역력이 떨어진 상황에서는 질병 예방이 더욱 중요했습니다.

지역의 학교들과도 연계하여 생명존중 교육을 실시했습니다. 아이들에게 동물을 사랑하고 생명을 소중히 여기는 마음을 기르도록 도왔습니다. 농촌 지역 아이들은 도시 아이들보다 동물과 친숙했지만, 체계적인 생명 교육은 부족했습니다.

변화하는 축산업과 적응

1990년대 들어서면서 축산업도 큰 변화를 겪기 시작했습니다. 소규모 농가 중심에서 대규모 전업농으로 전환되는 추세였고, 사육 방식도 전통적인 방법에서 과학적인 방법으로 바뀌었습니다. 이런 변화에 맞춰 나도 진료 방식을 조정해야 했습니다.

대규모 농장에서는 개체별 치료보다는 전체적인 관리가 더 중요했습니다. 질병 예방 프로그램을 체계적으로 수립하고, 정기적인 건강 검진을 통해 문제를 조기에 발견하는 것이 핵심이었습니다. 사료 급여 체계, 환경 관리, 스트레스 관리 등 종합적인 접근이 필요했습니다.

컴퓨터를 도입하여 농장별 진료 기록을 체계적으로 관리하기 시작했습니다. 각 가축의 병력, 치료 내역, 예방접종 일정 등을 데이터베이스로 구축했습니다. 이를 통해 더 정확하고 효율적인 관리가 가능해졌습니다.

새로운 질병들도 등장했습니다. 광우병, 구제역, 조류독감 등 이전에는 경험하지 못했던 질병들이 문제가 되었습니다. 이런 질병들에 대응하기 위해서는 국제적인 동향을 파악하고, 최신 방역 기술을 습득해야 했습니다.

은퇴와 후회 없는 인생

2007년 68세가 되면서 본격적인 은퇴를 준비하기 시작했습니다. 40년 가까이 수의사로 일하면서 수많은 보람과 기쁨을 경험했습니다. 물론 힘들고 어려운 순간들도 많았지만, 후회는 없었습니다.

병원을 후배에게 넘겨주면서 가장 강조한 것은 “기술보다 마음이 중요하다”는 것이었습니다. 아무리 뛰어난 기술을 가져도 농민들의 마음을 이해하지 못하면 좋은 수의사가 될 수 없다는 것을 강조했습니다.

은퇴 후에도 완전히 손을 놓지는 않았습니다. 어려운 증례가 있을 때는 상담을 해 주었고, 젊은 수의사들의 고민을 들어주기도 했습니다. 또한 지역의 축산 농가들과는 계속 교류하며 그들의 안부를 살폈습니다.

후대를 위한 기록과 전수

나의 직업은 단순히 생명을 돌보는 전문직을 넘어, 인간의 삶을 풍요롭게 하고 공동체에 기여하는 숭고한 사명이었습니다. 수의사의 길을 걸으며 나는 생명의 소중함과 책임감, 그리고 봉사 정신을 깊이 체득할 수 있었습니다.

[사진 26 저자 집필 중]

훗날 후배 수의사들에게 나의 경험을 전수하는 것도 중요한 일이라고 생각했습니다. 그래서 이렇게 회고록을 쓰기 시작했습니다. 나의 경험이 후배들에게 조금이라도 도움이 되기를 바라는 마음이었습니다.

문경시 수의사회 활동을 하면서 지역 수의사들과의 교류를 늘리고, 서로의 경험을 나누며 전체적인 수의 서비스 수준을 높이기 위해 노력했습니다. 정기적인 학술 모임을 개최하고, 어려운 증례들을 함께 토의하는 시간을 가졌습니다.

또한 축산 농가들을 위한 기술 지도서도 여러 권 집필했습니다. 현장에서 직접 경험한 사례들을 바탕으로 실용적인 내용들을 담았습니다. 질병 예방법, 응급처치법, 사양 관리법 등을 농민들이 쉽게 이해할 수 있도록 평이한 문체로 작성했습니다.

생명을 돌보며 얻은 깨달음

이 모든 경험들이 나의 인생을 더욱 의미 있게 만들어 주었습니다. 수의사로서 살아온 시간들은 단순히 직업적 성취를 넘어, 생명에 대한 경외심과 타인에 대한 봉사 정신을 길러준 소중한 여정이었습니다.

가축을 치료하면서 나는 생명의 신비로움을 매일 경험할 수 있었습니다. 죽어가던 동물이 치료를 통해 다시 건강을 되찾는 모습, 새 생명이 세상에 태어나는 순간, 건강한 가축들이 농가에 기쁨을 가져다주는 모습 등은 언제나 감동적이었습니다.

또한 농민들과의 교류를 통해 인간관계의 소중함도 배울 수 있었습니다. 도시에서는 경험하기 어려운 따뜻한 인정과 진정성 있는 관계를 농촌에서 만날 수 있었습니다. 이런 관계들이 나의 인생을 더욱 풍요롭게 만들어 주었습니다.

수의사의 길은 때로는 힘들고 어려웠지만, 결코 후회하지 않습니다. 생명을 돌보는 일을 통해 저 자신도 더 나은 사람이 될 수 있었고, 사회에 기여할 수 있었습니다. 이보다 더 보람된 일이 또 있을까 싶습니다.

앞으로도 건강이 허락하는 한, 후배들을 위한 멘토 역할을 계속하고 싶습니다. 나의 경험과 지혜가 다음 세대의 수의사들에게 조금이라도 도움이 되기를 바랍니다. 그것이 나에게 주어진 생명을 다한 보답이라고 생각합니다.

수의사의 길, 그것은 생명을 돌보는 것이 곧 인간을 위한 일임을 깨닫게 해 준 소중한 여정이었습니다. 이 길을 선택한 것을 한 번도 후회한 적이 없으며, 오히려 감사한 마음뿐입니다.

7장

새마을과 정치 -나라와 마을 사이, 중간자의 눈물

새마을운동과의 운명적 만남

공직 생활을 하면서 나는 지역사회 발전을 위한 다양한 활동에 적극적으로 참여했습니다. 그중에서도 새마을운동은 단순한 농촌 근대화를 넘어, 공동체 정신을 회복하고 주민들의 삶의 질을 향상하는 중요한 활동으로 다가왔습니다.

1970년대 초, 새마을운동이 한창이던 시기에 나는 우리 농촌의 처참한 현실을 직시하게 되었습니다. 비포장 진흙길, 허름한 초가집, 그리고 여전히 어려웠던 농민들의 삶. 하지만 새마을운동을 통해 우리는 '할 수 있다'는 의지와 '해보자'는 실천력으로 변화를 만들어가기 시작했습니다.

당시 우리 마을은 장마철이면 발목까지 빠지는 진창이 되었고, 겨울에는 얼어붙은 땅 위에서 아이들이 미끄러지기 일쑤였습니다. 전기는 오후 8시면 끊겼고, 상수도는 꿈도 꾸지 못했습니다. 우물물을 길어다 먹고 집 밖 재래식 변소를 이용하는 것이 일상이었습니다.

그러나 새마을운동이 시작되면서 모든 것이 달라졌습니다. 처음에는 반신반의하던 마을 사람들도 점차 변화의 가능성을 믿기 시작했습니다. 시멘트와 철근이 마을에 도착하고, 주민들이 하나둘 모여들던 그때의 설렘과 기대감을 나는 지금도 생생히 기억합니다.

새마을운동의 진정한 가치는 물질적 발전보다는 공동체 정신의 회복에 있었습니다. 품앗이 정신으로 서로 돕고, 마을 일에 적극적으로 참여하며 개인의 이익보다는 공동의 이익을 우선시하는 문화가 자리 잡기 시작했습니다.

특히 기억에 남는 것은 1972년 가을 마을 진입로 포장 공사입니다. 아침 5시부터 저녁 9시까지, 남녀노소 할 것 없이 모든 마을 사람들이 삽과 곡괭이를 들고 나왔습니다. 80세가 넘은 할아버지도 지팡이를 짚고 나와 "나도 뭔가 해야 한다"며 돌멩이를 주워 담으셨습니다. 그 모습을 보며 나는 눈물이 났습니다.

점심시간이 되면 각 집에서 반찬을 들고 나와 함께 나누어 먹었습니다. 김치찌개, 된장찌개, 나물무침 등 평소 귀한 음식들이 그날만큼은 마을 사람들의 공동 식탁에 올랐습니다. 아이들은 어른들 사이를 뛰어다니며 물을 떠다 주고, 여성들은 삯바느질을 멈추고 나와 밥을 지어 주었습니다. 이처럼 아침 일찍부터 저녁 늦게까지 구슬땀을 흘리며 일하는 농민들의 모습에서 나는 진정한 새마을 정신과 우리 농촌 공동체의 저력을 새삼 느낄 수 있었습니다.

농촌 현장에서의 변화와 도전

1983년 6월 1일, 새마을 영농기술과 협회 점촌읍 회장을 맡으면서 나는 농촌 현장에서 변화를 이끌기 시작했습니다. 이는 단순한 직책이 아니라 농민들과 함께 땀 흘리며 새로운 영농 기술을 보급하고, 협동과 자조 정신으로 마을을 변화시키는 실천의 장이었습니다.

당시 우리가 중점적으로 추진했던 것은 품종 개량과 영농 기술 개선이었습니다. 기존의 재래종 벼 대신 통일벼를 보급하고, 화학비료와 농약 사용법을 교육했습니다. 처음에는 농민들이 새로운 기술에 의구심을 가졌지만, 실제 수확량이 늘어나는 것을 보며 점차 신뢰를 쌓아갔습니다.

특히 기억에 남는 것은 김씨 농가의 변화였습니다. 60대 김 할아버지는 "조상 대대로 내려온 농사법을 왜 바꿔야 하느냐"며 강하게 반발했습니다. 하지만 옆집 논에서 통일벼가 재래종보다 30% 이상 많은 수확을 거두는 것을 보고는 태도를 바꾸셨습니다. 그해 가을, 김 할아버지는 "젊은 사람들 말을 들어야 한다"며 웃으셨습니다.

하지만 새로운 기술 보급은 결코 쉽지 않았습니다. 글을 읽지 못하는 농민들이 많았고, 새로운 비료나 농약 사용법을 이해하기 어려워했습니다. 나는 매주 마을회관에서 교육 프로그램을 열고, 직접 시범을 보이며 설명했습니다.

1984년 봄, 새로운 농약 사용법을 교육하던 중 사고가 일어났습니다. 한 농민이 농약 희석 비율을 잘못 이해하여 농작물에 피해를 입힌 것입니다. 그 농민은 "왜 옛날 방식을 버리고 이런 복잡한 것을 해야 하느냐"며 화를 냈습니다. 나는 그 집을 직접 찾아가 사과하고 손해를 보상해 드렸습니다. 이 일을 계기로 교육 방식을 더욱 세심하게 개선했습니다.

1985년 6월 1일에는 새마을 영농 기술자 연합회 점촌시 회장을 역임했고, 1986년 6월 1일에는 경상북도 새마을 영농기술자 협회 점촌시 회장으로서 더욱 광범위한 활동을 펼쳤습니다. 이때부터는 단순히 한 마을이 아닌 점촌시 전체의 농업 발전을 위한 청사진을 그려야 했습니다.

[사진 27 영농기술자회 연시총회]

점촌시 전체를 관할하게 되면서 나의 업무는 몇 배로 늘어났습니다. 각 마을의 특성과 농업 형태가 달랐기에 획일적인 접근으로는 한계가 있었습니다. 산간 지역은 밭농사가 주를 이루었고, 평야 지역은 논농사가 중심이었으며, 축산업이 발달한 지역도 있었습니다. 나는 매월 둘째 주와 넷째 주에는 각 마을을 순회하며 현장 점검을 실시했습니다. 새벽 6시에 출발하여 저녁 10시가 되어서야 집에 돌아오는 날이 많았습니다. 아내는 "당신은 집에서 자는 시간보다 밖에서 일하는 시간이 더 많다"며 농담 반 걱정 반으로 말하곤 했습니다.

1987년 가을, 우리의 노력이 결실을 맺기 시작했습니다. 점촌시 전체의 쌀 생산량이 전년 대비 25% 증가했고, 품질 또한 현저히 향상되었습니다. 특히 우리가 보급한 통일벼는 도정률이 높아 농민들의 소득 증대에 크게 기여했습니다. 이 성과는 다른 지역에도 큰 영향을 미쳤습니다. 경상북도 농업기술원에서 우리 지역을 모범 사례로 선정하여 다른 시·군에 소개했고, 나는 도내 각지에서 열리는 세미나와 워크숍에 초청받아 우리의 경험을 공유했습니다.

마을회관에서 시작된 공동체 프로젝트

마을회관 건립, 농로 포장, 하수도 설치 등 사업을 진행할 때마다 주민들은 자발적으로 참여했습니다. 특히 마을회관 건립 프로젝트는 우리 공동체 정신의 진수를 보여준 사례였습니다.

1975년 봄, 우리 마을에 회관을 짓기로 결의했지만, 정부 지원금만으로는 절반도 안 되는 예산이 부족했습니다. 이때 마을 사람들이 나섰습니다. 각 가정에서 조금씩 돈을 모았고, 노동력을 제공했습니다. 김 목수는 "나는 목수 일을 40년 했으니 이번엔 공짜로 해드리겠다"며 자원했고, 이씨 할머니는 "나는 돈은 없지만 밥은 해드릴 수 있다"며 매일 공사 현장에 나와 일꾼들을 위해 식사를 준비했습니다. 심지어 초등학생들도 학교가 끝나면 달려와 벽돌을 나르고 물을 떠다 주었습니다.

1976년 여름, 총 연장 3.2km의 마을 내 도로를 포장하는 대공사인 농로 포장 공사가 시작되었습니다. 이번에도 주민들의 자발적인 참여가 이어졌습니다. 새벽 5시 30분이면 마을 방송이 울렸습니다. "오늘도 농로 포장 공사가 있으니 참여 가능한 분들은 나와 주십시오." 방송이 끝나기 무섭게 집집마다 문이 열리고 사람들이 나왔습니다. 삽, 곡괭이, 괭이를 들고 나오는 어른들, 물통을 들고 나오는 아이들, 수건과 비누를 들고 나오는 여성들…

공사 기간 중 가장 힘들었던 것은 하수도 설치였습니다. 깊이 2미터가 넘는 배수로를 여름철 무더위 속에서 파야 했기에 참으로 고역이었습니다. 하지만 아무도 불평하지 않았습니다. 오히려 "우리 아이들이 커서 좋은 환경에서 살 수 있도록 하자"는 마음으로 모두가 힘을 모았습니다.

1978년, 마을에 전기가 들어왔습니다. 그때까지 우리는 호롱불과 촛불로 밤을 밝혔습니다. 전기가 들어오던 날의 감격을 나는 지금도 잊을 수 없습니다. 오후 7시, 마을 이장님이 전기 스위치를 올리는 순간 마을 전체가 환하게 밝아졌습니다. 사람들은 박수를 치고 환호성을 질렀습니다. 아이들은 뛰어다니며 좋아했고, 어른들은 감격의 눈물을 흘렸습니다. 그날 밤 우리는 밤늦게까지 전기불 아래서 이야기 꽃을 피웠습니다.

상수도 공사는 1979년에 시작되었습니다. 마을에서 3km 떨어진

산 위의 약수터에서 물을 끌어오는 공사였습니다. 높은 곳에서 물을 끌어오려면 상당한 기술과 비용이 필요했지만, 주민들의 의지는 확고했습니다. 공사 기간 동안 매일 20여 명의 주민들이 산에 올라가 배관 작업을 도왔습니다. 무거운 파이프를 어깨에 메고 험한 산길을 오르내리는 것은 결코 쉬운 일이 아니었지만, “이제 우리도 수도꼭지를 틀면 맑은 물이 나오는 집에서 살 수 있다”는 기대감으로 모두가 힘을 냈습니다.

정치의 세계로 발걸음을 옮기다

지역사회 발전을 위한 나의 노력은 자연스럽게 정치 영역으로도 이어졌습니다. 1982년 11월 2일, 민주정의당에 입당하며 본격적으로 정치 활동에 참여하기 시작했습니다. 당시 제5공화국 시대로, 정치 참여를 통해 농촌과 지역사회의 목소리를 더 큰 무대에서 대변할 수 있을 것이라는 기대감이 있었습니다.

입당 결심을 하기까지 많은 고민이 있었습니다. 정치는 나에게 낯선 영역이었고, 자칫 새마을운동이나 농업 기술 보급 활동에 지장을 줄 수도 있다고 생각했습니다. 하지만 마을 사람들의 현실적인 어려움을 해결하기 위해서는 더 큰 틀에서의 정책 결정에 참여해야 한다는 생각이 들었습니다.

입당식은 1982년 11월 2일 점촌시 당사에서 열렸습니다. 그날 저와 함께 입당한 사람들은 대부분 지역의 유지들이었습니다. 상인, 교사, 공무원, 농업인 등 다양한 계층의 사람들이 모였습니다. 입당 선서를 하는 순간 나는 어깨가 무거워지는 것을 느꼈습니다.

[사진 28 민주정의당 입당]

1983년 2월 2일에는 민주정의당 제113지구 사회종교 분과 위원장을 맡았습니다. 이 역할을 통해 나는 종교계와 사회 각계각층의 인사들과 교류하며 지역사회의 다양한 목소리를 듣기 시작했습니다. 농민만이 아닌 상인, 교사, 종교인들과의 만남은 나의 시야를 넓혀주었습니다.

사회종교 분과 위원장으로서 가장 중요한 업무 중 하나는 종교 간 화합을 도모하는 것이었습니다. 우리 지역에는 불교, 기독교, 천주교 등 다양한 종교 시설이 있었고, 각각의 신도들이 있었습니다. 간혹 종교 간 갈등이나 오해가 생기는 경우가 있었는데, 이를 중재하고 화합을 도모하는 것이 나의 역할이었습니다.

1983년 부처님 오신 날, 기독교 신자들이 불교 행사에 대해 불만을 표시하는 일이 있었습니다. 나는 양쪽 종교 지도자들을 만나 대화의 자리를 마련했습니다. "종교는 다르지만 우리는 모두 같은 마을에서 살아가는 이웃입니다. 서로를 존중하고 이해하는 것이 중요합니다"라고 말하며 화합을 이끌어냈습니다.

사회종교 분과에서 활동하면서 나는 지역사회의 다양한 문제들을 접하게 되었습니다. 청소년 비행, 노인 복지, 교육 문제 등이 그것이었습니다. 이런 문제들은 단순히 행정적으로만 해결될 수 있는 것이 아니라 지역사회 전체의 관심과 참여가 필요했습니다.

1983년 여름, 지역 청소년들이 모여 있는 '아지트'에서 음주와 흡연이 문제가 되었습니다. 학부모들은 강경 대응을 요구했지만, 나는 다른 접근 방법을 제안했습니다. 청소년들을 위한 건전한 문화 공간을 마련하고, 그들과 대화하며 문제를 해결하자는 것이었습니다. 마을회관 한 켠에 청소년 문화 공간을 마련했습니다. 탁구대와 서적, 음악 감상 시설 등을 설치했습니다. 처음에는 청소년들이 경계심을 보였지만, 점차 이 공간을 이용하기 시작했고 문제 행동도 현저히 줄어들었습니다.

농림축산 분과에서의 전문성 발휘

1985년 3월 20일, 채문식 총재로부터 제10지구당 농림축산 분과 위원장으로 임명받았습니다. 이는 내가 축산업에 종사하며 쌓은 전문성을 인정받은 결과였습니다. 농림축산 분과에서는 지역 농민들의 현실적인 애로사항을 정책에 반영하고, 중앙 정부의 농정 방향을 지역에 전달하는 가교 역할을 했습니다.

농림축산 분과 위원장으로서 가장 중요한 업무는 지역 농민들의 목소리를 정책에 반영하는 것이었습니다. 매월 둘째 주 토요일에는 '농민과의 대화'를 개최하여 현장의 목소리를 들었습니다. 비료 가격 상승, 농산물 가격 하락, 병충해 방제 등 농민들의 고충은 끝이 없었습니다.

1985년 여름, 가뭄으로 인한 피해가 컸습니다. 농업용수가 부족하여 벼농사에 큰 지장을 받았습니다. 나는 즉시 도 차원의 긴급 대책을 요청했고, 급수차 지원과 임시 저수지 설치 등의 대책을 마련했습니다. 이때의 경험은 나에게 정치의 현실적인 의미를 깨닫게 해주었습니다.

축산업 분야에서는 나의 전문성을 충분히 발휘할 수 있었습니다. 당시 우리 지역의 축산업은 전통적인 소규모 사육에서 벗어나지 못하고 있었습니다. 나는 축산업의 현대화와 규모화를 위한 다양한 정책을 제안했습니다. 1985년 가을, '축산업 현대화 5개년 계획'을 작성하여 당 본부에 제출했습니다. 이 계획에는 축사 현대화, 사료 공급 체계 개선, 가축 질병 방역 체계 강화, 축산 기술 교육 확대 등이 포함되어 있었고, 도 차원의 정책에 반영되어 실제로 시행되었습니다.

특히 가축 질병 방역 체계 강화는 시급한 과제였습니다. 당시 구제역, 돼지열병 등의 질병이 빈번히 발생하여 축산 농가에 큰 피해를 주고 있었습니다. 나는 체계적인 방역 시스템 구축과 농가 교육 강화를 제안했습니다.

농림축산 분과에서는 농민 교육에도 큰 비중을 두었습니다. 새로운 농업 기술과 정책을 농민들에게 전달하는 것이 중요했습니다. 나는 매월 '농업 기술 세미나'를 개최하여 최신 정보를 공유했습니다. 1985년 겨울, 농업 기계화 교육을 실시했습니다. 트랙터, 이앙기, 콤바인 등의 농기계 사용법을 교육하는 프로그램이었습니다. 처음에는 "나이 든 농민이 무슨 기계를 다루느냐"며 회의적이던 사람들도 점차 관심을 보이기 시작했습니다. 특히 60대 박씨 아저씨는 "손으로 하던 일을 기계로 하니 10배는 빠르다"며 감탄했습니다. 그해 봄, 박씨 아저씨는 마을에서 처음으로 이앙기를 구입했고, 다른 농민들도 뒤를 이어 우리 마을의 농업 기계화가 본격적으로 시작되었습니다.

재정 금융 분과에서의 도전

1985년 11월 21일에는 민주정의당 경북 도지부 재정 금융 분과 위원장이라는 중책을 맡기도 했습니다. 이 역할은 도 단위의 재정 운용과 금융 정책에 관여하는 것으로, 나에게는 새로운 도전이었습니다. 농촌 금융의 현실을 알고 있던 나는 농민들의 자금 조달 어려움을 해결하기 위한 다양한 방안을 모색했습니다.

도 단위 재정 업무는 내가 지금까지 경험했던 것과는 차원이 다른 복잡성을 가지고 있었습니다. 시·군별 예산 배분, 국고 보조금 활용, 지방채 발행 등 고도의 전문성이 요구되는 업무들이었습니다. 나는 밤낮으로 관련 서적을 공부하고, 재정 전문가들과 만나 조언을 구했습니다.

1986년 초, 첫 번째 도 단위 재정 회의에 참석했을 때의 당황스러움을 지금도 기억합니다. 수백억 원 단위의 예산을 다루는 회의에서 나는 마치 다른 세계에 온 것 같은 기분이었지만, 농촌 현장에서 쌓은 경험과 농민들의 현실에 대한 이해가 오히려 장점이 되었습니다.

농촌 금융 분야에서 나는 나름의 전문성을 발휘할 수 있었습니다. 당시 농민들은 높은 이자율, 복잡한 담보 절차, 까다로운 심사 기준 등으로 자금 조달에 큰 어려움을 겪고 있었습니다. 나는 농민들의 현실적인 어려움을 정책에 반영하기 위해 노력했습니다. 1986년 봄, '농민 금융 지원 방안'을 작성하여 도지사에게 건의했습니다. 이 방안에는 농업 자금 대출 이자율 인하, 담보 조건 완화, 심사 절차 간소화 등이 포함되어 있었습니다.

특히 소규모 농가를 위한 '마을 단위 공동 담보' 제도를 제안했습니다. 개별 농가가 담보를 제공하기 어려운 상황에서 마을 전체가 연대 보증을 서는 방식이었습니다. 이 제도는 실제로 시행되어 많은 농민들이 혜택을 받았습니다.

도 단위 재정 관리에서 가장 중요한 것은 건전성 확보였습니다. 1980년대 중반 우리나라는 경제 성장의 그림자로 인플레이션과 재정 적자가 심각한 문제가 되고 있었고, 지방 재정도 예외는 아니었습니다. 나는 재정 지출의 효율성을 높이기 위한 다양한 방안을 제시했습니다. 특히 중복 투자를 방지하고, 우선순위를 명확히 하는 것이 중요했습니다.

1986년 여름, 도내 여러 시·군에서 비슷한 시설을 중복으로 건설하려는 계획, 즉 각자 체육관을 짓겠다는 계획이 발견되었습니다. 나는 "인근 지역이 공동으로 활용할 수 있는 광역 시설을 건설하는 것이 더 효율적"이라고 제안했고, 이 제안이 받아들여져 예산을 30% 절약할 수 있었습니다.

또한 농촌 지역의 특성을 고려한 예산 편성을 주장했습니다. 도시 지역과 농촌 지역의 여건이 다른데 획일적인 기준을 적용하는 것은 문제가 있다고 봤습니다. 농촌 지역에는 도로, 상하수도, 농업 기반 시설에 더 많은 투자가 필요했습니다.

노태우 시대와 홍보 위원장 활동

1987년 2월 14일, 노태우 총재로부터 경북 제10지구당 홍보 위원장으로 위촉되며 당 활동에 더욱 적극적으로 참여했습니다. 홍보 위원장으로서 나는 당의 정책과 활동을 주민들에게 알리고, 동시에 주민들의 목소리를 당에 전달하는 역할을 했습니다.

홍보 위원장 직책은 나에게 새로운 도전이었습니다. 지금까지는 주로 농업이나 재정 분야의 전문적인 업무를 담당했다면, 이번에는 일반 국민들과의 소통이 주된 업무였습니다. 복잡한 정책을 쉽게 설명하고, 사람들이 관심을 가질 수 있도록 하는 것이 관건이었습니다.

첫 번째 과제는 홍보 체계를 정비하는 것이었습니다. 당시에는 인터넷이나 휴대폰이 없던 시절이라 주로 신문, 라디오, 전단지, 현수막 등을 활용해야 했습니다. 나는 각 읍·면별로 홍보 담당자를 지정하고, 정기적인 교육을 실시했습니다.

[사진 29민주정의당 중앙 연수]

당시는 1987년 대통령 선거를 앞둔 시기로, 정치적 격변의 시대였습니다. 6월 항쟁 이후 민주화의 열기가 뜨거웠고, 정치 참여에 대한 국민들의 관심도 높아졌습니다. 나는 이런 시대적 흐름 속에서 농민들과 지역 주민들의 정치적 의식을 높이고, 민주주의 발전에 기여하고자 노력했습니다.

1987년 6월, 전국이 민주화 시위의 열기로 뜨거웠고 우리 지역도 예외는 아니었습니다. 학생들을 중심으로 시위가 벌어졌고, 시민들도 거리로 나왔습니다. 홍보 위원장으로서 나는 매우 어려운 상황에 처했습니다. 한편으로는 당의 입장을 대변해야 했지만, 다른 한편으로는 민주화를 바라는 민심을 이해했습니다. 나는 폭력적인 시위는 반대하되, 평화적인 의사 표현은 민주주의의 기본이라고 생각했습니다. 이런 균형감각을 유지하는 것이 쉽지 않았습니다.

당시 한 일화가 기억납니다. 6월 중순 어느 날, 지역 대학생들이 나에게 찾아와 "홍보 위원장님은 우리의 민주화 요구를 어떻게 생각하십니까?"라고 물었습니다. 나는 "여러분의 순수한 마음은 이해하지만, 폭력은 안 됩니다. 대화와 타협으로 문제를 해결해야 합니다"라고 답했습니다.

홍보 위원장으로서 가장 중점을 둔 것은 주민들과의 소통이었습니다. 복잡한 정치적 상황을 일반 시민들이 이해할 수 있도록 쉽게 설명하는 것이 중요했습니다. 나는 매주 토요일 오후에 '시민과의 대화' 시간을 마련했습니다. 마을회관이나 시장 한 켠에서 열리는 이 모임에는 농민, 상인, 주부, 학생 등 다양한 계층의 사람들이 참석하여 자유롭게 의견을 나누었습니다. 나는 이 자리에서 당의 정책을 설명하고, 동시에 주민들의 건의사항을 들었습니다.

1987년 여름, 한 주부가 "물가가 너무 많이 올라서 살기가 어렵다"고 호소했습니다. 나는 그 자리에서 구체적인 물가 안정 방안을 설명하고, 개별적으로도 도움을 줄 수 있는 방법을 찾아보겠다고 약속했습니다. 이런 식으로 정치가 주민들의 일상과 밀접하게 연결되어야 한다고 생각했습니다.

1987년 12월 대통령 선거는 나의 정치 인생에서 잊을 수 없는 경험이었습니다. 홍보 위원장으로서 나는 노태우 후보의 선거 운동에 적극 참여했지만, 이 과정에서 정치의 복잡함과 한계를 절감하기도 했습니다. 선거 운동 기간 동안 나는 거의 매일 선거 유세 현장에 있었고, 각 마을을 돌아다니며 유권자들을 만나 후보의 정책을 설명했습니다. 특히 농촌 지역에서는 내가 직접 나서서 농민들과 대화했습니다. 하지만 선거 과정에서 목격한 일부 모습들, 즉 표를 얻기 위한 과도한 공약, 상대 후보에 대한 비방, 지역감정을 부추기는 선동 등은 나를 당황스럽게 했습니다. 나는 "정치가 이런 것이어야 하나"라는 회의감을 느끼기 시작했습니다.

중간자의 고뇌와 딜레마

물론, 정치 활동은 때로 봉사의 이름으로 시작된 길이 정치적 소용돌이에 휘말리게 하는 복잡한 면모도 있었습니다. 나라의 정책과 지역 주민들의 현실 사이에서 중간자 역할을 하다 보면, 양쪽 모두를 만족시키기 어려운 상황이 자주 발생했습니다.

가장 고민스러웠던 것은 중앙 정부의 정책과 지역 현실 사이의 괴리였습니다. 서울에서 만들어진 정책들이 농촌 현장에서는 현실적으로 적용하기 어려운 경우가 많았습니다. 예를 들어, 농지 규모화 정책의 경우 이론적으로는 타당했지만, 실제로는 영세 농민들의 생계를 위협하는 결과를 낳을 수 있었습니다.

1986년 가을, 정부에서 추진한 '농지 임대차 제도 개선' 정책이 그런 경우였습니다. 이 정책은 농지의 효율적 이용을 위해 임대차를 활성화하자는 것이었지만, 우리 지역의 소농들은 "이러면 결국 땅을 잃게 될 것"이라며 강하게 반발했습니다. 나는 정책의 취지는 이해하면서도 농민들의 우려도 공감했습니다. 결국 도 차원에서 보완책을 마련하여 소농 보호 장치를 강화하도록 건의했습니다. 하지만 이 과정에서 중앙당으로부터는 "지역 이기주의"라는 비판을, 농민들로부터는 "정부 편"이라는 오해를 받았습니다.

예를 들어, 중앙 정부에서 추진하는 농정 개혁이 지역 농민들에게는 부담으로 다가오는 경우가 있었습니다. 농산물 시장 개방 압력이 높아지면서 농민들은 불안해했고, 나는 이들의 목소리를 당에 전달하는 동시에 정부 정책의 필요성도 설명해야 했습니다. 이런 상황에서 나는 때로 양쪽으로부터 비난받는 외로운 위치에 서게 되었습니다.

1987년 초, 정부에서 농산물 시장 개방 방침을 발표했을 때의 일입니다. 쌀을 제외한 대부분의 농산물에 대해 단계적으로 시장을 개방하겠다는 소식이 전해지자 우리 지역 농민들은 크게 동요했습니다. "이제 우리는 어떻게 살라는 거냐?", "외국 농산물과 어떻게 경쟁하라는 거냐?", "정부가 농민을 버리는 거 아니냐?" 농민들의 분노와 절망이 고스란히 나에게 전해졌습니다. 특히 과수 농민들의 걱정이 컸습니다. 외국산 사과나 배가 들어오면 국내 과수 농가는 큰 타격을 받을 것이 분명했습니다.

나는 농민들의 집회에 참석하여 이들의 목소리를 들었습니다. 동시에 당 본부에 농민들의 우려를 전달했지만, 돌아오는 답변은 "국제적 흐름에 맞춰야 한다", "경쟁력을 높여야 한다"는 원론적인 이야기뿐이었습니다. 결국 나는 양쪽 사이에서 가교 역할을 하려고 노력했습니다. 농민들에게는 "시장 개방이 불가피한 상황이니 경쟁력 강화에 집중하자"고 설득했고, 당 본부에는 "농민들을 위한 보완 대책이 필요하다"고 건의했습니다. 하지만 이런 노력에도 불구하고 양쪽 모두로부터 비판을 받았습니다.

또 다른 딜레마는 지역 이익과 국가 전체 이익 사이의 갈등이었습니다. 홍보 위원장으로서 나는 당의 정책을 지지해야 했지만, 동시에 지역 주민들의 이익도 대변해야 했습니다.

1987년 봄, 정부에서 추진한 '농촌 공장 유치 사업'이 그런 경우였습니다. 이 사업은 농촌 지역에 공장을 유치하여 농민들에게 새로운 일자리를 제공하겠다는 것이었지만, 우리 지역에 유치되려던 공장이 화학 공장이었습니다. 주민들은 환경 오염을 우려하며 반대했습니다. "농사를 망치면서까지 공장을 유치할 필요가 있느냐"는 것이었지만, 일부 주민들은 "일자리가 생기는 것은 좋은 일"이라며 찬성하여 마을이 둘로 나뉘었습니다. 나는 이 문제를 해결하기 위해 여러 차례 주민 설명회를 열었습니다. 환경 영향 평가 결과를 공개하고, 공장 측에는 더 엄격한 환경 기준을 요구했습니다. 결국 공장 측이 최신 환경 설비를 도입하기로 하면서 사업이 추진되었지만, 이 과정에서 나는 양쪽으로부터 많은 비판을 받았습니다.

정치 활동을 하면서 가장 실망스러웠던 것은 당내 파벌 정치였습니다. 정책이나 철학의 차이가 아닌 인간관계나 이해관계에 따른 편 가르기가 횡행했습니다. 이런 모습은 나의 정치에 대한 환상을 깨뜨렸습니다.

1987년 하반기, 당내에서 차기 지역구 후보를 놓고 갈등이 벌어졌습니다. 두 명의 유력한 후보가 있었는데, 각각 서로 다른 파벌의 지지를 받고 있었습니다. 나는 홍보 위원장으로서 중립을 지키려 했지만, 양쪽에서 모두 지지를 요구했습니다. "위원장님이 우리를 지지해 주셔야 합니다.", "위원장님의 한 마디가 결정적입니다." 하지만 나는 개인적인 친분이나 파벌보다는 정책과 능력을 기준으로 판단하고 싶었습니다. 결국 나는 "두 분 모두 훌륭한 분이니 당원들이 현명하게 판단할 것"이라며 중립을 지켰지만, 이로 인해 양쪽 파벌로부터 소외되기 시작했습니다.

농민의 언어로, 이웃의 눈빛으로

하지만 나는 늘 내가 서 있는 자리를 잊지 않으려 노력했습니다. 농민의 언어로, 이웃의 눈빛으로, 더 나은 마을과 나라를 위해 헌신하고자 했습니다. 정치 활동을 하면서도 나는 여전히 농민이었고, 지역 주민이었으며, 무엇보다도 이들의 삶을 개선하고자 하는 마음을 잃지 않았습니다.

정치 활동이 바쁘더라도 나는 농번기에는 반드시 현장에 나갔습니다. 모내기철에는 새벽 5시부터 논에 나가 농민들과 함께 일했고, 추수철에는 저녁 늦게까지 들판에서 벼를 베었습니다. 이런 모습을 보고 어떤 농민은 "위원장님은 진짜 농민"이라며 웃었습니다.

농민들과 함께 모내기를 하고, 추수를 하며, 그들의 애환을 직접 들었습니다. 정치적 수사나 거창한 이념보다는 현실적인 문제 해결에 집중했습니다. 도로 포장, 농로 개설, 농업용수 확보 등 주민들의 일상생활과 직결된 문제들을 우선순위로 두었습니다.

1987년 여름, 우리 마을의 주요 농로가 집중호우로 유실되었습니다. 농기계가 들어갈 수 없어 추수에 큰 지장이 예상되었습니다. 나는 즉시 현장을 확인하고, 긴급 복구 작업을 추진했습니다. 하지만 예산 문제가 발목을 잡았습니다. 정규 예산으로는 내년에나 복구가

가능하다는 것이었습니다. 나는 도청과 중앙 정부를 직접 찾아가 긴급 지원을 요청했습니다. “추수철을 놓치면 1년 농사가 헛일이 됩니다”라고 호소했습니다. 결국 특별 재해 지역으로 지정되어 긴급 복구비를 확보할 수 있었습니다. 복구 작업은 보름 만에 완료되었고, 농민들은 무사히 추수를 마칠 수 있었습니다. 그때 한 농민이 나에게 “위원장님 덕분에 올해 농사를 살렸습니다”라고 말했을 때의 보람을 나는 지금도 잊을 수 없습니다.

농촌 지역의 교육 문제도 내가 중점적으로 다룬 분야였습니다. 당시 우리 지역의 학교들은 시설이 낙후되고 교사 부족에 시달리고 있었습니다. 특히 겨울철 난방 문제가 심각했습니다.

1986년 겨울, 초등학교 교실에 제대로 된 난방 시설이 없어 아이들이 두꺼운 외투를 입고 수업을 받는다는 소식을 들었습니다. 나는 즉시 현장을 방문했습니다. 정말로 아이들이 입김을 호호 불어가며 공부하고 있었습니다. 나는 교육청에 긴급 지원을 요청했지만, “예산이 없다”는 답변만 돌아왔습니다. 결국 지역 유지들과 함께 성금을 모아 난방 시설을 설치했습니다. 아이들이 따뜻한 교실에서 공부할 수 있게 되었을 때의 기쁨은 말로 표현할 수 없었습니다.

농촌 지역의 의료 서비스 부족도 심각한 문제였습니다. 우리 지역에는 제대로 된 병원이 없어 중환자가 생기면 시내까지 나가야 했고, 특히 응급상황에서는 생명이 위험할 수도 있었습니다.

1987년 봄, 마을 어르신 한 분이 심장마비로 쓰러지셨습니다. 하지만 구급차가 오기까지 1시간이 걸렸고, 병원까지 가는 데 또 1시간이 걸렸습니다. 다행히 생명은 구했지만, 적절한 시기를 놓쳐 후

유증이 남았습니다. 이 일을 계기로 나는 지역 의료 서비스 개선에 나섰습니다. 보건소 기능 강화, 응급의료 체계 구축, 순회 진료 확대 등을 추진했습니다. 특히 마을 단위 응급처치 교육을 실시하여 응급상황에 대비할 수 있도록 했습니다.

정치적 변화와 깊은 성찰

1988년 9월 13일, 민주정의당을 탈당하며 나는 잠시 정치적 행보를 멈추었습니다. 이 결정은 단순한 정치적 판단이 아니라 깊은 성찰의 결과였습니다. 정치 활동을 통해 많은 것을 배웠지만, 동시에 정치의 한계도 절감했습니다.

탈당을 결심하게 된 직접적인 계기는 1988년 초에 일어난 지역구 공천을 둘러싼 추잡한 경쟁을 목격하면서였습니다. 나는 정치에 대한 환상을 완전히 잃었습니다. 공천 과정에서 돈이 오갔고, 흑색선전이 횡행했습니다. 평소 존경하던 정치인들도 권력 앞에서는 변절하는 모습을 보였고, 정책이나 철학보다는 개인의 이익이 우선시되었습니다. 나는 "이런 정치라면 차라리 하지 않는 것이 낫겠다"는 생각을 하게 되었습니다.

정치는 때로 현실과 이상 사이의 괴리를 좁히기보다는 더욱 벌어지게 하는 경우가 있었습니다. 파벌 정치, 지역 갈등, 이념 대립 등은 국민들의 실생활과는 거리가 있는 경우가 많았습니다. 나는 이런 정치의 모습에서 벗어나 더 직접적이고 실질적인 방법으로 사회에 기여하고 싶었습니다.

특히 실망스러웠던 것은 정치인들의 이중성이었습니다. 선거철에는 서민을 위한다고 하면서도, 당선 후에는 기득권층의 이익을 대변하는 경우가 많았습니다. 농민을 위한다고 하면서도 실제로는 농민의 현실을 모르는 정책을 추진하기도 했습니다.

1988년 여름, 당에서 추진한 '농촌 종합개발사업'이 그런 예였습니다. 표면적으로는 농촌 발전을 위한 사업이었지만, 실제로는 건설업체와 정치인들의 이익을 위한 것에 가까웠습니다. 농민들에게는 실질적인 도움이 되지 않으면서 예산만 낭비하는 사업이었습니다.

탈당을 결심하기까지는 오랜 고민이 있었습니다. 6년간의 정치활동을 통해 쌓은 인맥과 경험을 포기하는 것은 쉽지 않았습니다. 또한 나를 믿고 따라준 지역 주민들에 대한 책임감도 있었습니다. 하지만 제 양심을 속이면서까지 정치를 계속할 수는 없었습니다. 1988년 9월 초, 나는 가족들과 진지한 대화를 나누었습니다. 아내는 "당신이 옳다고 생각하는 대로 하세요"라고 말했고, 아이들도 "아버지가 떳떳하게 사는 것이 중요해요"라고 지지해 주었습니다.

9월 13일, 나는 정식으로 탈당계를 제출했습니다. 탈당 사유서에는 "개인적인 사정으로 인하여"라고만 적었지만, 실제로는 정치에 대한 실망과 회의감 때문이었습니다. 그날 밤 나는 오랫동안 잠들지 못했습니다.

탈당 소식이 알려지자 주변에서는 다양한 반응이 나왔습니다. 일부에서는 "왜 좋은 자리를 버리느냐"며 아쉬워했고, 일부에서는 "현명한 판단"이라며 지지해 주었습니다. 당 관계자들은 만류했지만, 제 의지는 확고했습니다. 특히 농민들의 반응이 인상적이었습니다.

한 농민은 "위원장님은 진짜 농민 편이었어요. 정치인들과는 달랐어요"라고 말했습니다. 또 다른 농민은 "정치 그만두시는 게 오히려 다행입니다. 이제 더 자유롭게 우리를 도와주실 수 있을 거예요"라고 했습니다. 이런 반응들을 보며 나는 제 선택이 옳았다는 확신을 갖게 되었습니다. 정치적 직책이 없어도 지역사회를 위해 할 수 있는 일은 얼마든지 있었고, 오히려 더 자유롭고 순수한 마음으로 봉사할 수 있을 것 같았습니다.

지속되는 봉사 정신과 새로운 시작

정치적 행보를 멈춘 이후에도 지역사회를 위한 봉사는 계속되었습니다. 1996년 12월 31일, 로타리 장학재단 이사장 신태호 님으로부터 '봉사의 인' 칭호를 받았습니다. 이는 오랜 기간 동안 지역사회를 위해 헌신한 나의 노력을 인정받은 의미 있는 순간이었습니다.

로타리 활동을 통해 나는 국제적인 시각에서 봉사활동을 바라보게 되었습니다. 지역사회의 문제가 단순히 우리만의 것이 아니라 전 세계적으로 공통된 과제라는 것을 알게 되었고, 교육, 보건, 환경 등의 분야에서 국제적인 협력의 중요성을 깨달았습니다.

로타리 클럽에서 가장 인상 깊었던 활동은 1997년 여름에 참여한 필리핀 지역 학교 건립 프로젝트였습니다. 우리 클럽이 주도하여 마닐라 외곽의 한 농촌 마을에 초등학교를 지어주는 일이었는데, 그곳의 상황은 우리나라 1960년대와 비슷했습니다. 아이들은 임시로 만든 판잣집에서 공부하고 있었고, 비가 오면 수업을 중단해야 했습니다. 나는 그 모습을 보며 우리나라 농촌의 과거를 떠올렸고, “교육이야말로 모든 발전의 기초”라는 생각이 더욱 확고해졌습니다.

[사진 30 로타리 클럽 헌장 전수식]

[사진 31로타리 클럽 활동]

학교 건립 프로젝트는 6개월간 진행되었습니다. 우리는 건축 자재와 자금을 지원했고, 현지 주민들은 노동력을 제공했습니다. 완공식 날, 아이들이 새 교실에서 밝게 웃는 모습을 보며 나는 진정한 보람을 느꼈습니다. 정치를 통해서는 느낄 수 없었던, 순수한 기쁨이었습니다.

로타리 활동 중에서도 특히 장학 사업에 큰 관심을 가졌습니다. 경제적 어려움 때문에 공부를 포기하는 학생들을 보는 것은 언제나 안타까웠습니다. 나는 개인적으로도 매년 2~3명의 학생에게 장학금을 지원했습니다.

1998년, 우리 마을의 김○○이라는 학생이 대학 진학을 포기하려 한다는 소식을 들었습니다. 아버지가 교통사고로 세상을 떠나면서 집안 형편이 어려워진 것이었습니다. 나는 즉시 그 집을 찾아가 "공부는 계속해야 한다"며 대학 등록금을 지원하겠다고 약속했습니다. 김 학생은 나중에 농업기술자가 되어 고향으로 돌아왔습니다. 그는 "선생님 덕분에 공부할 수 있었고, 이제 제가 고향을 위해 일할 차례입니다"라고 말했습니다. 이런 일들이 쌓여 지역사회의 선순환 구조가 만들어진다는 것을 실감했습니다.

로타리 활동을 통해 문화 사업에도 관심을 갖게 되었습니다. 급속한 산업화 과정에서 우리는 많은 전통문화를 잃어버렸는데, 이를 복원하고 보존하는 것도 중요한 봉사 활동이라고 생각했습니다.

1999년, 우리 지역의 전통 농악 복원 프로젝트를 시작했습니다. 옛날 농악대가 있었지만 젊은이들이 도시로 떠나면서 맥이 끊어진 상태였습니다. 나는 옛 농악대 출신 어르신들을 찾아가 전통을 배우고, 젊은이들에게 가르쳐주는 프로그램을 만들었습니다. 처음에는 참여자가 적었습니다. "요즘 세상에 그런 걸 왜 배우느냐"는 반응도 있었지만, 점차 참여자가 늘어났고, 2000년 추석에는 마을 잔치에서 농악 공연을 할 수 있었습니다. 관람객들의 박수를 받으며 연주하는 젊은이들의 모습에서 나는 전통문화의 생명력을 확인할 수 있었습니다.

전문성을 통한 사회 기여

2003년부터 2004년까지 문경시 수의사회 회장을 역임하며 지역 수의 발전에 기여했습니다. 이는 나의 전문 분야인 축산업과 수의학 지식을 활용한 봉사활동이었습니다. 문경시 축산업 발전과 가축 질병 예방, 수의사들의 권익 보호 등의 업무를 담당했습니다.

수의사회 회장으로서 가장 중점을 둔 것은 가축 질병 예방 체계 구축이었습니다. 당시 구제역, 조류독감 등의 전염병이 빈번히 발생하여 축산 농가에 큰 피해를 주고 있었습니다. 나는 체계적인 방역 시스템을 만들기 위해 노력했습니다. 먼저 축산 농가별로 방역 담당자를 지정하고, 정기적인 교육을 실시했습니다. 또한 질병 발생 시 신속한 대응을 위한 비상연락망을 구축하고, 수의사들 간의 정보 공유 시스템을 만들어 효율적인 방역이 가능하도록 했습니다.

특히 구제역, 조류독감 등의 가축 질병이 발생할 때마다 나는 현장에서 방역 활동을 지휘했습니다. 농민들의 경제적 피해를 최소화하고, 질병 확산을 방지하기 위해 밤낮을 가리지 않고 노력했습니다. 이런 활동을 통해 나는 전문성을 바탕으로 한 사회 기여의 중요성을 다시 한번 느꼈습니다.

2003년 겨울, 우리 지역에 구제역이 발생했습니다. 한 돼지 농장에서 시작된 구제역은 삽시간에 인근 농장으로 확산될 위험에 있었습니다. 나는 즉시 비상 방역 체계를 가동했습니다. 새벽 3시에 신고 전화를 받고 현장으로 달려가 상황을 확인한 후 즉시 차단 방역을 실시했습니다. 감염된 가축은 살처분하고, 반경 3km 이내의 모든 축산 농가에 이동 제한 명령을 내렸습니다. 또한 소독 작업을 24시간 실시했습니다.

가장 힘들었던 것은 농민들을 설득하는 일이었습니다. 평생 기른 가축을 살처분해야 한다는 사실을 받아들이기 어려워하는 농민들을 보는 것은 정말 가슴 아팠습니다. 한 농민은 "이 소들이 내 가족이나 다름없는데 어떻게 죽이라는 거냐"며 눈물을 흘렸습니다. 하지만 더 큰 피해를 막기 위해서는 어쩔 수 없는 선택이었습니다. 나는 농민들을 하나하나 만나 상황을 설명하고, 정부 지원 방안을 안내했습니다. 3일간의 긴급 방역 작업 끝에 구제역 확산을 막을 수 있었습니다.

수의사회 회장으로서 나는 축산업의 현대화에도 힘썼습니다. 전통적인 소규모 사육에서 벗어나 과학적이고 체계적인 축산업으로 발전시키는 것이 목표였습니다.

2004년 봄, '축산업 현대화 워크숍'을 개최했습니다. 전국의 축산 전문가들을 초청하여 최신 기술과 정보를 공유하는 자리였습니다. 특히 네덜란드의 축산업 사례를 소개하여 많은 관심을 받았습니다. 워크숍에서 가장 주목받은 것은 '동물 복지형 축산'에 대한 내용이었습니다. 기존의 집약적 사육 방식에서 벗어나 동물의 복지를 고려한 사육 환경을 만드는 것이었는데, 처음에는 "비용이 많이 든다"며 회의적이던 축산 농가들도 점차 관심을 보이기 시작했습니다.

수의사회 회장으로서 또 다른 중요한 역할은 수의사들의 권익을 보호하는 것이었습니다. 당시 수의사들은 과중한 업무에 비해 처우가 좋지 않았습니다. 특히 공무원 수의사들의 경우 24시간 대기해야 하는 상황에서도 적절한 보상을 받지 못하고 있었습니다. 나는 관련 기관에 수의사 처우 개선을 건의했습니다. 방역 수당 인상, 야간 근무 수당 신설, 전문직 수당 확대 등을 요구했습니다. 또한 수의사들의 전문성 향상을 위한 교육 프로그램도 확대했습니다.

2004년 여름, 신종 가축 질병에 대비한 특별 교육을 실시했습니다. 조류독감 H5N1형이 아시아 지역에서 확산되고 있어 우리나라에도 유입될 가능성이 높았기에, 수의사들이 신속하고 정확하게 대응할 수 있도록 사전 교육을 실시한 것이었습니다. 교육에는 30여 명의 수의사가 참석하여 질병의 특성, 진단 방법, 방역 요령 등을 상세히 교육받았습니다. 다행히 우리 지역에는 조류독감이 발생하지 않았지만, 만약의 상황에 대비할 수 있었습니다.

점촌 중앙 로타리 클럽과 국제 교류 활동

1978년, 점촌 중앙 로타리 클럽이 창립될 당시 창립회원으로 참여하게 되면서 제 봉 사의 삶은 본격적으로 시작되었습니다. 지역사회를 위한 다양한 봉사 활동에 참여하 며 로타리 정신을 실천해왔고, 특히 1990년대 말부터 2000년대에 이르기까지는 국 제 교류의 폭이 크게 넓어지는 경험을 하게 되었습니다. 로타리가 지향하는 '봉사하는 삶'을 국제 무대로 확장하고, 세계 시민으로서의 시야를 넓히고자 여러 해외 교류 프로그램에 참여하였습니다. 적지 않은 나이였음에도 불구하고 새로운 문화를 접하고 배우고자 하는 마음만은 잃지 않으려 노력하였고, 이러한 기회 하나하나를 매우 소중하게 여겼습니다. 각국의 로타리 클럽 회원들과 교류하며 그들의 삶과 지역사회 발전을 위한 노력을 직접 보고 배울 수 있었던 경험은 제 인생에서 더없이 귀중한 자산으로 남아 있습니다.

일본 로타리 클럽과의 교류

일본은 지리적으로 가장 가까운 나라일 뿐만 아니라, 로타리 활동의 역사 또한 깊은 국가였습니다. 지역사회 발전을 위한 봉사 활동부터 청소년 교육 프로그 램에 이르기까지, 모든 활동이 체계적이고 지속가능하게 운영되고 있었습니다. 일본의 로타리안들은 규모는 작았지만, 봉사의 질, 사회적 영향력 면에서 매 우 인상적이었습니다. 한 일본 로타리 회원께서는 "우리는 화려한 행사보다는 실질적인 변화를 추구 합니다"라고 말씀하시며, 자신들의 지역 복지 프로그램에 대한 자부심을 전해 주셨습니다. 주민들이 자발적으로 참여하고 진심으로 감사하는 모습에서, 진정 한 봉사의 의미를 깊이 느낄 수 있었습니다.

[사진 32 로타리 클럽 연수 활동1]

대만 로타리안들과의 만남

대만에서는 우리와는 다른 문화적 배경 속에서 이루어지는 로타리 활동을 접할 수 있었습니다. 무더운 기후 속에서도 열정적으로 봉사에 임하는 회원들의 모습이 매우 인상 깊었습니다. 특히 지역 소외계층을 위한 의 료 봉사와 장학 사업이 활발히 진행되고 있었으며, 중국 전통문화를 현 대적 봉사 활동과 조화롭게 접목한 사례들이 흥미로웠습니다. 그중에서도 노인 공경의 유교 전통을 바탕으로 한 실버케어 프로그램은 깊은 감동을 주었고, 우리 사회에도 시사하는바가 크다고 느꼈습니다.

[사진 33 로타리 클럽 연수 활동2]

태국의 로타리 봉사 활동

태국에서는 지역사회 개발과 환경 보전이 결합된 독특한 봉사 시스템을 경험하 였습니다. 농촌 지역의 교육 환경 개선 사업과 식수 공급 프로젝트는 주민들의 삶의 질을 실질적으로 향상시키는 동시에 지속가능성을 확보한 모범 사례였습니 다. 또한 불교 문화가 깊이 뿌리내린 사회적 특성을 반영하여, 사원과 협력해 봉사 활동을 전개하는 모습이 매우 인상적이었습니다. 종교 기관과 로타리가 함께 사 회 공헌에 나서는 장면은 봉사의 또 다른 가능성을 보여주었습니다. 태국의 로타 리 봉사 활동 태국에서는 지역사회 개발과 환경 보전이 결합된 독특한 봉사 시스 템을 경험하였습니다. 농촌 지역의 교육 환경 개선 사업과 식수 공급 프로젝트는 주민들의 삶의 질을 실질적으로 향상시키는 동시에 지속가능성을 확보한 모범 사례였습니다. 또한 불교 문화가 깊이 뿌리내린 사회적 특성을 반영하여, 사원과 협력해 봉사 활동을 전개하는 모습이 매우 인상적이었습니다. 종교 기관과 로타리가 함께 사 회 공헌에 나서는 장면은 봉사의 또 다른 가능성을 보여주었습니다.

[사진 34 로타리 클럽 연수 활동3]

싱가포르의 국제적 로타리 활동

싱가포르는 작은 도시국가였지만, 국제 네트워크를 적극 활용한 로타리 활동이 매우 발전해 있었습니다. 다문화 사회의 특성을 살린 문화 교류 프로그램과 청 소년 리더십 교육은 신선한 자극을 주었습니다. 특히 여러 국가의 로타리 클럽과 연계한 국제 프로젝트들이 활발히 이루어지고 있었으며, 교육과 의료 분야에서 체계적인 국제 봉사 프로그램을 운영하는 모습 에서 글로벌 시민으로서의 책임 의식을 깊이 배울 수 있었습니다.

말레이시아의 다문화 로타리 봉사

말레이시아에서는 이슬람, 불교, 힌두교, 기독교 등 다양한 종교와 문화가 공존 하는 가운데 로타리 활동이 이루어지고 있었습니다. 종교와 인종을 초월한 봉사 정신으로 지역사회 통합에 기여하는 모습이 특히 인상 깊었습니다. 다문화를 존중하면서도 공통의 가치를 중심으로 활동을 전개하는 방식은, 앞으 로 다문화 사회로 나아가야 할 우리나라에도 많은 시사점을 제공해 주었습니다.

홍콩의 국제 교류 허브 역할

홍콩은 동서양이 만나는 국제 도시로서, 로타리 교류의 중심지 역할을 하고 있었습니다. 세계 각국의 로타리안들이 모여 정보를 교환하고 공동 사업을 논 의하는 장에서, 국제 네트워크의 힘을 생생하게 느낄 수 있었습니다. 국경을 넘어선 우정과 협력이 얼마나 큰 가치를 창출하는지, 그리고 봉사가 세계적 연대를 통해 더욱 확

장될 수 있음을 실감하는 시간이었습니다

[사진 35 로타리 클럽 연수 활동4]

베트남의 로타리 부흥

베트남에서는 전쟁의 상처를 치유하고 새로운 사회를 건설하는 과정 속에서 로 타리가 중요한 역할을 하고 있었습니다. 호치민시 로타리 클럽은 규모는 작았지 만 매우 열정적으로 활동하고 있었으며, 특히 전쟁 피해 아동과 장애인을 위한 재 활 프로그램은 큰 감동을 주었습니다. 전쟁의 흔적이 아직 남아 있는 사회에서, 봉사를 통해 새로운 희망을 만들어가는 회원들의 모습은 우리나라의 6·25 전쟁 이후 재건 과정을 떠올리게 하였습니다.

상하이의 새로운 로타리 문화

중국 상하이에서는 급속한 경제 성장과 함께 로타리 활동 또한 빠르게 확장되고 있었습니다. 현대적이고 역동적인 접근 방식이 돋보였으나, 동시에 전통적인 로 타리 정신을 어떻게 지켜 나갈 것인가에 대한 진지한 고민도 함께 이루어지고 있 었습니다

[사진 36 로타리 클럽 연수 활동5]

모나코에서의 국제 로타리 대회

모나코에서는 국제 로타리 대회에 참석하는 뜻깊은 기회를 얻었습니다. 세계 각 국의 로타리안들과 교류하며, 봉사와 인류애라는 로타리의 이상이 전 세계적으 로 공유되는 보편적 가치임을 깊이 실감하였습니다. 평화 증진, 질병 퇴치, 교육 지원과 같은 목표는 국경을 초월한 공통 과제였으며 , 특히 소아마비 퇴치 캠페인과 같은 국제 협력 프로젝트의 성과를 직접 확인하 며 큰 감동을 받았습니다

국제 교류가 남긴 깨달음

이와 같은 해외 교류 경험을 통해 몇 가지 중요한 깨달음을 얻게 되었습니다. 첫째, 각 나라는 고유한 문화와 역사, 환경에 맞는 로타리 활동 방식을 발전시켜 왔다는 점 입니다. 선진국의 사례를 그대로 따르기보다는, 우리 지역 실정에 맞게 응용하는 지 혜가 필요하다는 것을 배웠습니다. 둘째, 봉사의 양보다 질과 지속가능성이 더욱 중요하다는 사실이었습니다. 단발성 행사보다는 지역사회에 실질적인 변화를 만들어내는 활동이 진정한 봉사임을 절감 하였습니다. 셋째, 국제적 연대와 협력의 중요성이었습니다. 세계 시민으로서의 책 임을 다하기 위해서는 국경을 넘는 네트워크가 필수적임을 깨달았습니다. 이러한 경험을 바탕으로 귀국 후에는 점촌 중앙 로타리 클럽의 국제 교류 활동을 더 욱 활성화하는 데 힘썼습니다. 해외 교류 보고회를 통해 회원들과 경험을 공유하고, 일본의 체계적인 봉사 시스템, 대만의 문화 기반 봉사 활동, 태국의 지역사회 개발

모델 등을 우리 지역 실정에 맞게 적용하고자 노력하였습니다. 또한 국제 로타리 네트워크를 통해 지속적으로 정보를 교환하며, 점촌이라는 작은 지역의 봉사 활동이 세계와 연결될 수 있음을 체감하였습니다. 이러한 국제 교류는 단순한 해외 방문을 넘어, 세계 시민으로서의 안목을 넓히고 지역사회 발전에 기여 할 수 있는 새로운 시각을 열어준 소중한 시간이었습니다.

예의 바른 사회 만들기 운동

2006년 8월 29일, 변본섭 회장으로부터 범국민 예의생활실천 운동본부 운영위원(대위원)으로 위촉되어 예의 바른 사회를 만드는 데 힘썼습니다. 이는 물질적 발전에 가려진 정신적 가치를 되찾자는 운동이었습니다.

급속한 사회 변화 속에서 우리는 많은 것을 얻었지만, 동시에 소중한 것들을 잃기도 했습니다. 이웃에 대한 관심, 어른에 대한 예의, 공동체 의식 등이 그것입니다. 나는 이런 가치들을 되찾기 위한 다양한 캠페인에 참여했습니다.

예의생활실천 운동의 첫 번째 과제는 사회 전반에 퍼진 무례함을 개선하는 것이었습니다. 대중교통에서의 배려 부족, 공공장소에서의 소음, 어른에 대한 불손함 등이 심각한 문제로 대두되고 있었습니다. 나는 특히 어린이와 청소년을 대상으로 한 예의 교육에 중점을 두었습니다. 어려서부터 올바른 예의를 배워야 평생의 습관이 될 수 있다고 생각했기 때문입니다.

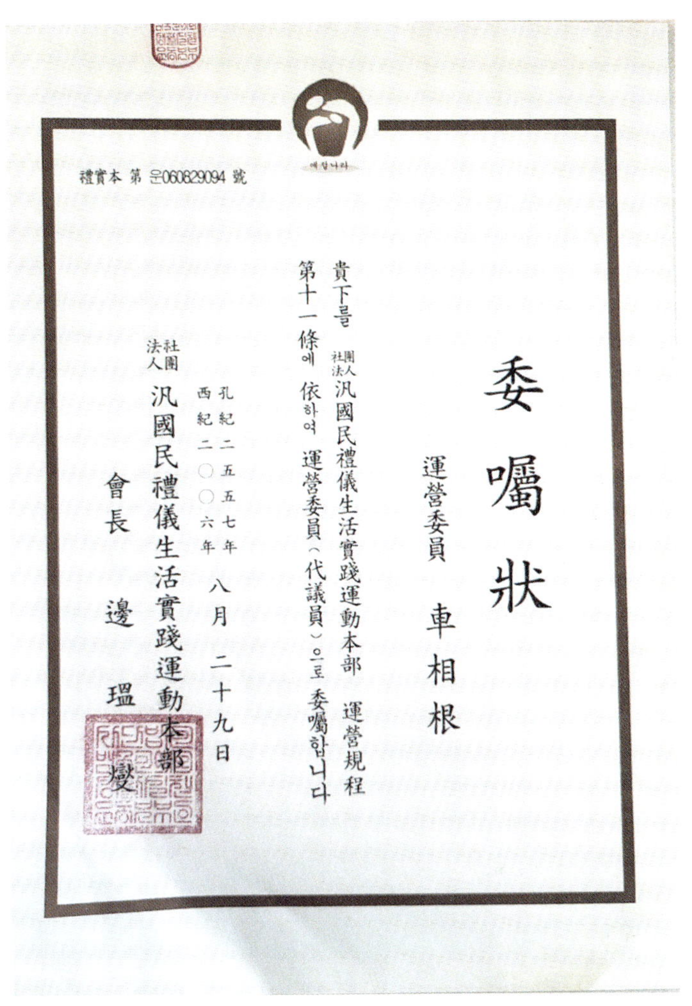

禮實本 第 운060829094 號

委囑狀

運營委員 車相根

貴下를 社團法人 汎國民禮儀生活實踐運動本部 運營規程
第十一條에 依하여 運營委員(代議員)으로 委囑합니다

孔紀 二五五七年 八月 二十九日
西紀 二〇〇六年

社團法人 汎國民禮儀生活實踐運動本部
會長 邊 瑠 燮

[사진 37예의 생활실천 운동본부 운영위원 위촉장]

2006년 가을, 지역 초등학교에서 '예의 바른 어린이' 프로그램을 시작했습니다. 매주 한 시간씩 예의와 인성에 대한 교육을 실시하는 것이었습니다. 단순한 강의가 아니라 역할극, 체험 활동 등을 통해 재미있게 배울 수 있도록 했습니다. 아이들의 반응은 생각보다

좋았습니다. “할아버지께 인사드리는 방법”, “친구와 사이좋게 지내는 방법”, “공공장소에서 지켜야 할 예의” 등을 배우며 아이들은 점차 변화했습니다. 학부모들도 “아이가 집에서 더 예의바르게 행동한다”며 만족해했습니다.

학교 교육과 함께 지역사회 전체의 예의 문화 확산에도 노력했습니다. 2007년 봄, ‘예의 바른 마을 만들기’ 캠페인을 시작했습니다. 각 마을별로 예의 실천 다짐 대회를 열고, 우수 사례를 발굴하여 시상하는 프로그램이었습니다.

특히 ‘어르신 공경하기’ 운동이 큰 호응을 얻었습니다. 젊은이들이 어르신들을 찾아뵙고 안부를 묻는 것부터 시작해서, 어르신들의 경험담을 듣고 기록하는 활동까지 다양하게 전개되었습니다. 한 젊은이는 “할아버지의 일제강점기 이야기를 처음 들어봤는데, 정말 대단하신 분이었다”며 감동을 표했습니다. 어르신들도 “요즘 젊은이들이 이렇게 관심을 가져주니 고맙다”며 기뻐하셨습니다. 이런 활동을 통해 세대 간의 소통도 늘어났습니다.

공공장소에서의 예의 향상도 중요한 과제였습니다. 2007년 여름, ‘공공예의 지키기’ 캠페인을 전개했습니다. 지하철역, 버스 정류장, 공원 등에서 시민들에게 예의의 중요성을 알리는 활동이었습니다. 가장 큰 성과 중 하나는 ‘양보의 문화’ 확산이었습니다. 지하철에서 노약자에게 자리를 양보하는 것, 엘리베이터에서 내리는 사람을 먼저 기다리는 것, 횡단보도에서 보행자를 배려하는 것 등이 조금씩 늘어났습니다. 물론 하루아침에 모든 것이 바뀌지는 않았지만, 작은 변화들이 모여 사회 전체의 분위기가 조금씩 좋아지는 것을 느낄 수 있었습니다. 예의생활실천 운동은 결과보다는 과정 자체에 의미가 있는 활동이었습니다.

중간자의 눈물과 성장, 그리고 성찰

새마을운동과 정치 활동은 나에게 단순한 직책 이상의 의미를 지녔습니다. 그 속에서 나는 공동체의 힘과 나눔의 가치를 배웠고, 때로는 나라와 마을 사이에서 중간자로서 겪는 고뇌와 눈물도 경험했습니다.

중간자로서의 역할은 결코 쉽지 않았습니다. 위로부터는 정책 시행의 압박을 받고, 아래로부터는 현실적인 어려움을 호소받았습니다. 때로는 양쪽 모두로부터 오해받고 비난받기도 했습니다. 하지만 이런 어려움을 통해 나는 더욱 성숙해질 수 있었고, 진정한 리더십이 무엇인지 깨달을 수 있었습니다.

가장 힘들었던 순간 중 하나는 1986년 여름에 있었습니다. 중앙정부에서 추진한 농지 세제 개편안이 농민들의 강한 반발을 샀습니다. 농지에 대한 세금을 크게 올리는 내용이었는데, 농민들은 "이미 어려운 농촌 경제를 더욱 어렵게 만드는 정책"이라며 격렬히 항의했습니다. 나는 정부 정책의 불가피성을 설명하면서도 농민들의 부담을 덜어줄 방안을 찾기 위해 노력했습니다. 결국 세제 개편안의 시행을 연기하고, 소농에 대한 감면 혜택을 확대하는 방향으로 수정할 수 있었습니다. 하지만 이 과정에서 나는 양쪽으로부터 많은 비판을 받았습니다.

중간자 역할에서 가장 어려운 점은 소통이었습니다. 정책 입안자들은 농촌 현실을 잘 모르는 경우가 많았고, 농민들은 국가 전체적인 상황을 이해하기 어려워했습니다. 이 간극을 메우는 것이 나의 역할이었습니다. 나는 정책 설명회를 열 때마다 최대한 쉬운 말로 설명하려고 노력했습니다. 어려운 경제 용어나 정치적 수사는 피하고, 구체적인 사례를 들어 "우리 마을에서는 이런 변화가 생깁니다", "김씨 농가의 경우 이런 혜택을 받을 수 있습니다" 하는 식으로 말했습니다. 반대로 정부 관료들에게는 농촌 현실을 생생하게 전달하려고 했습니다. 통계 자료만으로는 느낄 수 없는 농민들의 실제 어려움을 구체적인 사례를 들어 설명했고, 때로는 직접 농촌 현장을 안내하여 현실을 보여주기도 했습니다.

중간자 역할을 하면서 가장 많이 배운 것은 갈등 조정과 타협의 기술이었습니다. 서로 다른 이해관계를 가진 집단들 사이에서 최적의 해결책을 찾는 것은 쉽지 않았지만, 매우 중요한 일이었습니다.

1987년 초, 새로운 농로 건설을 둘러싸고 마을이 두 패로 나뉘었습니다. 농로가 지나갈 예정인 땅의 소유주들은 "보상이 부족하다"며 반대했고, 다른 주민들은 "농로가 없으면 농사에 지장이 있다"며 찬성했습니다. 갈등이 심화되면서 마을 전체가 분열될 위기에 있었습니다. 나는 양쪽의 의견을 차례로 들었습니다. 토지 소유주들의 입장에서는 대를 이어 물려받은 땅을 공로로 내주는 것이 아까웠고, 보상금도 시세보다 낮았습니다. 다른 주민들의 입장에서는 농로가 없으면 농기계 진입이 어려워 농사에 큰 지장이 있었습니다. 해결책은 의외로 간단했습니다. 보상금을 시세 수준으로 올리고, 대신 농로 폭을 조금 줄여 토지 수용 면적을 최소화하는 것이었습니다. 또한 농로 주변에 방풍림을 조성하여 토지 소유주들에게도 이익이 되도록 했습니다. 두 달간의 설득과 협상 끝에 합의에 도달할 수 있었습니다. 물론 모든 갈등을 성공적으로 해결한 것은 아니었습니다. 때로는 실패도 있었고, 그런 실패에서 더 큰 교훈을 얻기도 했습니다.

1985년 가을, 축산 농가와 주변 주민들 사이에 갈등이 벌어졌습니다. 축산 농가에서 나오는 악취와 소음 때문에 주변 주민들이 불만을 제기한 것이었습니다. 나는 양쪽을 만족시킬 수 있는 해결책이 있을 것이라고 생각했습니다. 하지만 이번에는 타협점을 찾기 어려웠습니다. 축산 농가는 "생계가 걸린 문제"라며 양보할 수 없다고 했고, 주민들은 "살기 어려울 정도로 심각한 문제"라며 축산 농가의 이전을 요구했습니다. 결국 축산 농가가 다른 곳으로 이전하는 것으로 갈등이 마무리되었지만, 나는 더 좋은 해결책이 있었을 것이라는 아쉬움이 남았습니다. 이 일을 계기로 나는 갈등 예방의 중요성을 깨달았습니다. 문제가 커지기 전에 미리 대화의 자리를 마련하고, 서로의 입장을 이해할 수 있는 기회를 만드는 것이 중요했습니다.

지혜와 소명의식의 확립

하지만 이 모든 과정들은 나를 더욱 단단하게 만들었으며, 더 나은 사회를 위한 나의 소명을 되새기는 계기가 되었습니다. 새마을 운동을 통해 배운 '할 수 있다'는 정신, 정치 활동을 통해 익힌 소통과 협상의 기술, 그리고 다양한 봉사활동을 통해 체득한 나눔의 가치들은 모두 나의 인생에 소중한 자산이 되었습니다.

특히 1988년 탈당 이후의 시기는 나에게 인생의 전환점이 되었습니다. 정치적 야심이나 개인적 이익에서 벗어나 순수한 봉사 정신으로 돌아갈 수 있었고, 이때부터 나의 모든 활동은 "어떻게 하면 지역사회에 더 도움이 될 수 있을까"라는 질문에서 시작되었습니다.

로타리 활동, 수의사회 회장 활동, 예의생활실천 운동 등은 모두 이런 순수한 동기에서 출발한 것들이었습니다. 정치적 계산이나 개인적 이익 없이 오직 지역사회의 발전만을 생각하며 활동할 수 있었습니다.

다양한 봉사 활동을 통해 나는 봉사의 진정한 의미를 깨달았습니다. 봉사는 단순히 남을 돕는 것이 아니라 나 자신도 성장하게 하는 것이었습니다. 남을 도우면서 나도 더 풍요로운 삶을 살게 되었습니다. 특히 어려운 이웃을 도울 때마다 나는 감사하는 마음을 배웠습니다. 내가 가진 것들이 당연한 것이 아니라 얼마나 소중한 것인지 깨달았습니다. 건강, 가족, 직업, 집 등 평범해 보이는 것들이 실은 큰 축복이라는 것을 알게 되었습니다.

또한 봉사를 통해 인간관계의 소중함도 배웠습니다. 혼자서는 할 수 없는 일들도 여러 사람이 힘을 합치면 가능했습니다. 새마을운동 때의 경험이 그랬고, 로타리 활동이나 예의생활실천 운동도 마찬가지였습니다.

오랜 봉사 활동을 통해 나는 지역사회에 대한 깊은 애정을 갖게 되었습니다. 이곳은 단순히 내가 사는 곳이 아니라 제 삶의 뿌리이자 제 정체성의 근원이었습니다. 이 지역의 발전이 곧 제 삶의 의미였습니다.

지역사회를 위한 활동을 하면서 나는 많은 사람들을 만났습니다. 농민, 상인, 교사, 공무원, 의료진 등 다양한 직업을 가진 사람들과의 만남을 통해 나의 시야가 넓어졌습니다. 그들 각자의 역할과 가치를 이해하게 되었고, 지역사회가 하나의 유기체처럼 연결되어 있다는 것을 깨달았습니다.

나이가 들면서 나는 다음 세대를 위한 준비도 중요하다는 것을 깨달았습니다. 내가 쌓아온 경험과 노하우를 젊은이들에게 전수하는 것이 필요했습니다. 2005년부터 '지역 리더십 아카데미'를 운영하기 시작했습니다. 지역의 젊은 리더들을 대상으로 리더십, 소통 기술, 갈등 해결 방법 등을 가르치는 프로그램이었습니다. 월 1회 모임을 갖고, 실제 사례를 중심으로 토론하며 배우는 방식이었습니다. 참여한 젊은이들의 반응은 매우 좋았습니다. "이론으로만 배웠던 것들을 실제 경험담으로 들으니 더 생생하다"는 평가를 받았습니다.

8장

배움의 끝은 없다
-은퇴 후에도 삶의 문을 활짝 연 배움의 여정

사람들은 인생을 학교와 같다고들 합니다. 이 말은 평생을 살아오면서 나에게 진실로 다가왔습니다. 공직에서 은퇴한 이후에도 배움에 대한 나의 열정은 식지 않았습니다. 오히려 젊은 시절 생계와 직무에 몰두하느라 미처 탐구하지 못했던 새로운 분야에 대한 호기심이 샘솟았죠. 60대 중반이라는 나이는 많은 사람에게 은퇴와 휴식의 시기로 여겨지지만, 나에게는 새로운 학습의 시작점이었습니다. 시간적 여유가 생기면서 오히려 더 체계적이고 깊이 있는 공부를 할 수 있었죠. 그동안 바쁜 일상에 쫓겨 미뤄두었던 인문학적 소양을 기르고, 우리 전통문화에 대한 이해를 깊게 하고 싶었습니다.

매일 새벽 5시에 일어나 독서와 공부로 하루를 시작하는 것이 나의 일과가 되었습니다. 아침 공기가 맑고 조용한 시간에 집중할 수 있는 시간들은 특히 소중했습니다. 이런 규칙적인 생활 패턴은 나에게 새로운 활력을 불어넣어 주었고, 학습에 대한 집중력을 높여주었습니다.

예절과 전통문화의 재발견

2005년 7월28일, 나는 성균관유도회장 변온섭 님으로부터 제 3393호 실천 예절 지도사 자격을 취득했습니다. 이는 단순한 자격증 취득을 넘어, 우리 전통문화와 예절의 중요성을 다시금 깨닫는 계기가 되었습니다. 현대 사회가 급속히 서구화되면서 우리 고유의 예절과 문화가 사라져가는 것을 안타깝게 생각하고 있던 터였습니다.

예절 지도사 과정을 수강하면서 나는 우리 조상들의 깊은 지혜를 발견할 수 있었습니다. 단순히 형식적인 절차가 아니라, 상대방을 배려하고 존중하는 마음이 예절의 근본이라는 것을 깨달았죠. 이런 깨달음은 내가 평생 추구해온 봉사 정신과도 맥이 닿아 있었습니다.

[사진 38실천예절 지도자 활동]

예절 지도사 자격을 취득한 후, 나는 지역의 청소년들과 주민들에게 올바른 예절을 가르치는 일에 참여했습니다. 학교나 사회단체에서 초청을 받아 강의를 하기도 했고, 혼례나 상례 등의 중요한 의식에서 예절 지도를 해주기도 했습니다. 특히 기억에 남는 것은 한 중학교에서 진행한 예절 교육이었습니다. 처음에는 형식적이고 지루하다고 여겼던 학생들이 점차 우리 전통 예절의 아름다움을 이해하게 되는 모습을 보며 큰 보람을 느꼈습니다. 어른에게 인사하는 방법, 식사할 때의 예절, 친구들과의 올바른 대화법 등을 가르치면서, 예절이 단순한 형식이 아니라 서로를 배려하는 따뜻한 마음의 표현임을 강조했습니다.

동양철학과 사주명리학의 탐구

같은 해 8월 18일에는 상주대학교 총장 김종호 님으로부터 사주명리학 과정을 수료했습니다. 동양 철학의 깊이를 배우며 인간의 운명과 삶의 흐름을 이해하려는 노력을 시작한 것이었습니다. 사주명리학은 단순한 점술이 아니라, 인간의 삶을 이해하는 하나의 철학적 체계라는 것을 배웠습니다.

음양오행의 원리와 천간지지의 상호작용을 공부하면서, 나는 동양인의 세계관과 우주관을 깊이 이해할 수 있었습니다. 또한 개인의 성격과 재능, 그리고 인생의 흐름을 분석하는 방법을 익혔습니다. 이런 지식은 상담을 요청하는 지역 주민들에게 조언을 해줄 때 큰 도움이 되었습니다.

사주명리학을 공부하면서 가장 놀라웠던 것은 5천 년 역사 속에서 축적된 동양 철학의 깊이였습니다. 단순히 미래를 예측하는 것이 아니라, 개인의 성격과 재능을 파악하고 이를 바탕으로 올바른 인생의 방향을 제시하는 지혜였죠. 이는 현대의 심리학이나 진로 상담과도 많은 공통점을 가지고 있었습니다.

2007년 2월 15일에는 상주대학교 총장 김종호 님으로부터 제3725호 사주명리 중급 과정을 수료하며, 이 분야에 대한 나의 이해를 더욱 깊게 했습니다. 중급 과정에서는 더욱 복잡하고 정교한 분석 방법들을 배웠고, 실제 사례들을 통해 이론을 실습할 수 있었습니다. 이 과정을 통해 나는 단순히 사주를 읽는 것을 넘어, 상담자에게 도움이 되는 조언을 할 수 있는 능력을 기르게 되었습니다.

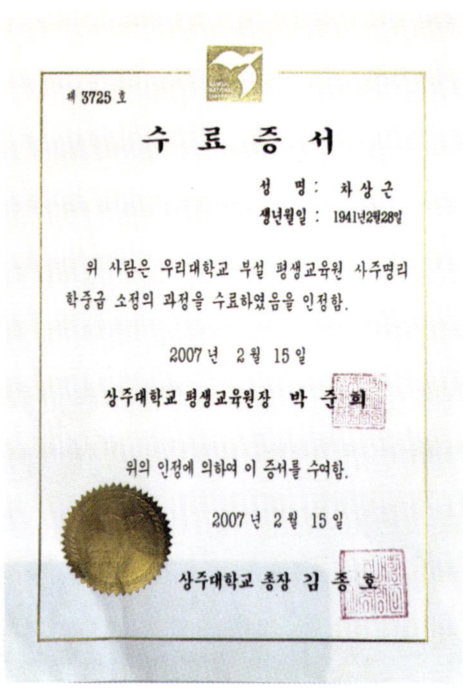

제 3725 호

수 료 증 서

성 명 : 차상근
생년월일 : 1941년2월28일

위 사람은 우리대학교 부설 평생교육원 사주명리학중급 소정의 과정을 수료하였음을 인정함.

2007 년 2 월 15 일

상주대학교 평생교육원장 박 준 희

위의 인정에 의하여 이 증서를 수여함.

2007 년 2 월 15 일

상주대학교 총장 김 종 호

[사진 39사주명리 중급 과정 수료증]

전례와 주례, 인생의 중요한 순간들을 함께하다

2005년 11월 10일, 나는 한국전례원장 김정 님으로부터 제05-6-3호 주례자격 인증을 받았고, 이어 같은 해 12월 17일에는 성균관장 최근덕 님으로부터 005-13호 전례사 인증을 받았습니다. 이는 단순한 자격 취득을 넘어, 오랜 시간 이어져 온 우리 전통 의례와 예절을 정식으로 계승하고 실천할 수 있는 책임을 부여받았다는 의미였습니다. 나는 이 자격을 통해 개인의 삶에서 가장 중요하고도 깊은 순간들을 보다 품격 있고 의미 있게 만들어주는 역할을 하고 싶었습니다.

주례사와 전례사 자격을 취득한 이후, 나는 지역 사회에서 수많은 혼례와 상례를 직접 주관하게 되었습니다. 혼례에서는 한 사람의 삶이 다른 삶과 연결되는 출발점에 함께했고, 상례에서는 한 생이 이 세상과 작별하는 마지막 길을 함께했습니다. 인생에서 가장 기쁘고 설레는 순간과, 가장 슬프고 무거운 순간을 모두 지켜보며, 전통 의식이 단순한 형식이 아니라 사람의 마음을 다독이고 삶의 의미를 정리해 주는 중요한 역할을 한다는 사실을 더욱 깊이 깨닫게 되었습니다.

특히 젊은 부부들에게는 전통 혼례가 지닌 상징과 아름다움을 알기 쉽게 풀어 설명하며, 결혼이 단순한 행사나 절차가 아니라 두 사람이 서로에 대한 책임과 존중을 약속하는 의식임을 전하고자 했습니다. 빠르고 간소화된 현대식 결혼 문화 속에서도, 전통 혼례가 지닌 깊이와 품격은 여전히 많은 이들에게 감동을 주었습니다. 한복을 입고 절을 올리며 마음을 가다듬는 순간, 신랑·신부는 물론 가족들까지도 결혼의 의미를 새롭게 되새기는 모습을 여러 차례 목격했습니다.

상례에서는 무엇보다 유족의 마음을 살피는 것이 중요하다고 생각했습니다. 갑작스러운 이별 앞에서 무엇을 어떻게 해야 할지 몰라 막막해하는 가족들에게, 전통 장례의 절차와 의미를 차분히 설명하고 고인을 올바르게 모시는 방법을 안내했습니다. 장례는 남은 이들을 위한 의식이기도 하기에, 나는 형식보다 마음이 먼저 전달되도록 돕는 역할에 집중했습니다.

전례사로서 가장 기억에 남는 경험 중 하나는, 한 어르신의 장례를 치르며 유족들이 현대식 장례와 전통 장례 사이에서 깊은 고민을 하던 순간이었습니다. 나는 고인의 생전 가치관과 삶의 태도, 그리고 가족들의 현실적인 상황을 함께 고려하여 전통의 정신을 지키면서도 무리가 되지 않는 절충안을 제시했습니다. 형식에 얽매이기보다, 고인을 존중하는 마음이 온전히 전달될 수 있는 방식으로 의식을 이끌어간 것입니다. 그 결과 유족들은 "고인의 뜻을 잘 담아낸 장례였다"며 깊은 위로를 받았다고 말해주었습니다.

또한 주례사로서 수많은 젊은 부부들의 혼례를 주관하며, 결혼의 참된 의미와 부부로서 서로를 대하는 도리, 그리고 함께 살아간다는 것의 무게와 아름다움에 대해 전해왔습니다. 짧은 주례사 한마디라도 형식적인 말이 아니라, 앞으로의 삶에 오래 남을 수 있는 진심의 언어가 되기를 바라는 마음으로 매번 준비했습니다.

이러한 경험들은 나에게도 큰 보람이 되었고, 전통 문화가 과거에 머무는 것이 아니라 현재의 삶 속에서 새롭게 숨 쉬며 이어질 수 있다는 확신을 주었습니다.

第 05-6-3 號

主禮資格 認證書

姓 名 : 차 상 근

住民登錄番號 : 410228-1912615

위 사람은 保健福祉部 承認 비영리공익 법인체인 社團法人 韓國典禮院에서 實施한 主禮專門人 敎育을 履修하고 所定의 評價 試驗에 合格하였으므로 이 證書를 드립니다.

2005 年 11 月 10 日

社團法人 韓國典禮院

院 長 金

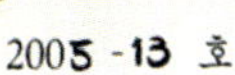
2005-13 호

典禮士證書

姓　　名 : 車 相 根

課　　程 : 鄕校書院儀專攻

위 사람은 成均館에서 實施한 重要無形文化財 第 85號 釋奠大祭 典禮士 所定의 專攻課程을 履修하였으므로 이를 證明합니다.

釋奠藝能保有者
釋奠教育院長 權 五 興

위 證明에 따라서 이 證書를 授與함.

2005年 12 月 17 日

成 均 館 長
釋奠保存會長 崔 根 德

[사진 40 주례자격 및 전례사 인증]

[사진 41 전례사 활동]

풍수지리학, 자연과 인간의 조화

2006년 2월 16일, 상주대학교 총장 김종호 님으로부터 제2799호 풍수지리 과정을 수료하며, 자연과 인간의 조화를 탐구하는 새로운 지평을 열었습니다. 풍수지리학은 단순한 미신이 아니라, 자연환경과 인간 생활의 조화를 추구하는 전통 과학이라는 것을 배웠습니다. 산세와 물길, 그리고 방향과 지형이 인간의 삶에 미치는 영향을 공부하면서, 나는 우리 조상들의 자연관을 깊이 이해할 수 있었습니다. 또한 실제로 주택 신축이나 이전을 계획하는 지역 주민들에게 조언을 해줄 수 있게 되었습니다.

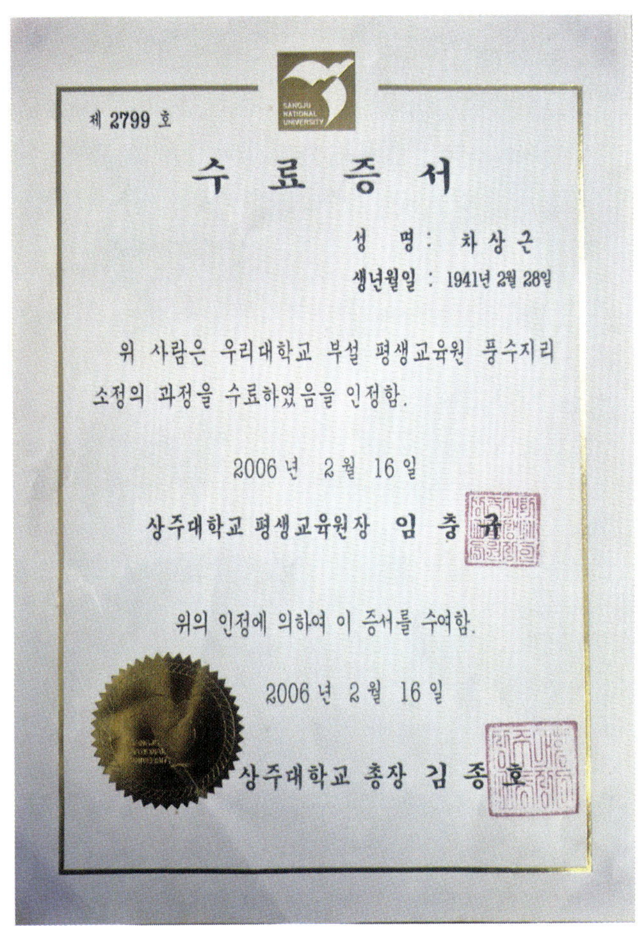

SANGJU NATIONAL UNIVERSITY

제 2799 호

수 료 증 서

성 명: 차 상 근

생년월일 : 1941년 2월 28일

위 사람은 우리대학교 부설 평생교육원 풍수지리 소정의 과정을 수료하였음을 인정함.

2006 년 2 월 16 일

상주대학교 평생교육원장 임 충 규

위의 인정에 의하여 이 증서를 수여함.

2006 년 2 월 16 일

상주대학교 총장 김 종 호

[사진 42 풍수지리 과정 수료증]

풍수지리학을 공부하면서 가장 인상 깊었던 것은 자연과의 조화를 추구하는 철학이었습니다. 이는 환경 보호가 중요한 현대 사회에도 시사하는 바가 큰 가르침이었죠. 풍수지리학의 핵심은 '기(氣)'의 흐름을 이해하는 것이었습니다. 산과 물이 만나는 지점, 바람이 불어오는 방향, 햇빛이 비치는 각도 등 모든 자연 요소들이 어떻게 상호작용하여 인간에게 영향을 미치는지를 체계적으로 분석하는 학문이었습니다. 이런 지식을 바탕으로 나는 지역 주민들에게 실용적인 조언을 해줄 수 있었습니다. 특히 기억에 남는 것은 한 농가의 축사 위치를 조언해준 일이었는데, 실제로 가축들의 건강상태가 개선되고 생산성이 향상되는 결과를 얻어 전통 학문의 실용성과 과학성을 다시 한번 확인할 수 있었습니다.

노인 예절 지도, 고령화 사회에 대한 준비

2006년 4월 20일에는 한국전례원장 김정 님으로부터 06-1-10호 노인 예절 지도사 양성과정을 이수하며, 고령화 사회에서 어르신들의 삶의 질을 높이는 데 기여하고자 했습니다. 우리나라가 급속히 고령화되면서 노인들의 역할과 지위, 그리고 대우에 대한 새로운 접근이 필요했습니다.

노인 예절 지도사 과정에서는 전통적인 효 문화와 현대적인 노인 복지의 조화점을 찾는 방법을 배웠습니다. 또한 노인들 스스로가 품위를 유지하고 사회에 기여할 수 있는 방법들도 익혔죠. 이런 지식을 바탕으로 나는 지역의 노인 단체에서 강의를 하고, 노인 예절 교육 프로그램을 운영했습니다.

고령화 사회에서 노인들의 역할은 단순히 보호받는 대상이 아니라, 지혜와 경험을 전수하는 스승이 되어야 한다는 것을 깨달았습니다. 노인 예절 지도사 과정을 통해 어르신들이 자신의 존재 가치를 인식하고, 사회의 중요한 구성원으로서 역할을 할 수 있도록 돕는 방법을 배웠습니다. 실제로 노인 예절 교육을 진행하면서 많은 어르신들이 자신감을 되찾고, 적극적으로 사회 활동에 참여하는 모습을 볼 수 있었습니다. 젊은 세대와의 소통 방법, 현대 사회에서의 어르신 역할, 건강한 노후 생활을 위한 예절 등을 교육하면서, 어르신들의 삶의 질 향상에 기여할 수 있었습니다.

제 서울06-1-10 호

修 了 證

姓 名 : 차 상 근

住民登錄番號 : 410228-1912615

위 사람은 本 法人에서 主管하고 서울特別市에서 後援하는 老人禮節指導士 養成 敎育課程을 履修하였기에 이 證書를 드립니다.

2006 年 4 月 20 日

社團法人 韓國典禮院

院 長 金

[사진 43 노인 예절 지도사 양성과정을 이수증]

지속적인 학습과 성과 인정

2007년 2월 15일에는 사주명리학 과정 학업 성적으로 제2007-20호 모범상을 받기도 했습니다. 60대 후반의 나이에 받은 학업 성적 우수상은 특별한 의미가 있었습니다. 나이가 들어도 배움에 대한 열정만 있으면 얼마든지 새로운 것을 배울 수 있다는 것을 증명하는 사례였습니다.

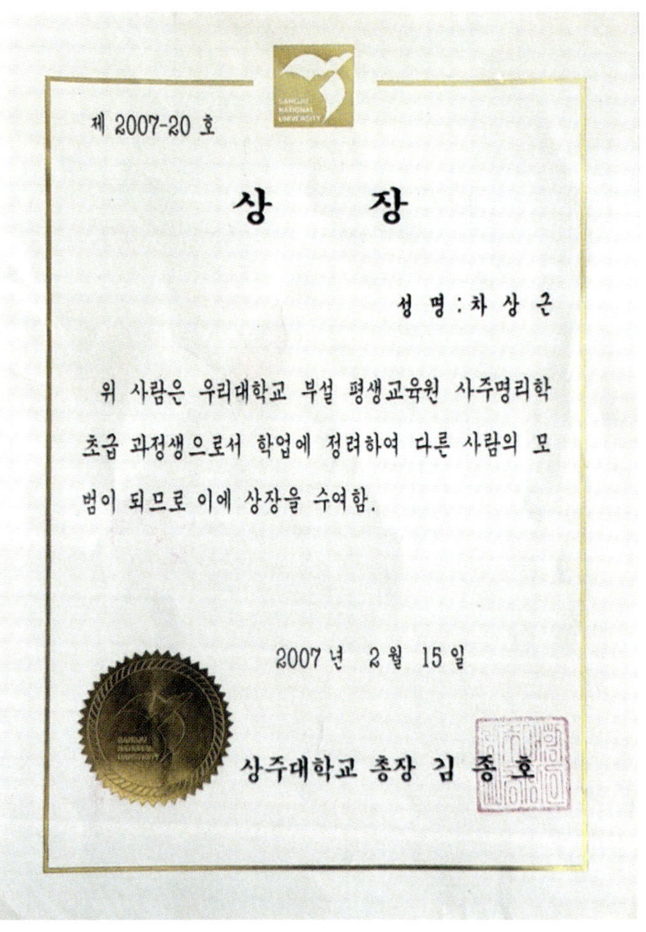
제 2007-20 호

상 장

성 명 : 차 상 근

위 사람은 우리대학교 부설 평생교육원 사주명리학 초급 과정생으로서 학업에 정려하여 다른 사람의 모범이 되므로 이에 상장을 수여함.

2007 년 2 월 15 일

상주대학교 총장 김 종 호

[사진 44 사주명리학 과정학 명리학]

이 모범상을 받으면서 나는 평생학습의 중요성을 더욱 깊이 깨달았습니다. 나이는 단지 숫자일 뿐이며, 진정한 학습 능력은 호기심과 열정에서 나온다는 것을 확신하게 되었습니다. 젊은 학생들과 함께 공부하면서 오히려 더 큰 자극을 받았고, 세대를 초월한 학습 공동체의 소중함을 느낄 수 있었습니다.

제 2006 - 0370 호

국가공인 **실천예절지도사 자격증**

종목 및 등급 : 實踐禮節指導師
성　　명 : 차상근(車相根)
주민등록번호 : 410228-1912615
주　　소 : 경상북도 문경시 점촌동 271-26
유 효 기 간 : 2006년 7월 15일 ~ 2009년 7월 15일

자격기본법 제19조제5항의 규정에 의하여 문화관광부에서 공인한 실천예절지도사 자격을 취득하였음을 증명함.

2006년 7월 15일

社團法人 汎國民禮儀生活實踐運動本部 會長

Nation Wide Courtesy Movement Association

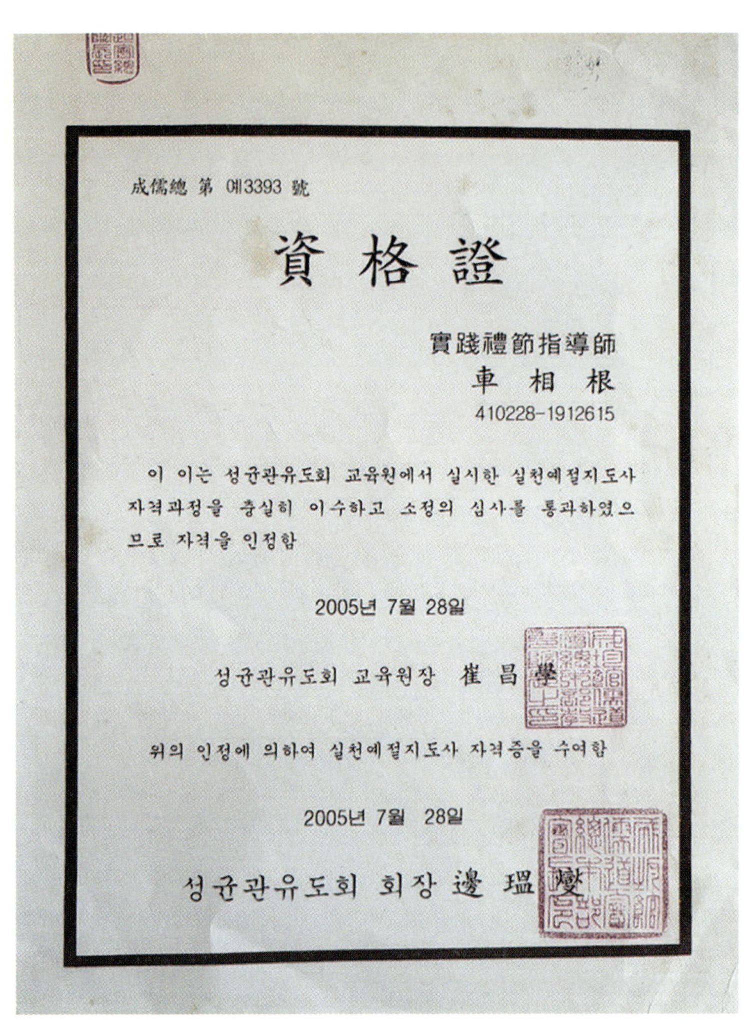

成儒總 第 예3393 號

資 格 證

實踐禮節指導師
車 相 根
410228-1912615

이 이는 성균관유도회 교육원에서 실시한 실천예절지도사 자격과정을 충실히 이수하고 소정의 심사를 통과하였으므로 자격을 인정함

2005년 7월 28일

성균관유도회 교육원장 崔 昌 學

위의 인정에 의하여 실천예절지도사 자격증을 수여함

2005년 7월 28일

성균관유도회 회장 邊 瑨 燮

[사진 45 실천예절지도사 자격증]

그리고 2009년 7월 15일, 범국민 예의생활 운동본부 이사장으로부터 제2006-370호 실천예절지도사 자격증을 다시 취득하며, 끊임없이 나 자신을 단련하고 전문성을 강화하려는 의지를 보여주었습니다. 이미 예절 지도사 자격이 있었지만, 변화하는 시대에 맞춰

새로운 내용을 배우고 자격을 갱신하는 것이 필요하다고 생각했습니다.

새로운 자격증을 취득하면서 나는 현대 사회의 변화에 발맞춘 예절 교육의 필요성을 더욱 절감했습니다. 전통 예절의 정신은 유지하면서도 현내적인 상황에 맞는 새로운 형태의 예절 교육이 필요하다는 것을 깨달았습니다.

배움을 통한 사회 봉사

은퇴 후에 취득한 이런 자격증들은 단순히 개인적인 성취에 머물지 않았습니다. 나는 이런 지식과 기술을 지역 사회에 환원하기 위해 다양한 봉사 활동을 펼쳤습니다. 청소년 예절 교육, 성인 대상 전통문화 강의, 결혼 예비 부부를 위한 전례 교육 등 다양한 프로그램을 운영했습니다.

특히 기억에 남는 것은 2006년 2월 10일에 성균관 유도회교육원장 최창학 님으로부터 받은 상장례 실연 최우수상이었습니다. 이는 이론적 지식뿐만 아니라 실제 의식을 올바르게 진행하는 능력을 인정받은 것이었습니다. 상례는 매우 엄숙하고 중요한 의식이기 때문에, 이런 인정을 받은 것은 큰 영광이었습니다. 상장례 실연 최우수상을 받으면서 나는 이론과 실제가 조화를 이룬 진정한 전문가가 되었다는 자부심을 갖게 되었습니다.

매주 토요일마다 지역 문화센터에서 진행한 전통문화 강의는 많은 지역 주민들에게 큰 호응을 얻었습니다. 특히 젊은 부모들이 자녀들과 함께 참여하여 전통 예절을 배우는 모습을 보면서, 전통 문화의 계승이라는 의미 있는 일에 기여하고 있다는 보람을 느꼈습니다.

表彰狀

最優秀팀 喪葬禮 柳淇南 宋京玉 金龍吉 崔遠鐸 朴春奎 車相根 郭東植 曺圭台 劉鍾學 李在玹

위 팀은 成均館儒道會 教育院에서 實施한 實踐禮節專任講師 集中硏修課程에서 喪葬禮를 가장 뛰어나게 實演하여 硏修目的을 成就하였기에 이를 表彰하고 賞狀을 드립니다.

2006년 2월 10일

成均館儒道會 教育院

教育院長 崔 昌 學

[사진 46 상장례 실연 최우수상]

학습 방법론의 발전

노년기 학습을 통해 나는 효과적인 학습 방법론도 개발할 수 있었습니다. 젊은 시절과는 다른 기억력과 집중력의 한계를 극복하기 위해 저만의 학습 전략을 만들어갔습니다.

첫째, 반복학습의 중요성을 깨달았습니다. 한 번에 모든 것을 기억하려 하지 않고, 꾸준히 반복하면서 점진적으로 이해의 깊이를 더해갔습니다. 매일 일정한 시간에 복습하는 습관을 들이면서 학습 효과를 극대화할 수 있었습니다.

둘째, 실습과 이론의 병행 학습을 중시했습니다. 단순히 책을 읽는 것이 아니라, 실제 상황에서 적용해보면서 이론을 체화시켰습니다. 예를 들어 사주명리학을 배울 때는 주변 사람들의 사주를 직접 분석해보면서 이론을 실제와 연결시켰습니다.

셋째, 동료 학습자들과의 토론과 교류를 활용했습니다. 혼자 공부하는 것보다는 같은 과정을 수강하는 동료들과 함께 토론하고 서로 가르쳐주면서 학습 효과를 높였습니다. 특히 나보다 젊은 학습자들과의 교류는 새로운 시각과 에너지를 얻을 수 있는 좋은 기회였습니다.

가족과의 관계 변화와 건강한 노후 생활

노년기 학습은 가족과의 관계에도 긍정적인 변화를 가져다 주었습니다. 새로운 것을 배우고 성취를 이루는 모습을 보면서 가족들이 나를 더욱 존경하고 자랑스러워하게 되었습니다. 특히 손자, 손녀들은 할아버지가 공부하는 모습을 보면서 자신들도 더욱 열심히 공부하겠다는 다짐을 하곤 했습니다. 아내도 처음에는 걱정하면서도 점차 나의 학습 활동을 적극적으로 지원해주었습니다. 심지어 아내도 나의 영향을 받아 서예와 한국무용을 배우기 시작했습니다. 자녀들은 나의 학습 활동을 보면서 평생학습의 중요성을 깨달았다고 말하기도 했습니다. 이렇게 나의 학습이 가족 전체에 긍정적인 영향을 미치는 것을 보면서 더욱 큰 보람을 느꼈습니다.

규칙적인 학습 활동은 건강한 노후 생활을 유지하는 데도 큰 도움이 되었습니다. 새로운 것을 배우고 기억하려는 노력은 뇌 건강을 유지하는 데 도움이 되었고, 규칙적인 생활 패턴은 전반적인 건강 상태를 개선시켜주었습니다. 특히 사람들과의 만남과 교류가 늘어나면서 사회적 고립을 방지할 수 있었습니다. 이는 정신 건강에도 매우 긍정적인 영향을 미쳤습니다. 또한 목표가 있는 생활을 할 수 있게 되면서 매일의 삶이 더욱 의미 있게 느껴졌습니다.

평생학습의 철학과 지혜의 전수

배움은 단지 지식을 쌓는 행위를 넘어, 삶을 더욱 풍요롭게 하고 다른 사람들과 소통하며, 세상의 이치를 깨닫는 아름다운 여정이었습니다. 노년에도 배움은 나에게 삶의 문을 활짝 열어주었고, 나는 여전히 세상으로부터 배우고 성장하고 있습니다. 특히 전통문화와 예절을 배우면서 나는 우리 민족의 정체성과 뿌리를 더 깊이 이해할 수 있었습니다. 급속한 서구화와 현대화 속에서 잃어버리기 쉬운 소중한 가치들을 되찾고, 이를 다음 세대에 전수하는 것이 나의 사명이라고 생각했습니다.

학습을 통해 나는 또한 겸손함의 중요성을 깨달았습니다. 배우면 배울수록 모르는 것이 더 많다는 것을 알게 되었고, 이는 오히려 더 큰 배움의 동기가 되었습니다. 소크라테스의 "무지의 지(無知의 知)"라는 말의 진정한 의미를 체험할 수 있었습니다.

나의 이러한 노력이 누군가에게 작은 영감이 되고, 배움에는 끝이 없다는 메시지를 전할 수 있기를 바랍니다. 나이가 들수록 더욱 겸손해지고, 더 많이 배워야 할 것이 있다는 것을 깨닫게 됩니다. 젊을 때는 안다고 생각했던 것들이 실제로는 피상적인 이해에 불과했다는 것을 알게 되고, 진정한 지혜는 경험과 성찰을 통해서만 얻을 수 있다는 것을 깨달았습니다.

나는 내가 배운 지식과 경험을 다음 세대에 전하는 것을 중요한 사명으로 여깁니다. 지혜는 혼자만 간직할 때 빛이 바래지만, 나누고 전할 때 더욱 빛이 난다는 것을 배웠습니다. 이것이 바로 스승과 제자의 관계에서 오는 아름다운 순환이며, 인류 문명이 발전해온 원동력이기도 합니다. 젊은 세대들에게 전하고 싶은 메시지는 "배움에는 정년이 없다"는 것입니다.

미래 세대를 위한 교육 철학과 전통과 현대의 조화

노년기 학습을 통해 나는 교육의 본질에 대해 깊이 생각해보게 되었습니다. 진정한 교육은 단순히 지식을 전달하는 것이 아니라, 학습자의 인격과 품성을 기르고, 삶의 지혜를 길러주는 것이라는 확신을 갖게 되었습니다. 특히 우리 전통 교육의 핵심인 '인성 교육'의 중요성을 더욱 깊이 깨달았습니다. 현대 사회는 빠른 변화와 정보의 홍수 속에서 많은 젊은이들이 방향감각을 잃고 헤매고 있습니다. 이런 시대일수록 변하지 않는 가치와 원칙, 그리고 인간다운 품성이 더욱 중요하다고 생각합니다. 나는 예절과 전통문화 교육을 통해 이런 가치들을 전하려고 노력했습니다. 교육자로서 내가 가장 중시한 것은 '몸소 실천하는 모습'을 보여주는 것이었습니다.

내가 추구한 학습의 방향은 전통과 현대의 조화였습니다. 우리의 소중한 전통 문화와 가치를 보존하면서도, 현대 사회에 맞게 재해석하고 적용하는 방법을 찾는 것이었죠. 이는 쉽지 않은 과제였지만, 매우 의미 있는 도전이었습니다. 예를 들어 전통 예절을 가르칠 때 단순히 형식적인 절차만 강조하는 것이 아니라, 그 안에 담긴 배려와 존중의 정신을 현대적으로 해석해서 전달하려고 노력했습니다.

학습 공동체의 형성

개인적인 학습을 넘어서 나는 지역 사회에 학습 공동체를 형성하는 데도 기여하고자 했습니다. 혼자만 배우고 성장하는 것이 아니라, 함께 배우고 서로 가르쳐주는 공동체를 만들어가는 것이 더욱 의미 있다고 생각했습니다. 매월 한 번씩 지역의 전통문화 애호가들과 함께 모임을 갖고, 서로의 학습 경험을 나누고 새로운 지식을 공유하는 시간을 가졌습니다. 이런 모임을 통해 개인적인 학습의 한계를 극복하고, 더욱 다양하고 깊이 있는 배움을 얻을 수 있었습니다. 또한 지역의 청소년들과 노인들이 함께 참여하는 세대 간 학습 프로그램도 기획했습니다.

자기 성찰과 영성 개발, 그리고 건강의 선순환

노년기 학습은 단순한 지식 습득을 넘어 자기 성찰과 영성 개발의 기회이기도 했습니다. 인생의 황혼기에 접어들면서 자연스럽게 삶의 의미와 가치에 대해 더 깊이 생각하게 되었고, 학습을 통해 이런 성찰을 더욱 체계적으로 할 수 있었습니다. 특히 동양철학과 사주명리학을 공부하면서 인간의 운명과 우주의 질서에 대해 깊이 사색할 수 있었습니다. 이는 단순한 학문적 호기심을 넘어서, 나 자신의 삶을 되돌아보고 앞으로의 방향을 설정하는 데 큰 도움이 되었습니다.

규칙적인 학습 활동은 신체적, 정신적 건강을 유지하는 데도 큰 도움이 되었습니다. 새로운 것을 배우고 기억하려는 노력은 뇌 기능을 활성화시켰고, 사람들과의 만남과 교류는 사회적 건강을 증진시켰습니다. 매일 아침 일찍 일어나서 공부하는 규칙적인 생활 패턴은 전반적인 건강 관리에도 긍정적인 영향을 미쳤습니다. 또한 강의나 봉사 활동을 위해 외출하고 사람들을 만나는 일이 늘어나면서 자연스럽게 신체 활동량도 증가했습니다.

디지털 시대의 적응과 후배 교육자들에게 전하는 조언

노년기 학습 과정에서 예상치 못한 도전 중 하나는 급속히 변화하는 디지털 환경에 적응하는 것이었습니다. 처음에는 컴퓨터나 인터넷 사용이 어려웠지만, 학습의 필요성을 느끼고 차근차근 배워나갔습니다. 온라인 강의나 전자 자료를 활용하는 방법을 익히면서, 전통적인 학습 방법과 현대적인 학습 도구를 조화롭게 활용할 수 있게 되었습니다. 이는 젊은 세대들과의 소통에도 큰 도움이 되었고, 시대 변화에 뒤처지지 않는 노인이 될 수 있게 해주었습니다.

내가 경험한 노년기 학습과 교육 활동을 통해 후배 교육자들에게 전하고 싶은 조언이 있습니다. 첫째, 교육자 자신이 먼저 끊임없이 배우는 자세를 가져야 합니다. 둘째, 전통과 현대를 조화롭게 연결하는 교육 방법을 개발해야 합니다. 셋째, 개별 학습자의 특성과 수준을 고려한 맞춤형 교육을 실시해야 합니다. 넷째, 교육의 목표를 단순한 지식 전달이 아니라 인격 완성과 삶의 지혜 습득에 두어야 합니다.

사회적 책임과 평생학습 사회의 비전

노년기 학습자로서 나는 개인적 만족을 넘어 사회적 책임도 느꼈습니다. 국가와 사회가 나에게 교육의 기회를 제공해준 만큼, 나도 사회에 기여할 의무가 있다고 생각했습니다. 이런 인식 하에 다양한 자원봉사 활동과 재능 기부 활동에 참여했습니다. 또한 전통문화 보존과 전승을 위한 각종 프로젝트에도 참여하며 개인적인 학습의 성과를 사회적 자산으로 전환하는 의미있는 작업을 진행했습니다.

내가 경험한 노년기 학습을 통해 평생학습 사회의 중요성을 더욱 절감했습니다. 급속히 변화하는 현대 사회에서는 한 번 배운 지식으로 평생을 살아갈 수 없습니다. 지속적인 학습과 자기 개발이 필수적인 시대가 되었습니다. 특히 우리나라가 고령화 사회로 진입하면서 노인들의 지속적인 학습과 사회 참여가 더욱 중요해졌습니다.

이를 위해서는 노인 전용 교육 프로그램의 확충, 세대 간 학습 교류 프로그램의 활성화, 노인들의 전문성을 활용할 수 있는 일자리 창출 등이 필요합니다.

마지막 당부

나의 노년기 학습 경험담이 많은 분들에게 작은 영감이라도 줄 수 있기를 바랍니다. 나이는 단지 숫자일 뿐이며, 진정한 젊음은 배우려는 열정과 성장하려는 의지에서 나온다는 것을 믿어 의심치 않습니다. 인생의 어느 단계에 있든, 새로운 것을 배우고 도전하는 것을 두려워하지 말기를 당부합니다. 특히 우리의 소중한 전통 문화와 가치들에 관심을 갖고, 이를 현대적으로 계승 발전시켜 나가는 일에 동참해 주기를 바랍니다.

배움은 결코 혼자만의 것이 아닙니다. 나누고 전할 때 더욱 빛이 나고, 함께할 때 더욱 의미가 깊어집니다. 우리 모두가 평생 학습자로서, 그리고 지혜의 전수자로서 아름다운 인생을 만들어가기를 소망합니다. 끝으로, 배움의 여정에는 끝이 없다는 것을 다시 한번 강조하고 싶습니다. 내가 지금까지 배운 것들도 빙산의 일각에 불과하며, 앞으로도 계속해서 배우고 성장해나갈 것입니다. 이것이 바로 인간다운 삶을 사는 방법이며, 존재의 의미를 찾는 길이라고 확신합니다.

9장

가족과 동행
-삶의 배경에는 언제나 가족이 있었다

부모님, 삶의 뿌리이자 나침반

나의 삶에서 가장 든든한 버팀목이자 변치 않는 사랑의 원천은 언제나 가족이었습니다. 나의 존재를 있게 하신 부모님, 차영우(車永耦) 강렬공파 43세손이신 아버지와 성주 이씨 이단악(李丹岳) 여사이신 어머니는 제 삶의 깊은 뿌리였습니다.

아버지는 신해년(1911년) 2월 22일에 태어나 1983년 4월 2일 돌아가셨습니다. 일제강점기에 태어나 해방과 한국전쟁, 그리고 조국 근대화까지 경험하시며 파란만장한 인생을 사셨습니다. 아버지는 과묵하셨지만, 그 침묵 속에는 깊은 인생의 지혜가 담겨 있었습니다. "말보다는 행동으로 보여라", "남에게 폐를 끼치지 말라", "성실하게 살면 하늘이 돕는다"는 것이 아버지의 철학이었습니다.

어머니는 신해년(1911년) 9월 17일에 태어나 1996년 7월 19일 병자년(丙子年)에 돌아가셨습니다. 부모님께서 같은 해에 태어나신 것도 신기한 인연이었습니다. 어머니는 전형적인 우리나라 어머니의 모습을 지니고 계셨습니다. 자식들을 위해서라면 어떤 희생도 마다하지 않으셨고, 늘 따뜻한 마음으로 가족을 품어 안으셨습니다.

아버지의 가르침, 삶의 지침서

아버지는 많은 말씀을 하지 않으셨지만, 그 행동 하나하나가 나에게는 살아있는 교육이었습니다. 새벽 일찍 일어나 하루를 시작하시는 모습, 어떤 어려움 앞에서도 굴복하지 않으시는 강인함, 그리고 이웃과 나누며 사시는 따뜻한 마음씨를 보며 나는 진정한 삶의 자세를 배웠습니다.

특히 기억에 남는 것은 아버지께서 농사일을 하시는 모습이었습니다. 비가 오나 눈이 오나 정해진 시간에 논밭으로 나가시고, 작물 하나하나를 정성스럽게 돌보시는 모습을 보며 나는 성실함과 책임감의 중요성을 깨달았습니다. 또한, 이웃이 어려울 때 묵묵히 도와주시는 모습을 보며 나눔과 배려의 가치를 배웠습니다.

아버지는 교육의 중요성을 누구보다 잘 아셨습니다. 비록 집안 형편이 넉넉하지 않았지만, 자식들의 교육만큼은 절대 포기하지 않으셨습니다. "가난해도 배움만큼은 빼앗길 수 없다"며 온갖 어려움을 감수하시며 나의 학업을 지원해주셨습니다.

어머니의 사랑, 무조건적인 헌신

어머니의 사랑은 바다처럼 깊고 넓었습니다. 자식들을 위해서라면 자신의 모든 것을 희생하는 것을 당연하게 여기셨습니다. 어머니의 손은 늘 거칠었습니다. 농사일과 집안일로 다 굳어버린 손이었지만, 그 손길은 언제나 따뜻했습니다. 아플 때 이마에 얹어주시던 어머니의 손, 학교에서 돌아오면 맞아주시던 따뜻한 미소는 지금도 제 마음속에 생생합니다.

어머니는 글을 많이 배우지는 못하셨지만, 인생의 지혜만큼은 누구보다 깊으셨습니다. "남을 해치지 말고, 자신이 할 일을 묵묵히 하라", "어려운 사람을 보면 못 본 척하지 말라", "정직하게 살면 언젠가는 복이 온다"는 것이 어머니의 가르침이었습니다.

어머니는 어려운 살림에도 늘 넉넉한 마음으로 이웃과 나누셨습니다. 김치를 담그면 이웃집에도 나눠주고, 떡을 하면 동네 아이들에게도 나눠주셨습니다. "나눠 먹으면 더 맛있다"는 것이 어머니의 철학이었습니다. 이런 어머니의 모습을 보며 나는 나눔의 기쁨과 이웃 사랑의 가치를 배웠습니다.

특별한 추모, 합제의 깊은 의미

특별히 기억에 남는 것은 어머니께서 돌아가신 지 3년 후에 아버지의 기일(忌日)에 맞춰 합제(合祭)를 지냈던 일입니다. 이는 단순한 의례를 넘어, 부모님의 사랑과 헌신을 기리는 숭고한 시간이었습니다. 두 분을 함께 기리며 나는 가족의 소중함과 전통의 의미를 다시금 되새길 수 있었습니다.

합제를 준비하는 과정에서 나는 부모님의 일생을 되돌아보게 되었습니다. 각각 다른 가문에서 태어나 하나가 되어 가정을 이루시고, 어려운 시대를 함께 헤쳐나가신 두 분의 사랑 이야기는 그 자체로 감동이었습니다. 일제강점기와 해방, 한국전쟁과 산업화의 격동기를 함께 살아내신 두 분의 인생은 한 편의 대서사시와 같았습니다.

합제상을 차리며 나는 부모님께서 좋아하셨던 음식들을 하나하나 정성스럽게 준비했습니다. 어머니께서 즐겨 드시던 나물, 아버지께서 좋아하셨던 과일들을 올리며 그분들과의 추억을 되새겼습니다. 이제 저세상에서도 함께 계실 두 분을 생각하며, 나는 그분들의 뜻을 이어받아 더욱 성실하게 살아가야겠다는 다짐을 하게 되었습니다.

아내, 인생의 동반자

그리고 제 곁을 묵묵히 지켜준 아내, 신외경(申外慶) 여사는 나의 가장 가까운 동반자이자 삶의 가장 큰 선물이었습니다. 평산신씨(平山申氏) 가문의 따님으로, 아호는 신사임당(申師任堂), 택호는 문경댁이셨습니다. 병술년(丙戌生) 음력 12월 29일에 태어나신 그녀와 함께한 시간은 나의 삶을 더욱 풍요롭고 의미 있게 만들어주었습니다.

아내와의 만남은 운명적이었습니다. 처음 만났을 때부터 마음이 통했고, 대화를 나누면서 서로의 가치관이 비슷하다는 것을 알 수 있었습니다. 무엇보다 가족을 소중히 여기고, 정직하게 살고자 하는 마음이 같았습니다. 결혼 후에도 아내는 늘 나의 든든한 후원자였습니다.

[사진 47 아내와의 출장여행 중]

아내는 언제나 나의 가장 큰 지지자였고, 힘든 순간에는 든든한 버팀목이 되어주었습니다. 공직 생활이 힘들 때도, 사업이 어려울 때도, 아내는 한 번도 불평하지 않고 묵묵히 제 곁을 지켜주었습니다. 말없이 건네는 따뜻한 미소와 격려의 말은 그 어떤 어려움도 이겨낼 힘을 주었습니다.

결혼 생활, 서로를 성장시키는 여정

[사진 48 1968년12월30일 결혼사진]

결혼 생활은 단순히 함께 사는 것이 아니라, 서로를 이해하고 성장시켜가는 과정이었습니다. 아내와 나는 성격도 다르고 관심사도 달랐지만, 그런 차이점들이 오히려 서로를 보완해주었습니다. 나는 다소 급한 성격이었는데, 아내의 차분함이 나를 안정시켜주었습니다. 반대로 나의 적극성이 아내에게는 활력을 불어넣어주었습니다.

함께 집을 일구고, 아이들을 키우며 우리는 수많은 희로애락을 함께했습니다. 경제적으로 어려웠던 초기에는 서로 위로하며 버텨냈고, 조금씩 생활이 나아지면서는 그 기쁨을 함께 나눴습니다. 아이들이 아플 때는 함께 밤을 새우며 간병했고, 아이들의 성장을 지켜보며 부모로서의 기쁨과 보람을 함께 느꼈습니다.

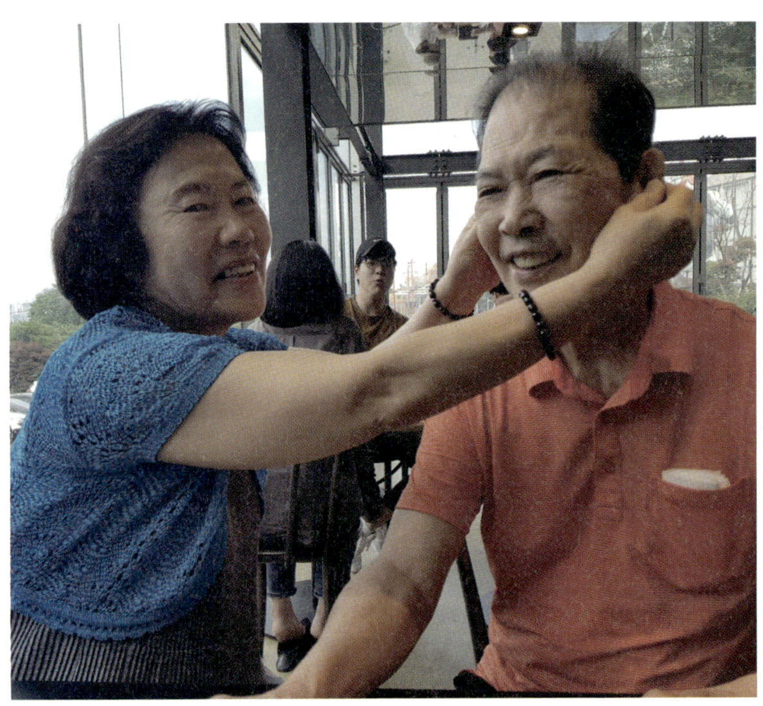

[사진 49 아내와의 일상 중 1]

자녀들, 미래에 대한 희망

아이들의 성장 과정을 지켜보며 부모로서의 기쁨과 책임감을 동시에 느꼈습니다. 때로는 엄하게, 때로는 너그럽게 아이들이 세상의 빛과 소금이 되기를 바라며 정성을 다해 키웠습니다. 교육만큼은 절대 소홀히 하지 않았고, 아이들이 자신의 꿈을 찾아 나아갈 수 있도록 최대한 지원해주었습니다.

아이들에게는 공부도 중요하지만 인성 교육을 더욱 중시했습니다. "사람이 먼저다"라는 생각으로, 아이들이 정직하고 성실하며 남을 배려하는 사람으로 자라기를 바랐습니다. 때로는 훈육도 필요했지만, 무엇보다 부모의 행동으로 모범을 보이려고 노력했습니다.

이제 아이들은 어엿한 성인이 되어 각자의 삶을 살아가고 있으며, 나는 그들의 독립적인 모습에서 또 다른 보람을 느낍니다. 아이들이 각자의 분야에서 열심히 일하고, 자신만의 가정을 꾸려가는 모습을 보면 뿌듯합니다. 비록 물려줄 큰 재산은 없지만, 정직하게 살아가는 방법과 성실한 삶의 자세만큼은 제대로 전해준 것 같아 다행입니다.

손주들, 새로운 기쁨의 원천

그리고 이제는 사랑스러운 손주들의 웃음소리가 우리 집을 가득 채웁니다. 할아버지라는 이름으로 손주들과 함께 시간을 보내는 것은 제 삶의 또 다른 즐거움이자 행복입니다. 손주들의 천진난만한 모습은 제 젊은 시절을 떠올리게 하고, 새로운 활력을 불어넣어 줍니다.

손주들과 함께 놀아주고, 이야기를 들려주며, 전통 문화를 가르쳐주는 시간들은 정말 소중합니다. 아이들이 "할아버지, 옛날에는 어떻게 살았어요?"라고 물으면, 나는 기꺼이 제 어린 시절과 젊은 시절의 이야기들을 들려줍니다. 전쟁의 아픔, 가난했지만 희망이 있었던 시절, 그리고 열심히 일하며 살아온 이야기들을 통해 손주들에게 삶의 소중함을 전해주고 싶습니다.

가족의 의미, 삶의 완성

가족은 나에게 단순한 혈연 공동체를 넘어, 삶의 의미를 깨닫게 해준 가장 소중한 존재였습니다. 그들의 사랑과 믿음이 없었다면 나는 결코 지금의 나로 완성될 수 없었을 것입니다. 가족이 있었기에 어떤 어려움도 이겨낼 수 있었고, 가족을 위해 더 열심히 살아갈 동력을 얻을 수 있었습니다.

가족과 함께한 소소한 일상들이 인생의 가장 소중한 보물이었습니다. 함께 둘러앉아 식사를 하며 나누는 대화, 명절에 모여 조상께 차례를 지내는 시간, 아이들의 생일을 축하하며 함께 웃던 순간들. 이런 평범해 보이는 일상들이 모여 인생의 가장 아름다운 추억이 되었습니다.

삶의 가장 아름다운 배경에는 언제나 가족이 있었습니다. 그들과 함께 웃고 울며 쌓아온 시간들이 나의 삶을 더욱 단단하고 풍요롭게 만들었습니다. 나의 이야기는 가족이라는 이름 안에서 비로소 완전한 그림을 이룹니다.

[사진 50 가족사진1]

[사진 51 가족사진2]

가족은 나에게 삶의 원동력이자 최종 목적지였습니다. 무엇을 위해 열심히 살아야 하는가에 대한 답을 가족에게서 찾을 수 있었고, 어떻게 살아야 하는가에 대한 지침도 가족을 통해 배울 수 있었습니다. 나의 모든 노력과 성취는 결국 가족의 행복을 위한 것이었고, 가족의 사랑 덕분에 가능한 것이었습니다.

10장

병상 위에서 완성한 또 하나의 생애

-파킨슨병과 20년을 동행하며

나는 지난 20여 년간 파킨슨병이라는 잔혹한 병마와 힘겨운 싸움을 이어갔습니다. 나의 육신은 서서히 굳어갔고, 움직임은 제한되었으며, 세상과의 물리적 소통은 점차 어려워졌습니다. 하지만 역설적이게도, 나의 삶은 단순한 고통과 상실의 나날로만 기록되지 않았습니다. 육체의 쇠약함이 깊어질수록 제 내면은 더욱 깊고 넓게 확장되었으며, 침묵 속에서 삶의 본질과 인간 존재의 의미를 더욱 깊이 통찰하게 되었습니다.

병실은 이제 단순한 회복 공간이 아닌, 고독하지만 평화로운 '작은 수도원'처럼 변모했습니다. 아침이면 창가로 스며드는 햇살을 받으며 하루를 시작하는 제 모습에는 종교적 경건함마저 서려 있었습니다. 나의 매일은 생의 마지막이자, 가장 중요한 영적 수업이 되었고, 움직이지 못하는 불편함은 오히려 깊은 사색과 성찰의 시간을 선물했습니다. 병상에서 바라보는 천장의 무늬 하나하나, 창밖으로 보이는 나무들의 계절 변화, 그리고 가족들의 발걸음 소리까지도 나에게는 삶의 소중한 메시지가 되었습니다. 나는 병상 위에서 또 다른 생애를 완성해나갔습니다.

파킨슨병의 진행은 무자비했습니다. 처음에는 손떨림 정도였던 증상이 점차 온몸으로 번져갔고, 말하기도 어려워졌으며, 결국에는 스스로 움직이는 것조차 불가능해졌습니다. 하지만 나는 이 모든 변화를 담담히 받아들였습니다. 오히려 신체적 제약이 클수록 제 정신적 성숙은 더욱 깊어져 갔습니다. 젊은 시절 수의사로서 농촌 현장을 누비며 보여주었던 그 강인한 의지력이, 이제는 질병과 맞서는 내면의 힘으로 전환되었습니다.

불굴의 의지력

나는 병마의 고통 속에서도 절대 포기하지 않는 의지를 보여주었습니다. 몸은 쇠약해졌지만, 정신만큼은 그 어떤 시련 앞에서도 굴하지 않았습니다. 나는 병상에 누워서도 끊임없이 책을 읽으려 노력했고, 딸에게 세상 돌아가는 이야기를 물으며 현실과의 끈을 놓지 않았습니다.

"이 병이 나를 완전히 꺾을 순 없을 거야. 비록 몸은 불편해도, 나의 정신만은 살아 있을 거야. 나는 반드시 이 병을 이길 거야. 나 차상근이야"라고 되뇌며 스스로에게, 그리고 딸에게 굳건한 의지를 다졌습니다. 나는 병을 단순히 받아들이는 것을 넘어, 병과 싸우고 이겨내려는 강인한 정신력을 불태웠습니다

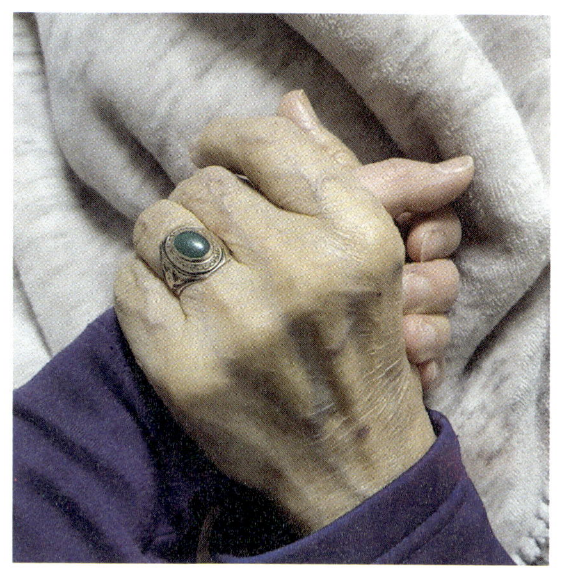

[사진 52 딸과의 굳은다짐]

어떤 날에는 손이 떨리는 가운데서도 펜을 쥐고 글씨를 쓰려 애썼습니다. 비록 삐뚤빼뚤하고 읽기 어려웠지만, 그 한 글자 한 글자에는 삶에 대한 의지와 가족에 대한 사랑이 고스란히 담겨 있었습니다. 딸은 그런 나의 모습을 보며 때로는 안타까워했지만, 동시에 깊은 존경심을 느꼈습니다.

삶의 기록에 대한 간절한 부탁

또 다른 어느 날, 나는 딸의 손을 따스하게 잡으며 간곡히 부탁했습니다. "내 이야기를… 책으로 남겨주지 않겠니? 내 삶을 그냥 흘려보내기에는 아깝지 않겠니." 이 부탁은 단순한 기록을 넘어섰습니다. 그것은 아버지로서 딸에게 남긴 마지막 유산이자, 한 개인의 삶이 지닌 가치에 대한 깊은 당부였습니다.

나의 삶이 헛되지 않았음을 딸을 통해 증명받고 싶었던 나의 간절한 소망이었습니다. 나는 내가 살아온 시간들이 단순히 개인적인 경험에 그치는 것이 아니라, 후세에 전해질 만한 가치가 있다고 믿었습니다. 농촌 발전을 위해 헌신했던 시간, 수의사로서 현장을 누비며 가축들과 농민들을 위해 노력했던 열정, 그리고 무엇보다 가족을 사랑하고 지켜온 평범하지만 위대한 삶의 궤적들이 모두 기록될 가치가 있다고 여겼습니다.

딸은 나의 진심이 담긴 부탁에 눈물을 머금은 채 고개를 끄덕였습니다. 그날부터 딸과의 대화는 단순한 추억의 교환이 아닌 소중한 역사적 기록이자 문학적 서사의 시작이 되었습니다. 딸은 나의 삶이 결코 잊혀서는 안 될 소중한 이야기임을 직감했고, 그 책임감을 기꺼이 받아들였습니다. 이는 단순한 효도를 넘어, 한 인간의 삶을 기리는 숭고한 작업의 서막이었습니다.

병상에서의 대화, 그리고 마지막 나눔

딸이 묻고 내가 희미해지는 기억을 더듬어 대답한 이야기들. 그 속에는 농촌의 새벽을 가득 채우던 흙냄새와 풀 내음, 이른 아침 축사에서 구슬땀을 흘리며 가축을 돌보던 풋풋한 수의 청년 시절의 뜨거운 열정, 공직자로서 밤늦도록 지역 사회의 발전과 농민들의 삶을 위해 고뇌하던 시간들, 전염병 현장을 누비며 새로운 변화를 이끌었던 나의 열정적인 발자국들, 그리고 '가족'이라는 이름으로 지켜온 평생의 사랑과 헌신이 고스란히 담겨 있었습니다.

특히 내가 들려준 1970년대 구제역 파동 당시의 이야기는 생생했습니다. 밤새워 가축들을 돌보며, 농민들과 함께 울고 웃었던 그 시절의 기억은 비록 몸은 병들었지만 정신만큼은 또렷했던 나의 내면을 보여주었습니다. 나는 단순히 공무원으로서 업무를 수행한 것이 아니라, 진정으로 농민들의 아픔을 자신의 것으로 여기며 함께 해결책을 찾아나갔던 것입니다.

나의 이야기는 한 시대를 살아온 소박하지만 위대한 한 인간의 기록이었습니다. 급속한 산업화와 도시화가 진행되던 시기에 농촌을 지키고 발전시키기 위해 헌신했던 나의 삶은, 그 자체로 한국 현대사의 소중한 한 페이지였습니다.

이 이야기들은 단순한 구술 기록 그 이상이었습니다. 그것은 딸과 내가 함께 완성해낸 한 생애의 깊은 회고이자 진심 어린 유언이었으며, 무엇보다 '기억으로 남은 사랑' 그 자체였습니다. 병상에서의 대화는 단순한 소통을 넘어, 세대를 잇는 정신적 유산으로 승화되었습니다.

딸은 나의 기억을 기록하며 내가 걸어온 길을 이해하게 되었고, 나는 딸에게 나의 삶을 온전히 전함으로써 평화와 안식을 찾았습니다. 이처럼 둘의 대화는 단순한 이야기를 넘어, 삶과 죽음, 사랑과 기억이 교차하는 숭고한 의식과도 같았습니다.

11장

삶은, 기록보다 더 찬란하다

펜을 내려놓으며

이제 펜을 내려놓을 시간입니다. 지난 삶을 되돌아보니, 한 줄의 기록으로는 담을 수 없는 수많은 순간과 감정들이 파노라마처럼 스쳐 지나갑니다. '화려했던 내 인생을 뒤돌아보며'라는 제목으로 시작된 나의 이야기는, 사실 화려함보다는 묵묵한 성실함과 꾸준한 봉사로 채워진 시간들이었습니다.

80여 년의 세월 동안 정말 많은 일들이 있었습니다. 기쁜 일도, 슬픈 일도 있었고 성공과 실패도 겪었습니다. 하지만 그 모든 것이 모여 지금의 나를 만들어냈습니다. 후회하는 일들도 있지만, 그조차 나를 성장시킨 소중한 경험이었다고 생각합니다.

고향에서 시작된 여정

꽃 피는 산골 고향에서 시작된 나의 여정은 배움과 군 복무, 수의사로서의 헌신, 공무원으로서의 봉사, 그리고 지역 사회 활동과 끊임없는 배움으로 이어졌습니다. 이 모든 순간들이 모여 지금의 나를 이루었습니다. 각각의 경험들은 독립적인 것이 아니라 서로 연결되어 있었고, 하나하나가 다음 단계를 준비하는 밑바탕이 되었습니다.

어린 시절 자모동에서 뛰놀던 기억이 공동체 의식의 기초가 되었고, 농림고등학교에서 배운 축산 지식이 평생의 전문 분야가 되었습니다. 군대에서 배운 책임감과 규율이 공직 생활의 바탕이 되었고, 새마을운동과 정치 활동을 통해 더 넓은 시야를 갖게 되었습니다.

인생의 연대기가 아닌 의미의 발견

삶은 단순한 연대기적 사건의 나열이 아닙니다. 그것은 수많은 선택과 그로 인한 결과들이 얽히고설킨 복잡한 실타래와 같습니다. 때로는 예기치 못한 어려움에 부딪혀 좌절하기도 했고, 때로는 작은 성공에도 감사하며 기쁨을 나누었습니다. 지나온 길을 되짚어보니, 나 혼자만의 노력으로 이루어진 것은 아무것도 없음을 깨닫습니다.

각각의 순간에서 내린 선택들이 모여 인생의 방향을 결정했습니다. 때로는 쉬운 길과 어려운 길 사이에서 고민했고, 때로는 개인의 이익과 공동체의 이익 사이에서 갈등했습니다. 하지만 대부분의 경우 옳다고 생각하는 길을 선택하려고 노력했습니다. 그 선택들이 항상 최선이었는지는 확신할 수 없지만, 최선을 다해 고민하고 결정했다는 것만은 분명합니다.

감사의 마음, 혼자서는 불가능했던 여정

나를 사랑으로 보듬어주신 부모님, 묵묵히 곁을 지켜준 아내, 그리고 나의 길을 함께 걸어준 수많은 동료와 지인들 덕분에 나는 이 자리까지 올 수 있었습니다. 그들에게 진심으로 감사드립니다. 특히 부모님께서 어려운 형편에도 불구하고 교육의 기회를 제공해주신 것, 아내가 평생을 함께하며 지지해준 것, 동료들이 함께 일하며 도움을 준 것들이 모두 소중한 인연이었습니다.

[사진 53 아내와의 일상 중 2]

또한 나를 믿고 맡겨주신 지역 주민들과 농민들에게도 깊은 감사를 드립니다. 그들의 신뢰가 있었기에 내가 할 수 있는 일들이 있었고, 그들의 격려가 있었기에 어려운 순간들을 이겨낼 수 있었습니다. 공무원으로서, 수의사로서, 그리고 지역 사회 일원으로서 받은 신뢰와 사랑은 평생 잊을 수 없는 소중한 선물이었습니다.

진심과 삶의 태도

이 책은 나의 모든 것을 담아내지 못했을 것입니다. 하지만 그 속에 담긴 나의 진심과 삶의 태도는 오롯이 전해지기를 바랍니다. 나는 늘 나의 자리에서 최선을 다하고자 노력했고, 받은 사랑을 사회에 되돌려주고자 애썼습니다. 작은 일이라도 소홀히 하지 않고, 맡은 바 역할에 충실하고자 했습니다.

완벽한 사람은 아니었지만, 적어도 정직하게 살려고 노력했습니다. 개인의 이익보다는 공동체의 이익을, 쉬운 길보다는 옳은 길을 선택하려고 했습니다. 때로는 손해를 보는 일이 있어도 원칙을 지키려고 했고, 때로는 어려움을 겪더라도 약속을 지키려고 했습니다

부족함보다 감사함

때로는 부족함도 있었겠지만, 후회보다는 감사함이 더 큽니다. 이 세상에 태어나 좋은 부모님을 만나고, 사랑하는 가족과 함께 살며, 의미 있는 일을 하며 살 수 있었던 것만으로도 충분히 행복한 인생이었습니다. 비록 큰 부를 축적하지는 못했지만, 마음의 평안과 삶의 보람은 충분히 얻었다고 생각합니다.

특히 다른 사람들에게 도움이 되는 일을 할 수 있었던 것이 가장 큰 보람이었습니다. 농민들의 가축을 치료하여 그들의 생계에 도움을 주었고, 공무원으로서 지역 발전에 기여했으며, 새마을운동을 통해 마을의 변화를 이끌었습니다. 이런 일들이 비록 작은 것들이었지만, 누군가에게는 의미 있는 도움이 되었다고 생각합니다.

다음 세대에게 전하는 메시지

나는 차상근이라는 이름으로 이 세상에 존재했고, 나의 발자국은 누군가에게 작은 울림이 되기를 바랍니다. 어쩌면 나의 삶은 거창한 업적보다는, 평범한 일상 속에서 발견할 수 있는 진실한 가치들로 채워져 있을지 모릅니다. 성실함, 책임감, 그리고 타인에 대한 배려와 사랑. 이러한 가치들이 모여 나의 삶을 빛나게 했다고 믿습니다.

다음 세대에게 전하고 싶은 말이 있다면, 무엇보다 정직하게 살라는 것입니다. 비록 당장은 손해를 보는 것 같아도, 정직함은 결국 자신에게 돌아옵니다. 또한 배움을 게을리하지 말라는 것입니다. 세상은 빠르게 변하고 있지만, 끊임없이 배우고 성장하려는 자세만 있으면 어떤 변화도 두렵지 않습니다.

그리고 가족과 이웃을 소중히 여기라는 것입니다. 아무리 성공해도 가족이 없으면 의미가 없고, 아무리 부유해도 이웃과 나누지 않으면 진정한 행복을 느낄 수 없습니다. 함께 살아가는 삶의 소중함을 잊지 말기를 바랍니다.

기록을 넘어선 삶의 찬란함

삶은 단순한 기록을 넘어, 살아낸 시간 그 자체가 가장 찬란한 이야기임을 깨닫습니다. 나의 이야기가 끝나는 곳에서, 또 다른 누군가의 이야기가 시작되기를 바라며, 나는 이 펜을 고이 놓습니다. 나의 삶이 누군가에게는 작은 위로가 되고, 희망이 되며, '아름다운 생을 살다 간 이'로 기억되기를 소망합니다.

80여 년의 세월 동안 경험한 모든 순간들이 소중했습니다. 기쁨도 슬픔도, 성공도 실패도, 만남도 이별도 모두 제 인생의 일부였고, 그 모든 것들이 모여 지금의 나를 만들어냈습니다. 이제는 다음 세대가 더 나은 세상을 만들어가기를 바라며, 나의 작은 경험과 지혜가 그들에게 조금이나마 도움이 되기를 희망합니다.

모든 순간에 감사하며, 이제는 다음 세대에게 나의 이야기를 물려주고자 합니다. 나의 삶이 한 권의 책으로 정리되는 이 순간, 나는 정말로 의미 있는 인생을 살았다는 뿌듯함을 느낍니다. 삶은 정말로 기록보다 더 찬란했습니다.

12장

딸의 기억속에 살아 숨쉬는 아버지
- '나, 돌리도~'의 의미

병실 창밖으로 봄 바람이 따스하게 불던 밤이었습니다. 폐렴으로 입원하신 첫날, 산소호흡기에 의지하신 아버지께서는 힘겹게 한마디를 되뇌셨습니다.

"나… 돌리도."

그 말씀에 나는 병상 곁에 앉아 조용히 되물었습니다.

"아버지… 어디로요?"

하지만 아버지께서는 답이 없으셨습니다. 그저 눈을 감은 채, 마치 긴 여정의 초입에 선 사람처럼, 되돌아가고 싶은 무언가를 마음속에 품고 계신 듯했습니다.

아버지께서는 평생을 수의사이자 공수의로 살아오셨습니다. 이른 아침부터 해 질 녘까지 소와 돼지를 돌보시고, 가축전염병이 돌면 누구보다 먼저 방역복을 입고 마을로 달려가셨습니다. 폭설이 쏟아지던 날에도, 비바람이 몰아치던 날에도 진료 가방 하나 들고 축사로 향하시던 뒷모습은 제게 늘 한 폭의 풍경화처럼 아련하게 남아 있습니다. 그렇게 평생을 쉼 없이 달려오시던 아버지께서 오랜 병석 끝에 결국 폐렴으로 병원에 실려 오신 그날, 나는 처음으로 늘 당당하시고 의지가 굳으신 아버지에게서 두려움을 보게 되었습니다.

아버지께서는 당신이 평생 몸 담았던 지역사회를 그 누구보다 사랑하셨습니다. "내가 해온 건 별거 없다. 그냥 내가 할 수 있는 걸 했을 뿐이야"라고 늘 겸손하게 말씀하셨지만, 나는 압니다. 그 조용한 헌신과 성실이 얼마나 많은 이들에게 따뜻한 울타리가 되어주었는지를.

그런 아버지께서 지금, 인생의 끝자락에서 조용히 읊조리시는 말씀.

"나, 돌리도~"

문득 아버지의 청춘이 떠올랐습니다. 수의과 대학시절, 젊은의지를 가득 안고 처음 소를 진료하러 가셨을 때의 설렘, 가축들을 하나하나 살펴보며 마음을 쏟던 시골 진료소의 아침, 혹은 마을 회관에서 이웃들과 나누던 온기 어린 웃음소리들. 어쩌면 아버지께서는 그 시간으로 돌아가고 싶으셨던 건 아닐까요. 당신의 존재가 분명했고, 손으로 만진 모든 것들이 생생하게 살아 있던 그 시절로.

나는 조심스레 여쭈었습니다.

"아버지… 인생이 후회되세요?"

아버지께서는 대답 대신 눈꺼풀을 가볍게 떨고는 다시 같은 말만

속삭이셨습니다.

"나… 돌리도~, 나 돌리도~

그날 나는 처음으로 알았습니다. 누구에게나 돌아가고 싶은 한 시절이 있다는 것을. 그리고 그 시절은 반드시 찬란하거나 눈부시지만은 않아도, 그 사람의 삶을

지탱했던 단단한 뿌리였다는 것을.

나는 아버지의 손을 꼭 잡고 속으로 대답했습니다.

"아버지, 아버지 그 시절의 그 곳, 지금 제 마음속에도 있어요. 그 시절이 참 그립지만 아버지께선 늘 최선을 다하셨다는 걸 나는 압니다"

창밖의 해질녘은 어느새 깊어지고, 병실에는 고요한 온기가 감돌았습니다.

그날 밤

나는, 아버지와 함께 마음속으로 오래전 그 들녘으로 조용히, 아주 천천히 걸어가고 있었습니다.

이렇게 차상근의 이야기는 완성되었습니다. 이 책은 한 개인의 삶을 통해 대한민국 근현대사의 한 단면을 엿볼 수 있는 소중한 기록이자, 평범하지만 성실한 삶의 가치를 일깨워주는 이야기입니다. 그의 삶은 화려하지 않았을지 모르지만, 진실함과 성실함으로 가득했고, 그것이야말로 진정한 삶의 아름다움이었습니다.

차상근의 인생은 격동의 한국 현대사와 궤를 같이합니다. 일제강점기의 암울함, 해방의 기쁨, 한국전쟁의 참혹함, 산업화의 역동성, 그리고 민주화의 열망까지. 그는 단순한 구경꾼이 아니라 그 모든 변화의 한복판에서 묵묵히 자신의 역할을 해낸 진정한 역사의 증인이었습니다.

차상근의 삶에서 가장 인상적인 것은 그의 평범함입니다. 그는 권력을 추구하지도, 부를 축적하지도, 명성을 탐하지도 않았습니다. 대신 자신에게 주어진 자리에서 최선을 다했고, 가족을 사랑했으며, 이웃과 더불어 살아갔습니다. 이러한 평범함이야말로 진정한 위대함의 다른 이름이었습니다.

급변하는 시대 속에서도 차상근이 지켜온 가치들이 있었습니다. 정직, 성실, 가족애, 이웃 사랑, 그리고 전통에 대한 존중. 이 가치들은 시대가 바뀌어도 변하지 않는 인간의 본질적 덕목들이었습니다.

특히 그가 보여준 교육에 대한 철학은 깊은 울림을 줍니다. 단순히 지식을 전달하는 것을 넘어 삶의 지혜를 나누고, 인격을 도야하며, 미래에 대한 희망을 심어주는 것이 진정한 교육이라고 믿었던 그의 신념은 오늘날에도 여전히 유효합니다.

차상근의 인생에서 가장 중요한 키워드는 단연 '가족'이었습니다. 부모님의 사랑으로 시작된 그의 인생은 제자였던 아내와의 만남으로 새로운 전기를 맞았고, 네 자녀의 탄생과 성장으로 완성되었으며, 손주들의 웃음소리로 마무리되고 있습니다. 사제지간에서 부부지간으로 발전한 아내와의 인연은 그 자체로 아름다운 사랑 이야기였습니다. 서로를 존중하고 이해하며, 어려움은 함께 극복하고 기쁨은 함께 나누며 살아온 그들의 모습은 진정한 동반자 관계가 무엇인지를 보여주었습니다. 각자 다른 길을 걸어가며 성공하고 있는 네 자녀의 모습에서 우리는 올바른 교육의 결실을 봅니다. 첫째와 둘째 딸들이 각자의 분야에서 능력을 발휘하고, 셋째 아들이 한의사로서 환자를 치료하며, 넷째 아들이 창의적인 사업가로 활동하고 있는 것은 모두 부모의 올바른 가르침의 결과였습니다.

차상근의 삶을 통해 우리는 한국 사회의 급격한 변화 과정을 생생하게 확인할 수 있습니다. 농업 중심 사회에서 산업 사회로, 권위주의 사회에서 민주주의 사회로, 폐쇄적 사회에서 개방적 사회로 변화하는 과정에서 그는 항상 시대의 요구에 발맞춰 자신을 변화시켜왔습니다. 하지만 변화 속에서도 그가 놓지 않은 것들이 있었습니다. 바로 인간에 대한 신뢰, 가족에 대한 사랑, 그리고 미래에 대한 희망이었습니다. 이러한 불변의 가치들이 있었기에 그는 어떤 변화 앞에서도 흔들리지 않을 수 있었습니다.

차상근의 삶이 오늘날 우리에게 전하는 메시지는 분명합니다. 진정한 성공은 개인의 영달에 있는 것이 아니라 가족과 이웃, 그리고 사회와 함께하는 삶에 있다는 것입니다. 화려한 성취보다는 성실한 노력이, 일시적인 명성보다는 지속적인 신뢰가 더 소중하다는 것입니다. 특히 급변하는 현대 사회에서 가족의 소중함이 점점 희미해져 가는 현실에서, 그의 가족 중심적 삶은 우리에게 소중한 교훈을 줍니다. 아무리 바쁜 현대인이라도 가족과 함께하는 시간, 서로를 이해하고 배려하는 마음만큼은 놓지 말아야 한다는 것입니다.

차상근의 이야기를 통해 우리는 평범함의 가치를 재발견하게 됩니다. 모든 사람이 영웅이 될 수는 없고, 모든 사람이 역사에 이름을 남길 수는 없습니다. 하지만 모든 사람은 자신만의 의미 있는 삶을 살 수 있고, 자신만의 아름다운 이야기를 만들어갈 수 있습니다. 차상근의 삶이 바로 그런 평범한 사람들의 위대함을 보여주는 대표적인 사례입니다. 그는 특별한 재능이나 기회를 가진 사람이 아니었습니다. 하지만 주어진 환경에서 최선을 다했고, 자신의 역할에 충실했으며, 사랑하는 사람들을 위해 헌신했습니다. 그리고 그런 삶이야말로 진정으로 아름답고 의미 있는 삶이었습니다.

역사책에 기록되는 사람들은 소수의 영웅들이지만, 실제 역사를 만들어가는 것은 차상근과 같은 평범한 사람들입니다. 그들의 묵묵한 노력과 헌신, 성실한 삶과 따뜻한 사랑이 모여서 우리가 살고 있는 이 사회를 만들어왔습니다. 차상근의 활동, 가정에서의 역할, 그리고 사회 구성원으로서의 책임감 있는 모습들이 바로 그런 것들입니다. 이러한 개인들의 노력이 축적되어 우리나라의 발전이 이루어졌고, 오늘날의 번영이 가능했습니다.

차상근의 이야기를 기록하는 것은 단순히 한 개인의 삶을 보존하는 것 이상의 의미를 갖습니다. 그것은 우리 시대의 보통 사람들이 어떻게 살아왔는지를 기록하는 것이고, 후세에게 진정한 삶의 가치가 무엇인지를 전하는 것입니다. 특히 급속한 변화와 개인주의가 팽배한 현대 사회에서, 차상근과 같은 가족 중심적이고 공동체 지향적인 삶의 모습은 우리가 잃어버린 소중한 가치들을 되돌아보게 해줍니다. 그의 삶은 과거의 향수가 아니라 현재와 미래를 위한 지침이 될 수 있습니다.

차상근이 평생에 걸쳐 추구하고 실천한 가치들은 시대를 초월한 보편적 가치들입니다. 정직, 성실, 가족애, 이웃 사랑, 교육에 대한 열정, 전통에 대한 존중 등은 언제 어디서나 통용되는 인간의 기본 덕목들입니다. 이러한 가치들이 오늘날에도 여전히 유효하고 소중하다는 것을 그의 삶을 통해 확인할 수 있습니다.

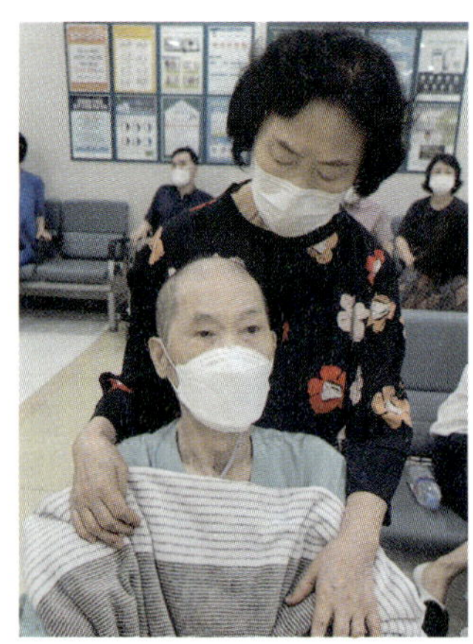

[사진 54 투병중에서]

기술이 발달하고 사회가 복잡해져도, 인간의 본질적 가치들은 변하지 않습니다. 오히려 복잡한 현대 사회일수록 이러한 기본적 가치들이 더욱 중요해집니다.

차상근의 이야기를 마무리하면서, 우리는 한 사람의 성실한 삶이 얼마나 큰 의미를 갖는지를 깨닫게 됩니다. 그의 삶은 웅장하지는 않았지만 견고했고, 화려하지는 않았지만 아름다웠으며, 완벽하지는 않았지만 진실했습니다. 그의 이야기는 끝났지만, 그가 심어놓은 사랑과 가치들은 가족들을 통해 계속 이어질 것입니다. 그리고 이 책을 읽는 모든 이들에게도 작은 울림과 감동을 줄 것입니다. 그것이야말로 차상근이 우리에게 남겨준 가장 소중한 유산이 아닐까요?

차상근 (1939~2024)

평범하지만 위대한 삶, 성실함으로 일궈낸 아름다운 가족사

"진정한 성공은 화려한 성취에 있는 것이 아니라,

사랑하는 사람들과 함께 만들어가는 일상의 행복에 있다."

저자: 차상근(車相根)

편집: 차혁열,차혁수,차선영,차미영

[기타 활동 사진]

[사진 55]

[사진 56]

[사진 57]

[사진 58]

-85年度新.旧会長離就任式
1984.7.6
奉仕의 새世界를 찾자
Discover a New World of Service

[사진 59]

1983.7.5
로타리를나누며-남을위해奉仕하자
SHARE ROTARY - SERVE PEOPLE

[사진 60]

[사진 61]

[사진 62]

[사진 63]

[사진 64]

[사진 65]

[사진 66]

[사진 67]

[사진 68]

[사진 69]

[사진 70]

[사진 71]

[사진 72]

[사진 73]

[사진 74]

[사진 75]

[위촉 및 수료사진]

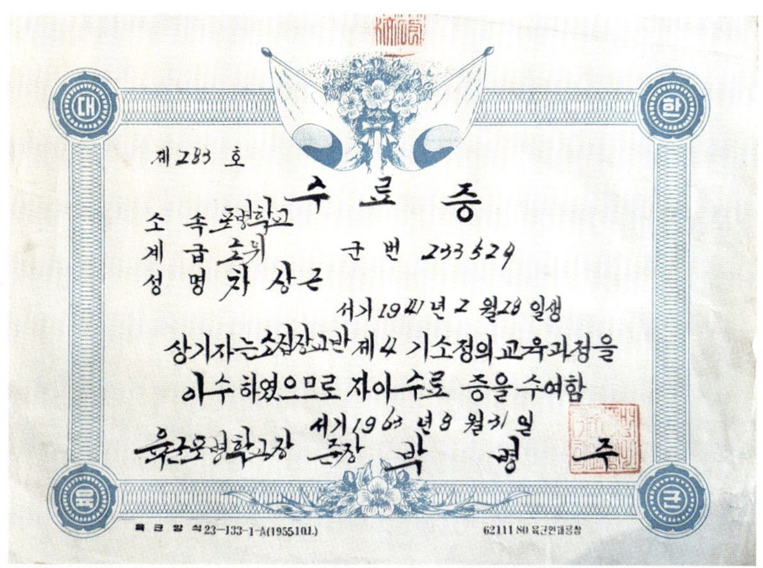

제283호

수료증

소속 보병학교

계급 소위 군번 233529

성명 차상근

서기 1941년 2월 28일생

상기자는 소집장교반 제44기 소정의 교육과정을 이수하였으므로 자에 수료증을 수여함

서기 1964년 8월 31일

육군보병학교장 육군준장 박병주

육군양식 23-133-1-A(1955.10.1.) 62111 80 육군인쇄공창

[사진 76 소집장 수료증]

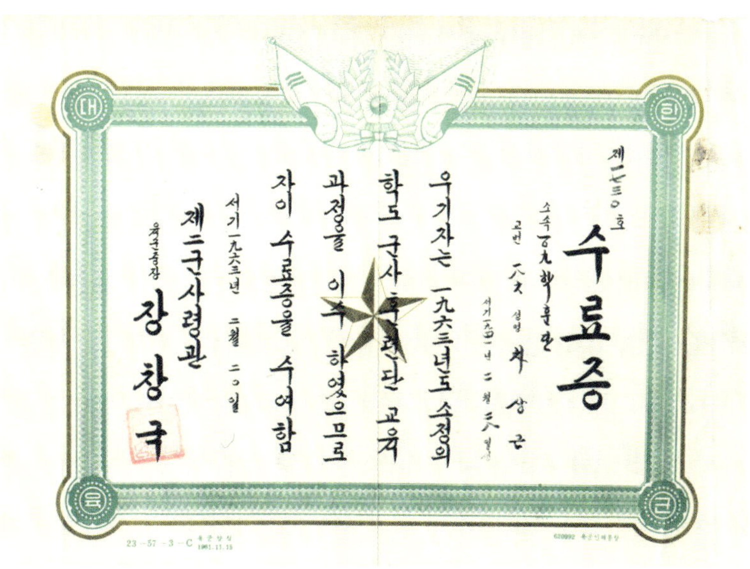

제一七三○호

수료증

성명 차상근

우기자는 一九六三년도 소정의 학도군사훈련단 교육과정을 이수하였으므로 자이 수료증을 수여함

서기 一九六三년 二월 二○일

제二군사령관 육군중장 장창국

23-57-3-C 육군양식 1961.11.15

[사진 77 제2군사령관 수료증]

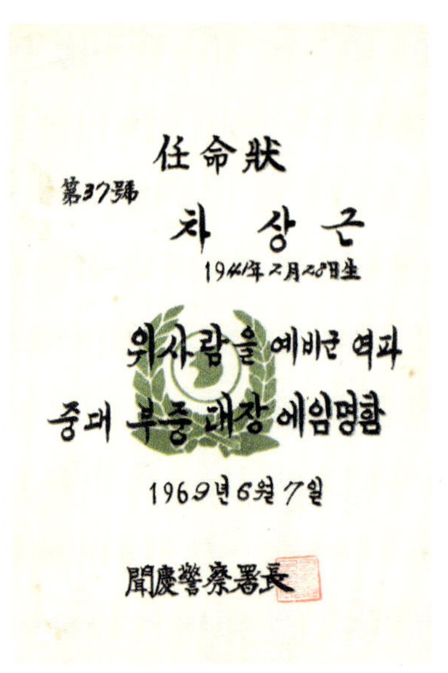
任命狀

第37號

차 상 근

1941年2月28日生

위사람을 예비군 역파 중대 부중대장에임명함

1969년6월7일

聞慶警察署長

[사진 78 '69 역파중대 부중대장 임명장]

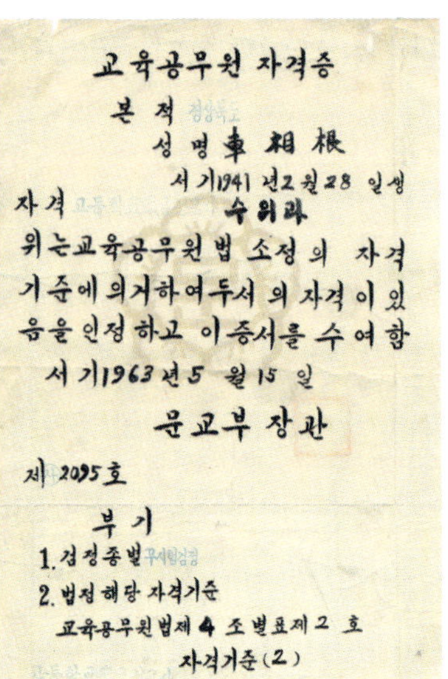
교육공무원 자격증

본 적 경상북도

성 명 車 相 根

서 기1941 년2 월28 일생

자 격 고등 수의과

위는교육공무원법 소정의 자격기준에 의거하여 두서의 자격이 있음을 인정하고 이 증서를 수여함

서 기1963 년5 월15 일

문교부 장관

제 2095 호

부 기

1. 검정종별 무시험검정

2. 법정해당 자격기준

교육공무원법제4 조별표제2 호

자격기준(2)

[사진 79 교육공무원 자격증]

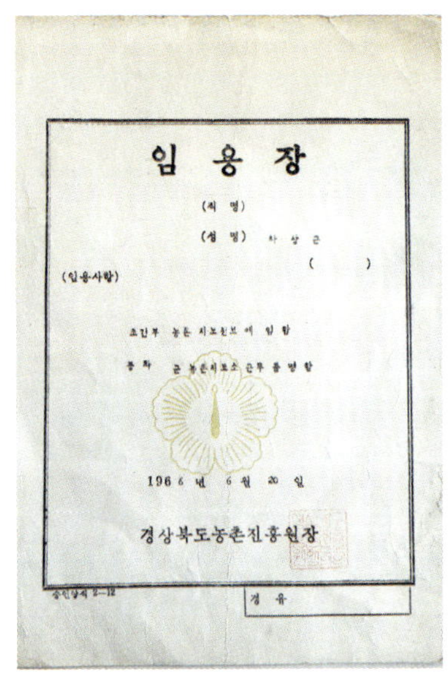
임 용 장

(직 명)

(성 명) 차 상 근

( )

(임용사항)

1966 년 6 월 20 일

경상북도농촌진흥원장

경 유

[사진 80 '66 봉화 농촌지도사 임명장]

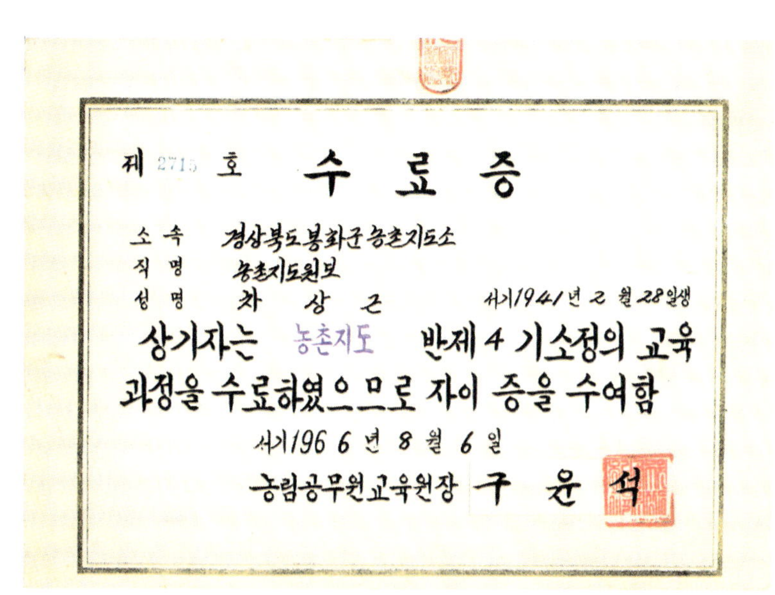

제 2715 호 수 료 증

소 속 경상북도봉화군농촌지도소
직 명 농촌지도원보
성 명 차 상 근 서기1941년 2 월 28일생

상기자는 농촌지도 반제 4 기소정의 교육과정을 수료하였으므로 자이 증을 수여함

서기196 6 년 8 월 6 일

농림공무원교육원장 구 윤 석

[사진 81 '67국가공무원 합격 통지서]

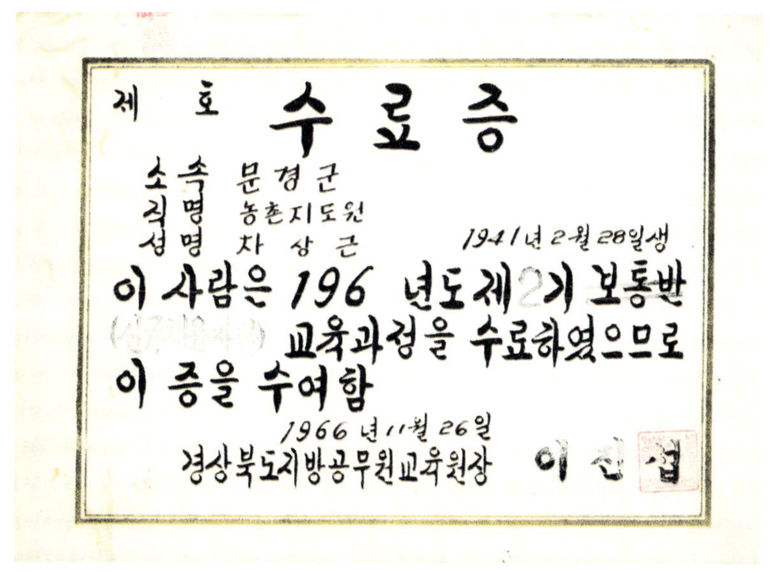

제 호 수 료 증

소속 문경군
직명 농촌지도원
성명 차 상 근 1941년 2월 28일생

이 사람은 196 년도 제2기 보통반 (생활지도사) 교육과정을 수료하였으므로 이 증을 수여함

1966 년 11월 26일

경상북도지방공무원교육원장 이 신 섭

[사진 82 '66 농촌지도교육 수료증]

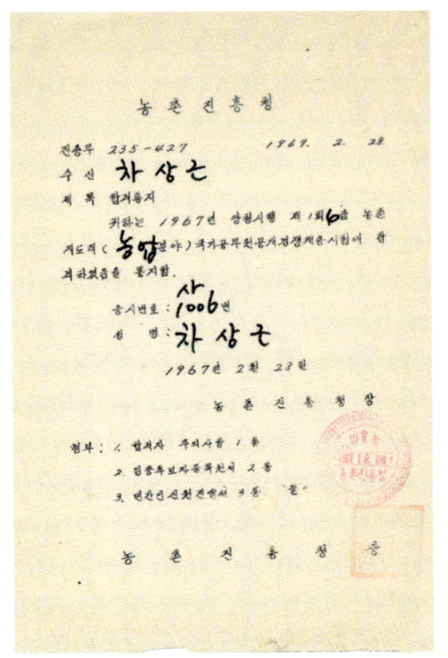

농촌진흥청

진흥무 235-427 1967. 2. 28

수신 차상근

제목 합격통지

귀하는 1967년 상반기 제1회6급 농촌지도직(농업분야) 국가공무원공개경쟁채용시험에 합격하였음을 통지함.

응시번호: 사1006번

성명: 차상근

1967년 2월 23일

농촌진흥청장

첨부: 1. 합격자 주의사항 1통

농촌진흥청

[사진 83 '66 농촌지도 신규채용자반 교육수료증]

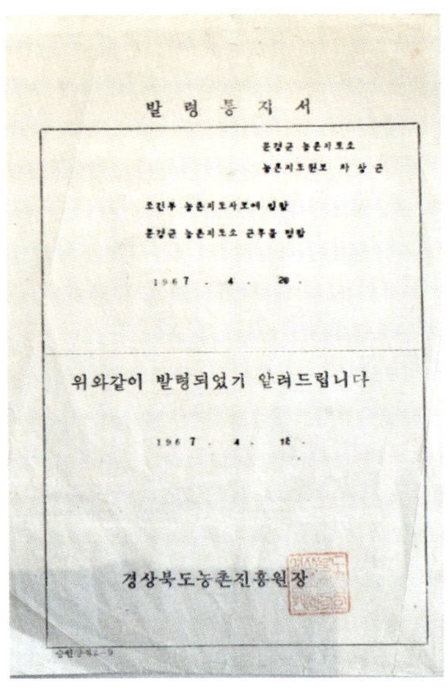

발령통지서

문경군 농촌지도소

농촌지도원보 차상근

조건부 농촌지도사보에 임함

문경군 농촌지도소 근무를 명함

1967. 4. 20.

위와같이 발령되었기 알려드립니다

1967. 4. 18.

경상북도농촌진흥원장

[사진 84 '67 농촌지도소 발령서]

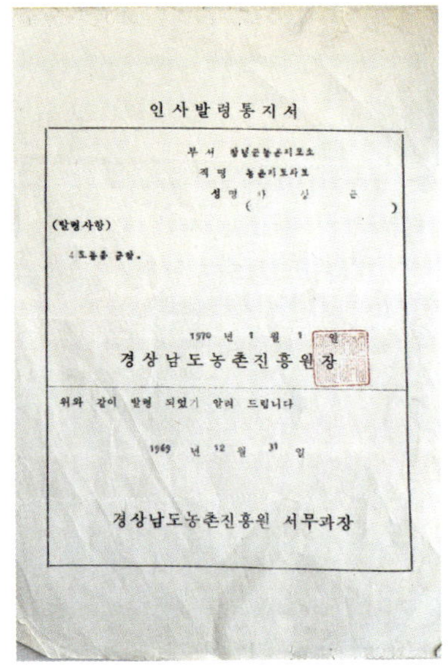

인사발령통지서

부서 창녕군농촌지도소

직명 농촌지도사보

성명 차상근

(발령사항)

4호봉을 급함.

1970년 1월 1일

경상남도농촌진흥원장

위와 같이 발령 되었기 알려 드립니다

1969년 12월 31일

경상남도농촌진흥원 서무과장

[사진 85 '69 창녕 인사 발령서]

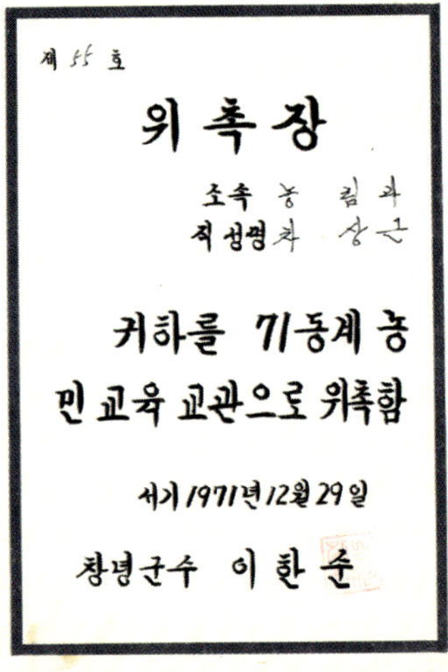

제55호

위촉장

소속 농림과

직성명 차상근

귀하를 71동계 농민교육 교관으로 위촉함

서기1971년12월29일

창녕군수 이한순

[사진 86 '71 농민교육교관 위촉장]

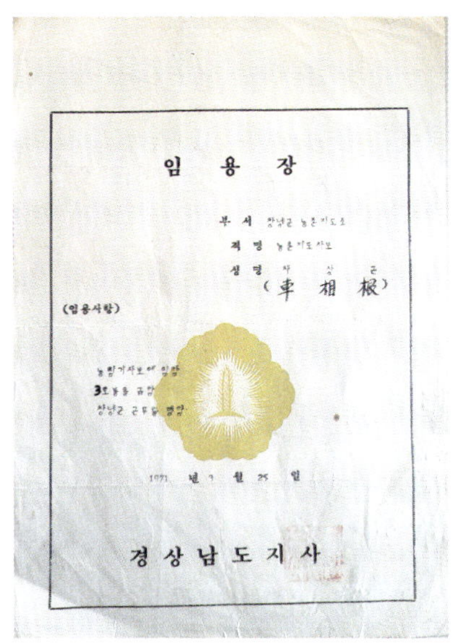

임 용 장

부 서 창녕군 농촌지도소
직 명 농촌지도사보
성 명 차 상 근
(車 相 根)

(임용사항)

농림기사보에 임함
3호봉을 급함
창녕군 근무를 명함

1971 년 7 월 25 일

경 상 남 도 지 사

[사진 87 '71 창녕 농촌지도사보 임용장]

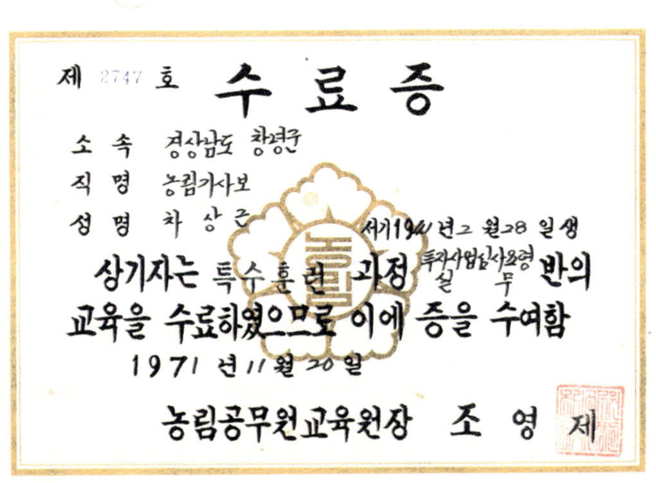

제 2747 호 수 료 증

소 속 경상남도 창녕군
직 명 농림기사보
성 명 차 상 근 서기1941 년 2 월 28 일생

상기자는 특수훈련 과정 투자사업심사요령 실 무 반의 교육을 수료하였으므로 이에 증을 수여함

1971 년 11 월 20 일

농림공무원교육원장 조 영 제

[사진 88 '71 특수훈련 투자사업심사 실무 교육 수료증]

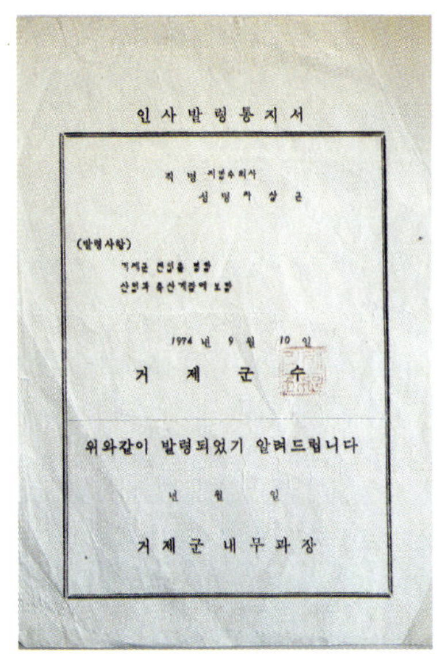

인 사 발 령 통 지 서

직 명 지방수의사
성 명 차 상 근

(발령사항)
거제군 전임을 명함
산업과 축산계장에 보함

1974 년 9 월 10 일
거 제 군 수

위와같이 발령되었기 알려드립니다

년 월 일

거 제 군 내 무 과 장

[사진 89 '74 경남 거제군 인사 발령서]

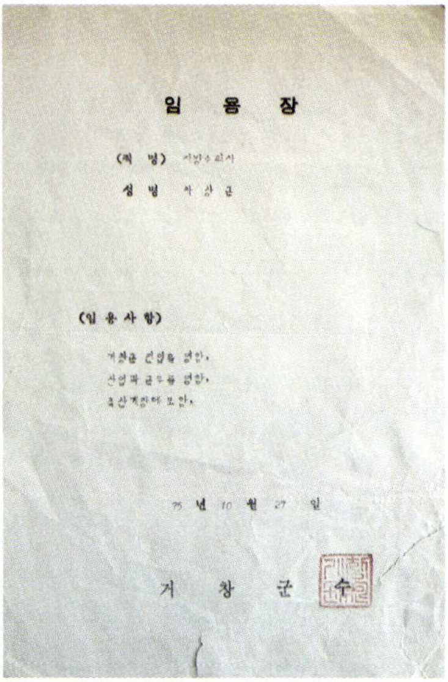

임 용 장

(직 명) 지방수의사
성 명 차 상 근

(임 용 사 항)
거창군 전임을 명함.
산업과 근무를 명함.
축산계장에 보함.

75 년 10 월 27 일

거 창 군 수

[사진 90 거창 축산계장 임명장]

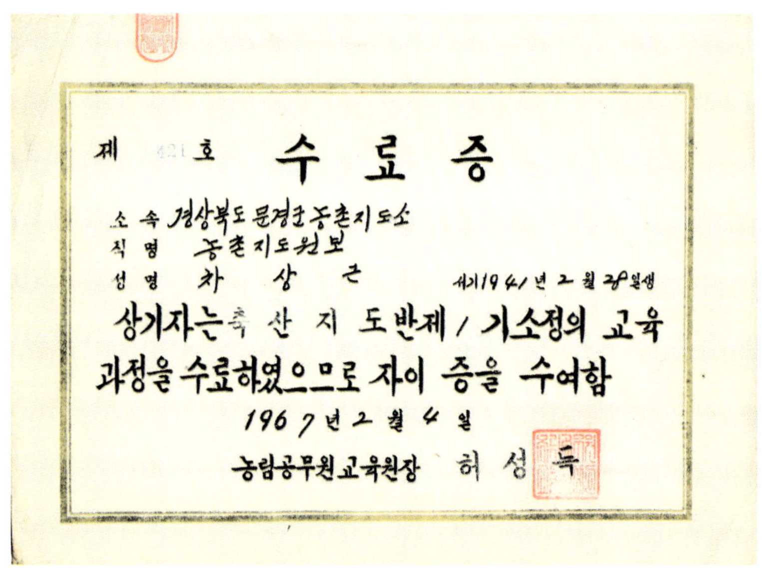

제 421 호 수 료 증

소 속 경상북도 문경군 농촌지도소
직 명 농촌지도원보
성 명 차 상 근 서기1941년 2월 28일생

상기자는 축 산 지 도반 제1기 소정의 교육과정을 수료하였으므로 자이 증을 수여함

1967년 2월 4일

농림공무원교육원장 허 성 득

[사진 91 '67 축산지도 교육반 1기과정 수료증]

제 2694 호

수 료 증

소 속 문경군농촌지도소
직 명 농촌지도사보
성 명 차 상 근 서기1941년 2 월28일생

상기자는 농촌지도(신규) 반 제 1 기 소정의 교육 과정을 수료하였으므로 자이 증을 수여함

1968년 4 월27 일

농림공무원교육원장

[사진 92 '68 농촌지도 신규반 교육과정 수료증]

제 649 호

수 료 증

소 속 경상남도 창녕군 농촌지도소
직 명 농촌지도사보
성 명 차 상 근 서기 1941년 2 월 28일생

상기자는 직 무 훈련과정 축산진흥 반의 훈련과정을 수료하였으므로 이에 증을 수여함

1970 년 6 월 30 일

농림공무원교육원장

[사진 93 '70 축산진흥반 훈련교육 수료증]

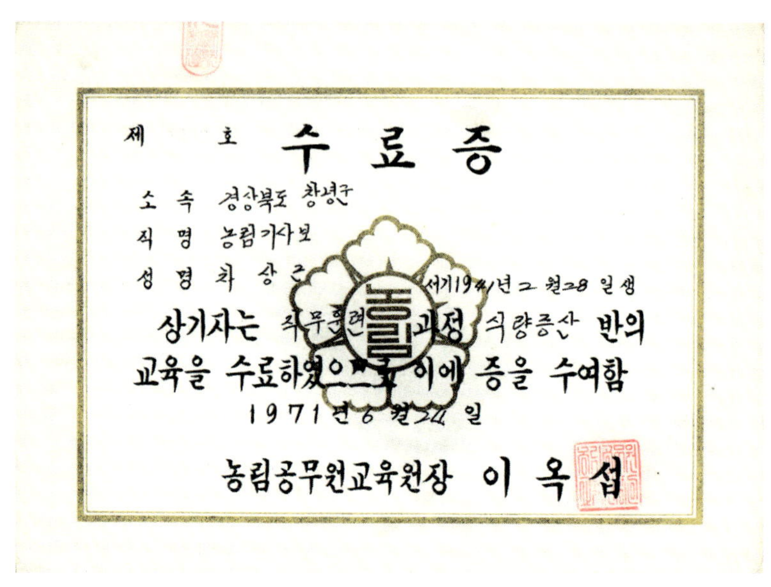

제 호 수료증

소속 경상북도 창녕군

직명 농림기사보

성명 차상근 서기1941년 2월28일생

상기자는 직무훈련과정 식량증산 반의 교육을 수료하였으므로 이에 증을 수여함

1971년 6월 24일

농림공무원교육원장 이옥섭

[사진 94 '71 직무훈련 식량증산반 교육과정 수료]

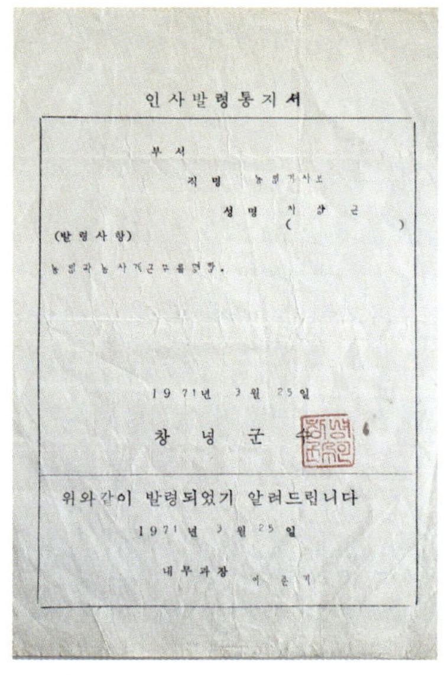

인사발령통지서

부서

직명 농림기사보

성명 차상근 ( )

(발령사항)

농림과 농사계근무를 명함.

1971년 3월 25일

창녕군수

위와같이 발령되었기 알려드립니다

1971년 3월 25일

내무과장

[사진 95 '71 경남 창녕군 인사 발령서]

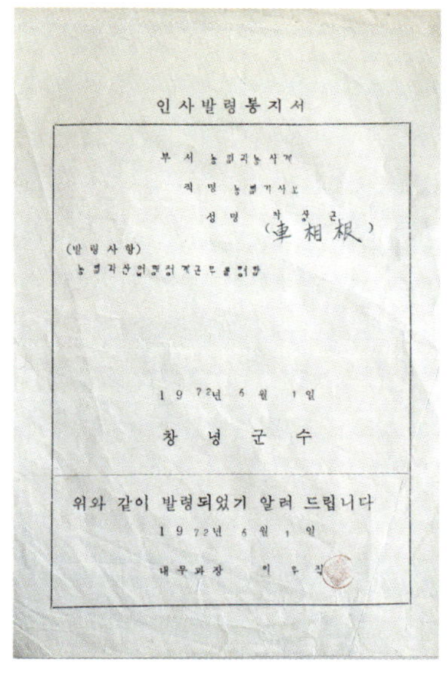

인사발령통지서

부서 농림과농사계

직명 농림기사보

성명 차상근 (車相根)

(발령사항)

농림과 산업행정계근무를 명함

1972년 6월 1일

창녕군수

위와 같이 발령되었기 알려 드립니다

1972년 6월 1일

내무과장

[사진 96 '72 경남 창녕군 인사 발령서

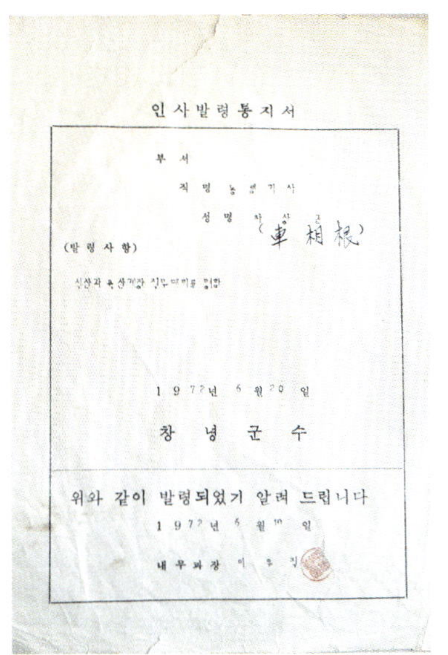

인사발령통지서

부서

직명 [illegible]

성명 차상근 (車相根)

(발령사항)

식산과 축산계장 직무대리를 명함

1972년 6월 20일

창녕군수

위와 같이 발령되었기 알려 드립니다

1972년 6월 10일

내무과장 [illegible]

[사진 97 '72 경남 창녕군 인사 발령서]

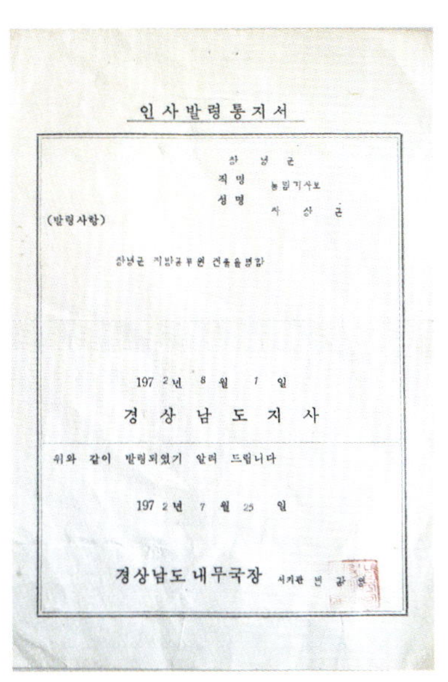

인사발령통지서

창녕군

직명 농림기사보

성명 차상근

(발령사항)

창녕군 지방공무원 전출을 명함

1972년 8월 1일

경상남도지사

위와 같이 발령되었기 알려 드립니다

1972년 7월 25일

경상남도내무국장 서기관 [illegible]

[사진 98 '72 경남 창녕군인사 발령서]

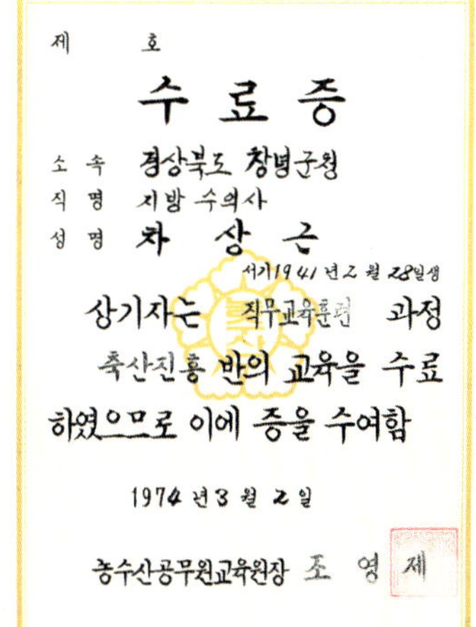

제 호

수료증

소속 경상북도 창녕군청

직명 지방 수의사

성명 차상근

서기1941년2월28일생

상기자는 직무교육훈련 과정 축산진흥 반의 교육을 수료하였으므로 이에 증을 수여함

1974년3월2일

농수산공무원교육원장 조영제

[사진 99 축산진흥반 교육 수료증]

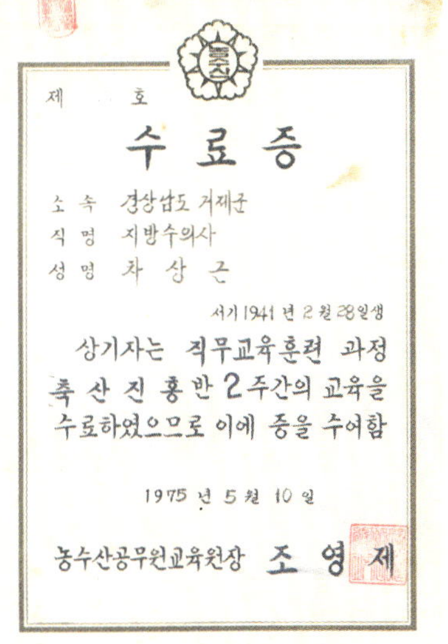

제 호

수료증

소속 경상남도 거제군

직명 지방수의사

성명 차상근

서기1941년2월28일생

상기자는 직무교육훈련 과정 축산진흥반 2주간의 교육을 수료하였으므로 이에 증을 수여함

1975년 5월 10일

농수산공무원교육원장 조영제

[사진 100 '75 축산 진흥반 교육 수료증]

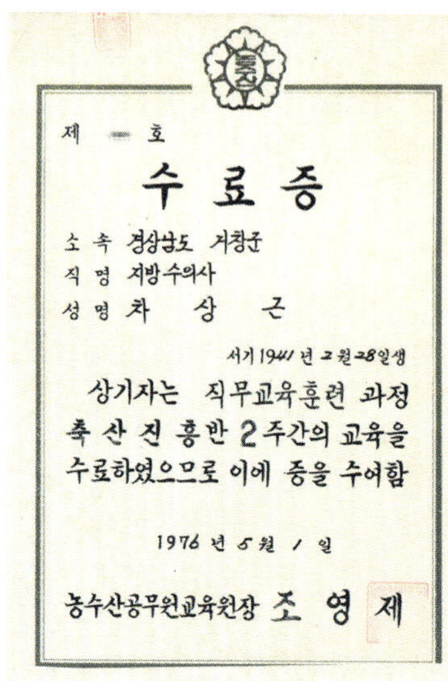

제 一 호

수 료 증

소 속 경상남도 거창군
직 명 지방수의사
성 명 차 상 근

서기 1941 년 2 월 28 일생

상기자는 직무교육훈련 과정 축 산 진 흥반 2 주간의 교육을 수료하였으므로 이에 증을 수여함

1976 년 5 월 1 일

농수산공무원교육원장 조 영 제

[사진 101 '76 축산진흥반 교육 수료증]

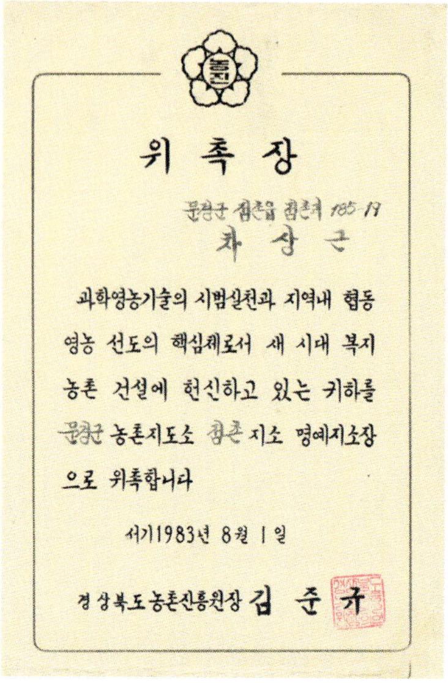

위 촉 장

문경군 점촌읍 점촌리 185-19
차 상 근

과학영농기술의 시범실천과 지역내 협동영농 선도의 핵심체로서 새 시대 복지농촌 건설에 헌신하고 있는 귀하를 문경군 농촌지도소 점촌 지소 명예지소장으로 위촉합니다

서기1983년 8월 1일

경상북도농촌진흥원장 김 준 규

[사진 102 '83 점촌지소 명예지소장 위촉]

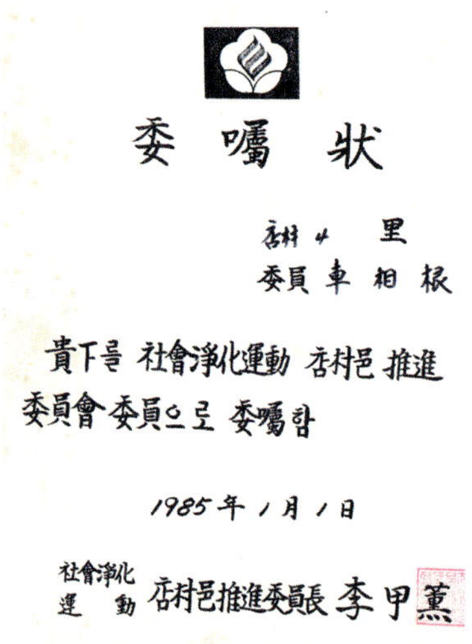

委 囑 狀

店村 4 里
委員 車 相 根

貴下를 社會淨化運動 店村邑 推進委員會 委員으로 委囑함

1985年 1月 1日

社會淨化運動 店村邑推進委員長 李 甲 薰

[사진 103 '85사회정화운동 추진위원 위촉장]

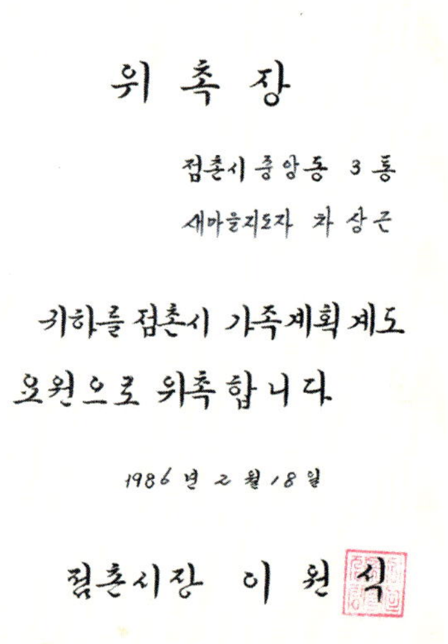

위 촉 장

점촌시 중앙동 3 통
새마을지도자 차 상 근

귀하를 점촌시 가족계획 계도 요원으로 위촉합니다

1986 년 2 월 18 일

점촌시장 이 원 식

[사진 104 '86 가족계획 계도 요원 위촉장]

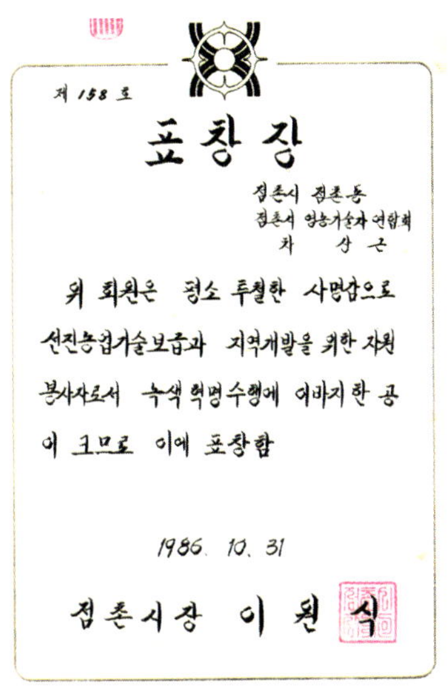

제 158 호

표창장

점촌시 점촌동
점촌시 영농기술자 연합회
차 상 근

위 회원은 평소 투철한 사명감으로 선진농업기술보급과 지역개발을 위한 자원봉사자로서 녹색혁명수행에 이바지한 공이 크므로 이에 표창함

1986. 10. 31

점촌시장 이 원 식

[사진 105 '86 영농기술자 연합회 표창장]

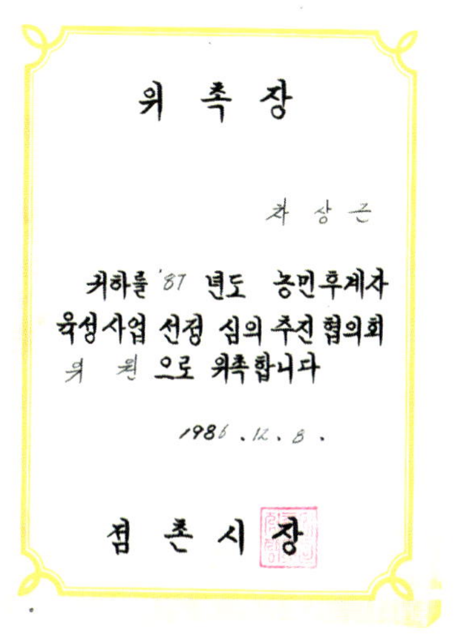

위 촉 장

차 상 근

귀하를 '87 년도 농민후계자 육성사업 선정 심의 추진 협의회 위 원 으로 위촉합니다

1986. 12. 8.

점 촌 시 장

[사진 106 '86 농민후계자 육성사업 심의 위장]

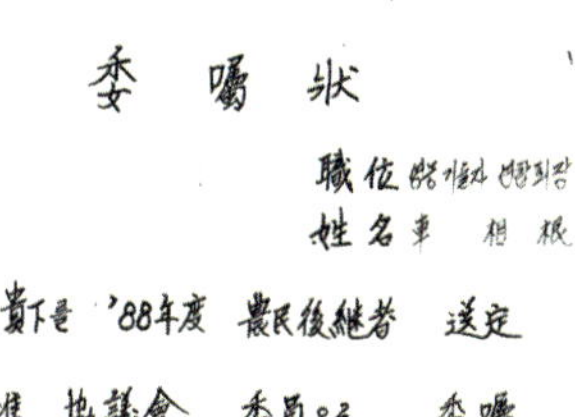

委 囑 狀

職位 영농기술자 연합회장
姓名 車 相 根

貴下를 '88年度 農民後繼者 選定 推進 協議會 委員으로 委囑 합니다.

1987. 12. .

店 村 市 長

[사진 107 '87 농민후계자 선정 추진 위원 위촉장]

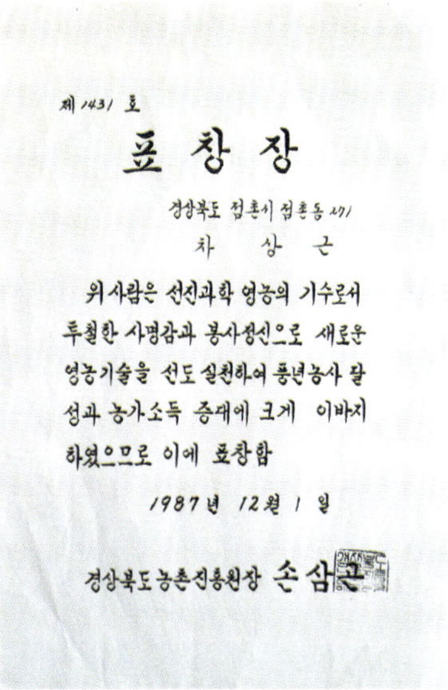

제 1431 호

표 창 장

경상북도 점촌시 점촌동 471
차 상 근

위 사람은 선진과학 영농의 기수로서 투철한 사명감과 봉사정신으로 새로운 영농기술을 선도 실천하여 풍년농사 달성과 농가소득 증대에 크게 이바지 하였으므로 이에 표창함

1987년 12월 1일

경상북도농촌진흥원장 손 삼 근

[사진 108 '87 경북 농촌진흥원장 표창장]

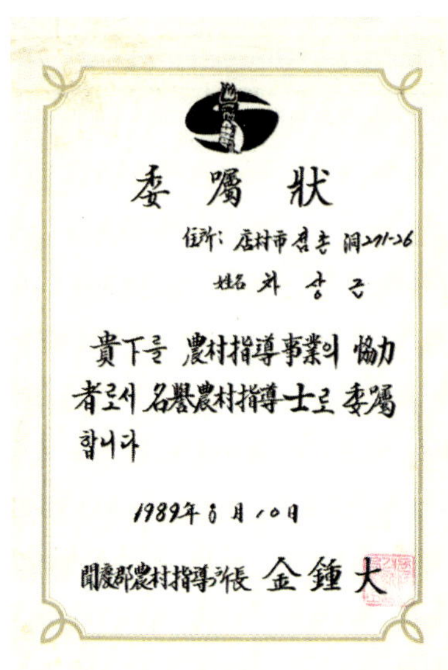

委囑狀

住所: 店村市 점촌 洞 271-26

姓名 차 상 근

貴下를 農村指導事業의 協力者로서 名譽農村指導士로 委囑합니다

1989年 8月 10日

聞慶郡農村指導所長 金鍾大

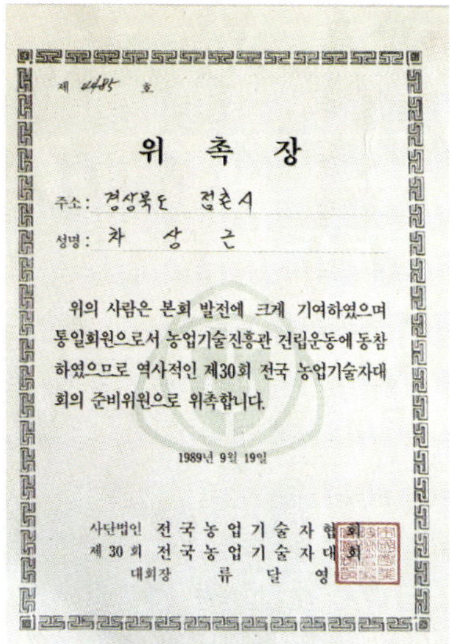

제 4485 호

위 촉 장

주소: 경상북도 점촌시

성명: 차 상 근

위의 사람은 본회 발전에 크게 기여하였으며 통일회원으로서 농업기술진흥관 건립운동에 동참하였으므로 역사적인 제30회 전국 농업기술자대회의 준비위원으로 위촉합니다.

1989년 9월 19일

사단법인 전국농업기술자협회
제30회 전국농업기술자대회
대회장 류 달 영

[사진 109 '89 명예농촌지도자 위촉장]

[사진 110 농촌기술진흥원 위촉장]

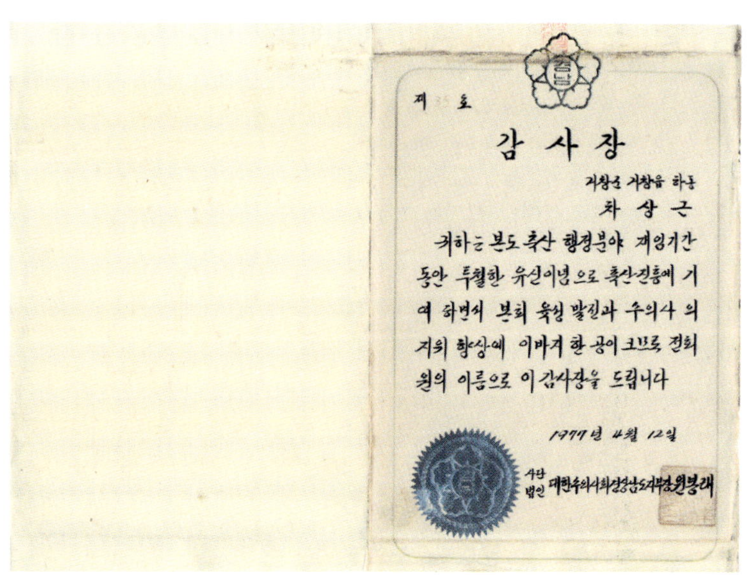

제 호

감 사 장

거창군 거창읍 하동

차 상 근

귀하는 본도 축산 행정분야 재임기간 동안 투철한 유신이념으로 축산진흥에 기여 하면서 본회 육성 발전과 수의사의 지위 향상에 이바지 한 공이 크므로 전회원의 이름으로 이 감사장을 드립니다

1977년 4월 12일

사단법인 대한수의사회경상남도지부장 원봉래

[사진 111 '77 경남 대한수의사 감사장]

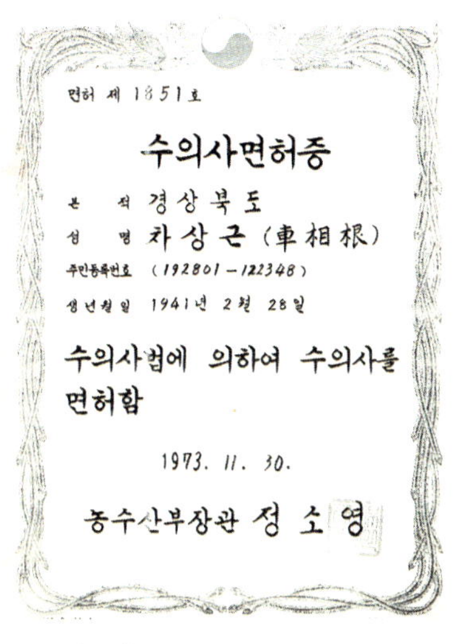

면허 제 1851호

수의사면허증

본 적 경상북도

성 명 차상근 (車相根)

주민등록번호 (192801-122348)

생년월일 1941년 2월 28일

수의사법에 의하여 수의사를 면허함

1973. 11. 30.

농수산부장관 정소영

[사진 112 '73 수의사 면허증]

제 1851 호

수의사면허증

성 명 차상근

주민등록번호 410228-1912615

최초교부일자 1963. 6. 1

수의사법 제4조의 규정에 의하여 수의사를 면허합니다.

2000 년 12 월 1 일

농림부장관

[사진 113 '00 수의사면허증]

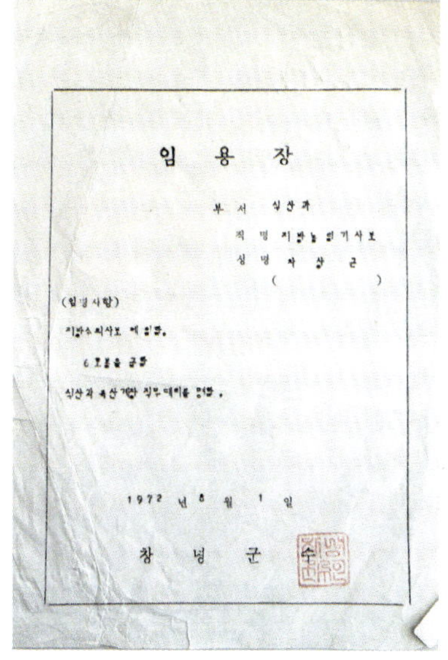

임 용 장

부 서 식산과

성 명 차 상 근

( )

1972 년 8 월 1 일

창 녕 군 수

[사진 114 '72 경남창녕군 지방수의사보 임용장]

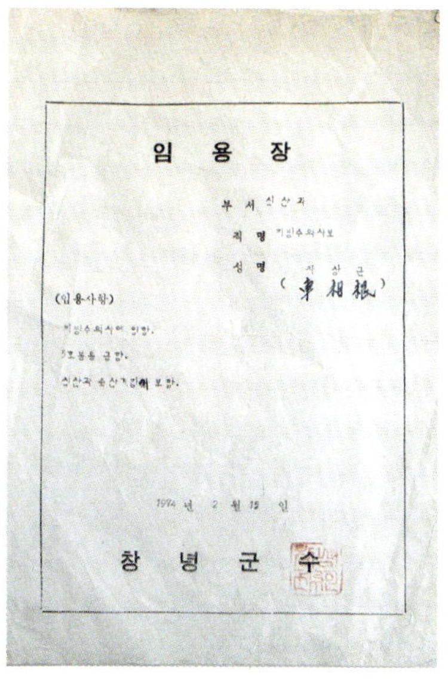

임 용 장

부 서 식산과

직 명 지방수의사보

성 명 차 상 근

(車 相 根)

(임용사항)

5호봉을 급함.

1974 년 2 월 15 일

창 녕 군 수

[사진 115 '74 경남창녕군 지방수의사보 임용장]

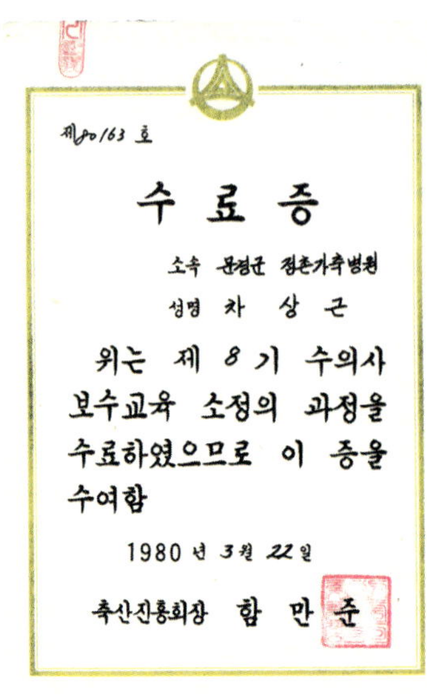

제80/163 호

수 료 증

소속 문경군 점촌가축병원

성명 차 상 근

위는 제 8 기 수의사 보수교육 소정의 과정을 수료하였으므로 이 증을 수여함

1980 년 3월 22일

축산진흥회장 함 만 준

[사진 116 '80 수의사 보수교육]

조수치료병원지정서

- 병원명 : 점촌 가축 병원
- 소재지 : 경북 점촌시 점촌동 271 - 6

위 병원을 조수 보호및 수렵에 관한 법률 제3조 규정에 의거 점촌시 조수 치료 병원으로 지정 합니다.

1987. 9. 1.

점 촌 시 장 (인)

[사진 117 '87 조수치료지정병원서]

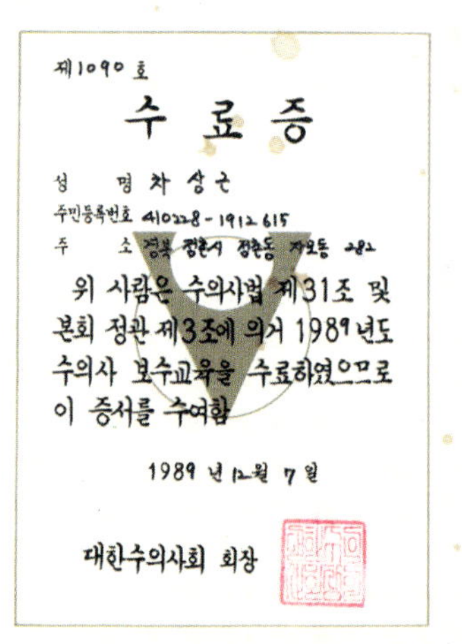

제1090 호

수 료 증

성 명 차 상 근

주민등록번호 410228-1912615

주 소 경북 점촌시 점촌동 자오동 282

위 사람은 수의사법 제31조 및 본회 정관 제3조에 의거 1989년도 수의사 보수교육을 수료하였으므로 이 증서를 수여함

1989 년 12월 7일

대한수의사회 회장

[사진 118 '89 수의사 보수 교육]

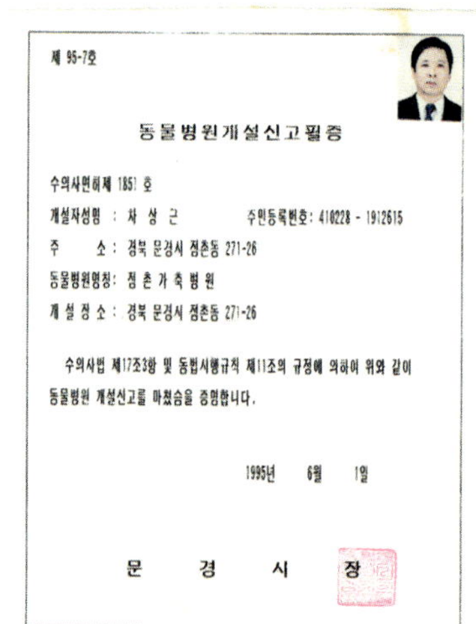

제 95-7호

동물병원개설신고필증

수의사면허제 1851 호

개설자성명 : 차 상 근　수민등록번호: 410228 - 1912615

주 소 : 경북 문경시 점촌동 271-26

동물병원명칭: 점 촌 가 축 병 원

개 설 장 소 : 경북 문경시 점촌동 271-26

수의사법 제17조3항 및 동법시행규칙 제11조의 규정에 의하여 위와 같이 동물병원 개설신고를 마쳤음을 증명합니다.

1995년 6월 1일

문 경 시 장

[사진 119 '95 동물병원개설신고필증]

위 촉 장

성 명 : 차 상 근　　주민등록번호 : 410228 - 1912615

가축병원명 : 점촌가축병원　　수의사면허번호 : 제 1851 호

소 재 지 : 문경시 점촌동 271-26

귀하를 수의사법 제21조의 규정에 의거 1997년도 문경시 공수의로 위촉합니다.

◇ 위촉기간 : '97. 1. 1 ~ '97. 12. 31일까지 (1 년간)

1997 년 1 월 17 일

문 경 시 장

[사진 120 '97 문경시 공수의 위촉장]

위 촉 장

성 명 : 차 상 근　　주민등록번호 : 410228 - 1912615

가축병원명 : 점촌가축병원　　수의사면허번호 : 제 1851 호

소 재 지 : 문경시 점촌동 271 - 26

귀하를 수의사법 제21조의 규정에 의거 1998년도 문경시 공수의로 위촉합니다.

◇ 위촉기간 : '98. 1.1 ~ '98. 12. 31일까지 (1년간)

1998 년 1 월 15 일

문 경 시 장

[사진 121 '98 문경시 공수의 위촉장]

위 촉 장

성 명 : 차 상 근　　주민등록번호 : 410228 - 1912615

가축병원명 : 점촌가축병원　　수의사면허번호 : 제 1851 호

소 재 지 : 문경시 점촌동 271 - 26

귀하를 수의사법 제21조의 규정에 의거 1999년도 문경시 공수의로 위촉합니다.

◇ 위촉기간 : '99. 1. 1 ~ '99. 12. 31일까지 (1년간)

1998년 12월 26일

문 경 시 장

[사진 122 '98 문경시 공수의 위촉장]

위 촉 장

성 명 : 차 상 근　　주민등록번호 : 410228- 1912615

가축병원명 : 점촌가축병원　　수의사면허번호 : 1851

소 재 지 : 문경시 점촌동 271 - 26

귀하를 수의사법 제21조의 규정에 의거 2000년도 문경시 공수의로 위촉합니다.

◇ 위촉기간 : 2000. 1. 1 ~ 2000. 12. 31일까지 (1년간)

1999년 12월 30일

문 경 시 장

[사진 123 '99 문경시 공수의 위촉장]

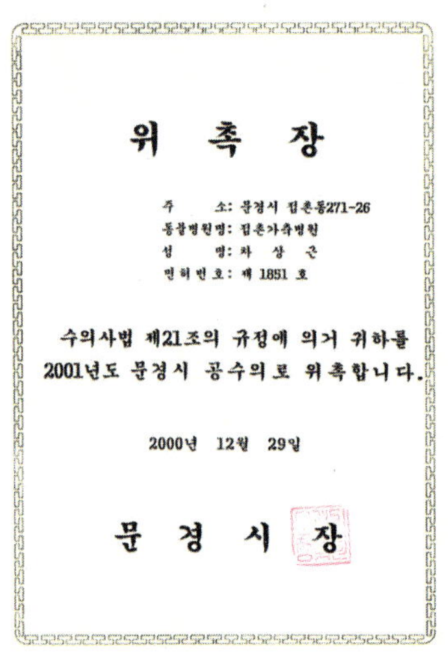

위 촉 장

주　　소: 문경시 점촌동271-26
동물병원명: 점촌가축병원
성　　명: 차 상 근
면허번호: 제 1851 호

수의사법 제21조의 규정에 의거 귀하를 2001년도 문경시 공수의로 위촉합니다.

2000년 12월 29일

문 경 시 장

[사진 124 '20 문경시 공수의 위촉장]

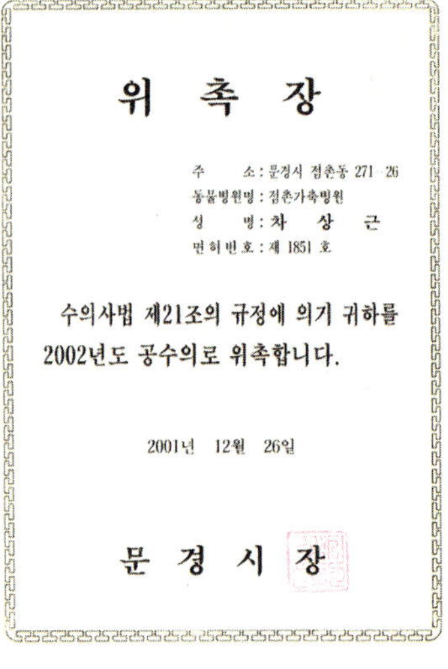

위 촉 장

주　　소: 문경시 점촌동 271-26
동물병원명: 점촌가축병원
성　　명: 차 상 근
면허번호: 제 1851 호

수의사법 제21조의 규정에 의거 귀하를 2002년도 공수의로 위촉합니다.

2001년 12월 26일

문 경 시 장

[사진 125 '20 문경시 공수의 위촉장]

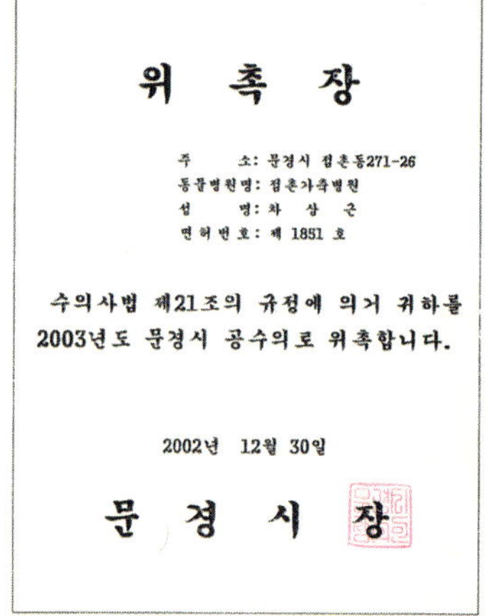

위 촉 장

주　　소: 문경시 점촌동271-26
동물병원명: 점촌가축병원
성　　명: 차 상 근
면허번호: 제 1851 호

수의사법 제21조의 규정에 의거 귀하를 2003년도 문경시 공수의로 위촉합니다.

2002년 12월 30일

문 경 시 장

[사진 126 '03 문경시 공수의 위촉장]

위 촉 장

주　　소: 문경시 점촌동271-26
동물병원명: 점촌가축병원
성　　명: 차 상 근
면허번호: 제 1851 호

수의사법 제21조의 규정에 의거 귀하를 2004년도 문경시 공수의로 위촉합니다.

2004년 1월 3일

문 경 시 장

[사진 127 '04 문경시 공수의 위촉장]

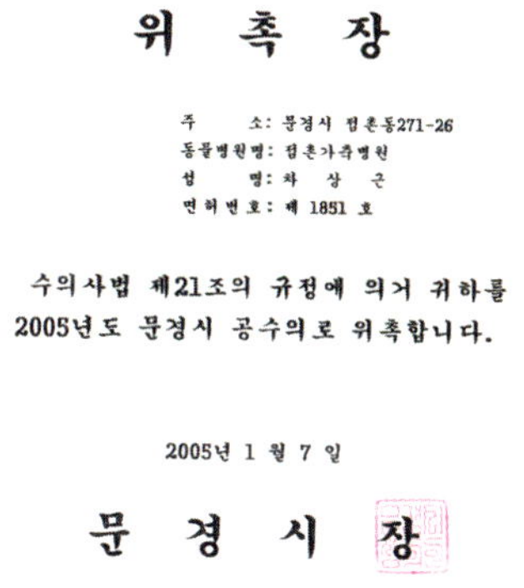

위 촉 장

주 소: 문경시 점촌동271-26
동물병원명: 점촌가축병원
성 명: 차 상 근
면허번호: 제 1851 호

수의사법 제21조의 규정에 의거 귀하를
2005년도 문경시 공수의로 위촉합니다.

2005년 1 월 7 일

문 경 시 장

[사진 128 '05 문경시 공수의 위촉장]

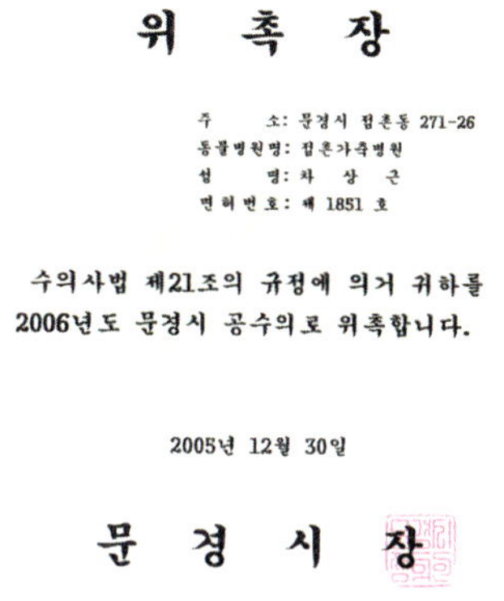

위 촉 장

주 소: 문경시 점촌동 271-26
동물병원명: 점촌가축병원
성 명: 차 상 근
면허번호: 제 1851 호

수의사법 제21조의 규정에 의거 귀하를
2006년도 문경시 공수의로 위촉합니다.

2005년 12월 30일

문 경 시 장

[사진 129 '06 문경시 공수의 위촉장]

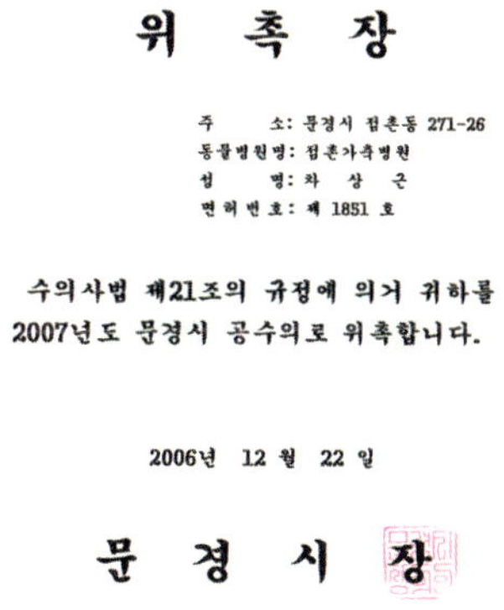

위 촉 장

주 소: 문경시 점촌동 271-26
동물병원명: 점촌가축병원
성 명: 차 상 근
면허번호: 제 1851 호

수의사법 제21조의 규정에 의거 귀하를
2007년도 문경시 공수의로 위촉합니다.

2006년 12 월 22 일

문 경 시 장

[사진 130 '07 문경시 공수의 위촉장]

THE ROTARY FOUNDATION OF ROTARY INTERNATIONAL

SANG GEUN CHA

is hereby named a

PAUL HARRIS FELLOW

in appreciation of tangible and significant assistance given for the furtherance of better understanding and friendly relations among peoples of the world

In commemoration of the 50th Anniversary of the passing of Paul P. Harris

Paul P. Harris

1868-1947

[사진 131 로터리 PAU HARRIS상, 국제봉사단체 Rotary International의 최고권위 공로표창]

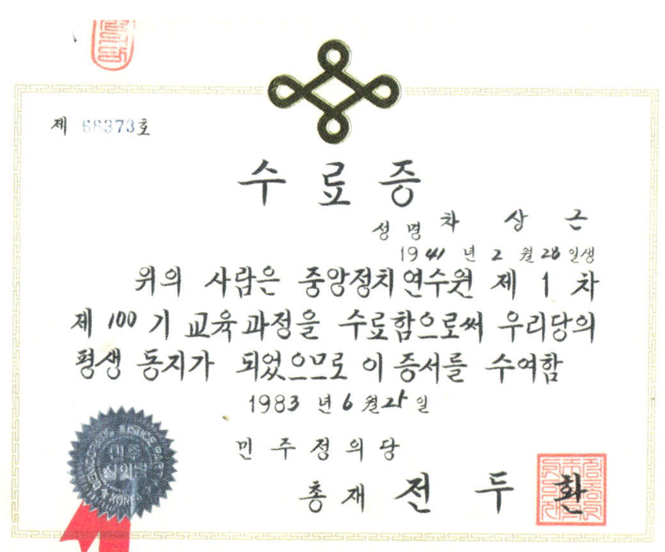

제 68373호

수 료 증

성명 차 상 근

1941년 2월 28일생

위의 사람은 중앙정치연수원 제 1 차 제 100 기 교육과정을 수료함으로써 우리당의 평생 동지가 되었으므로 이 증서를 수여함

1983년 6월 25일

민 주 정 의 당

총 재 전 두 환

[사진 132 '83 중앙정치연수원 교육과정 수료증]

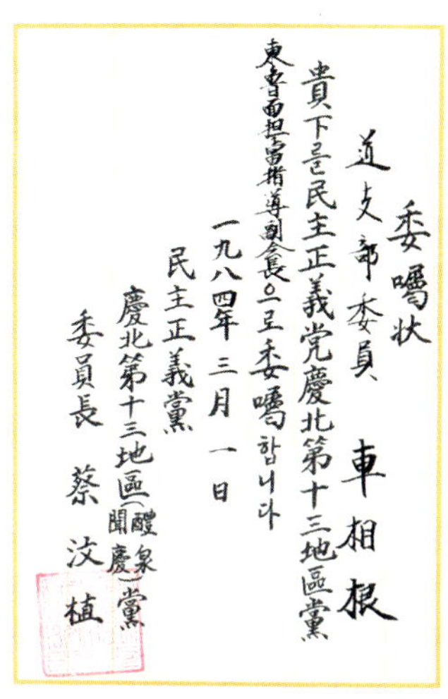

委囑狀

道支部委員 車相根

貴下를民主正義党慶北第十三地區黨
東魯面担當指導副會長으로委囑합니다

一九八四年 三月 一日

民主正義黨
慶北第十三地區(醴泉 聞慶)黨
委員長 蔡汶植

[사진 133 '84 중앙정치 연수원 2차 교육 과정 수료증]

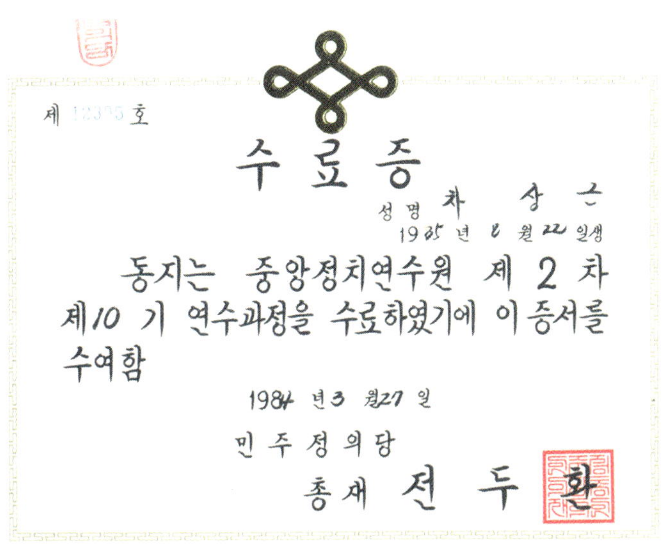

제 [illegible] 호

수료증

성명 차 상 근
19 35 년 8 월 22 일생

동지는 중앙정치연수원 제 2 차 제10 기 연수과정을 수료하였기에 이 증서를 수여함

1984 년 3 월 27 일

민주정의당
총재 전 두 환

[사진 134 '84 경북 민주정의당 위촉]

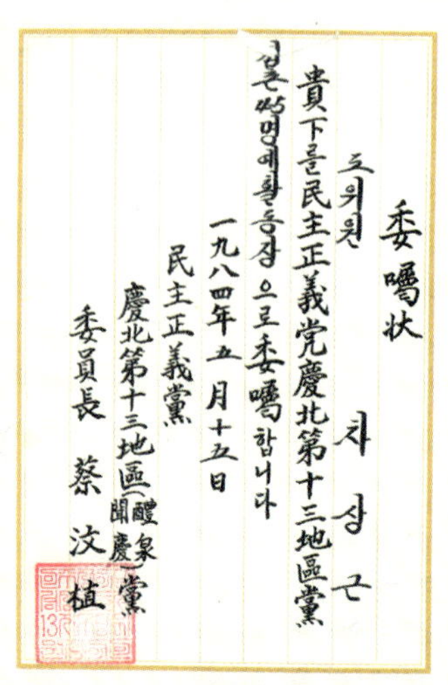

委囑狀

조위원 차 상 근

貴下를 民主正義党慶北第十三地區黨

[illegible] 명예활동장 으로 委囑합니다

一九八四年 五 月 十五 日

民主正義黨

慶北第十三地區(醴泉 聞慶)黨

委員長 蔡 汶 植

[사진 135 '84 민주정의당 명예활동장 위촉]

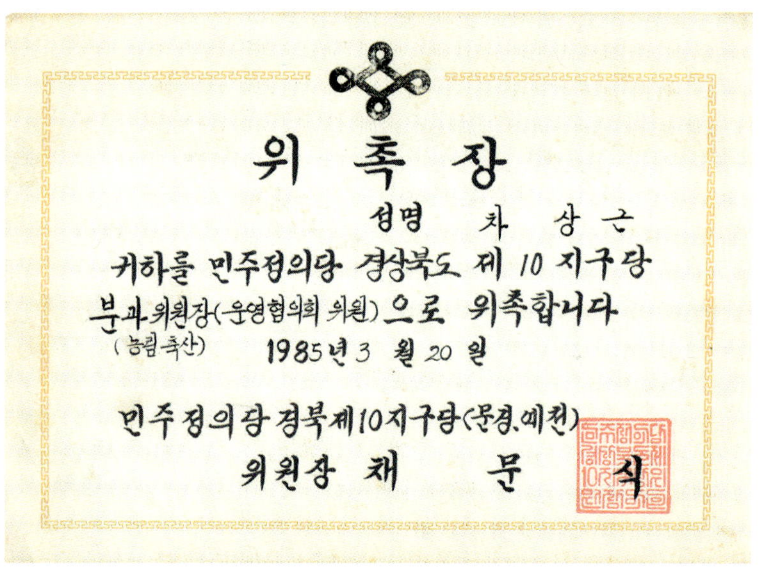

위 촉 장

성명 차 상 근

귀하를 민주정의당 경상북도 제 10 지구당

분과 위원장(운영협의회 위원) 으로 위촉합니다

(농림·축산)

1985년 3 월 20 일

민주정의당 경북제10지구당(문경, 예천)

위원장 채 문 식

[사진 136 '85 민주정의당 경북 분과 위원장]

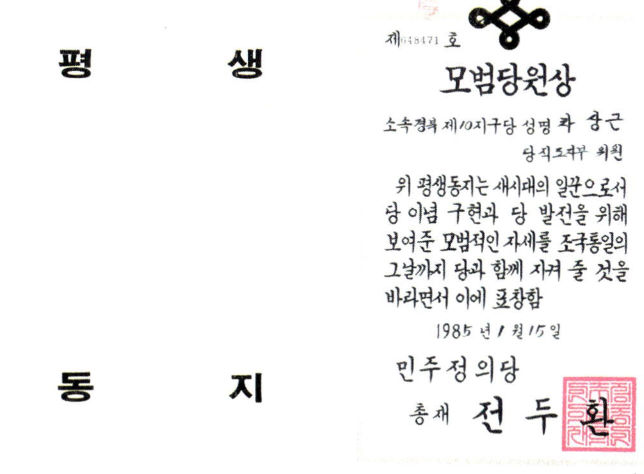

평 생

동 지

제648471호

모범당원상

소속 경북 제10지구당 성명 차 상근
당직 조직부 위원

위 평생동지는 새시대의 일꾼으로서 당 이념 구현과 당 발전을 위해 보여준 모범적인 자세를 조국통일의 그날까지 당과 함께 지켜 줄 것을 바라면서 이에 표창함

1985년 1월 15일

민주정의당
총재 전 두 환

[사진 137 '85 민주정의당 모범당원상]

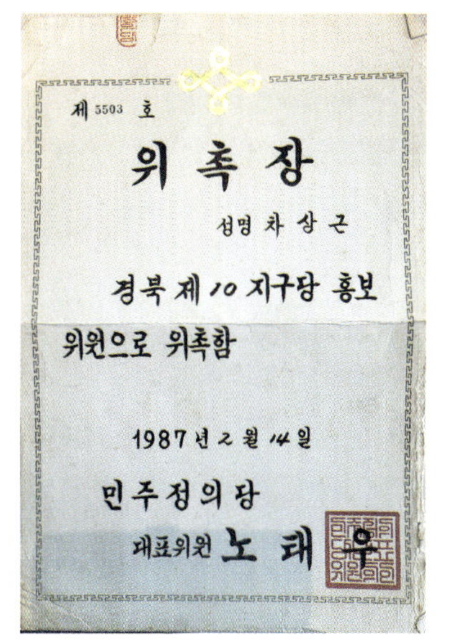

제 5503 호

위 촉 장

성명 차 상 근

경북 제10지구당 홍보 위원으로 위촉함

1987년 2월 14일

민주정의당
대표위원 노 태 우

[사진 138 '87 민주 정의당 위촉장]

奉仕의人

점촌중앙 로타리 클럽

第68033號

차 상 근

貴下는 本 財團의 奬學基金 造成에 至大한 寄與를 하였기 이에『奉仕의人』의 稱號를 드립니다.

1996年 12月 31日

財團法人 韓國로타리奬學文化財團
理事長 朴 基 億

[사진 139 '96 로타리 장학재단 기여상]

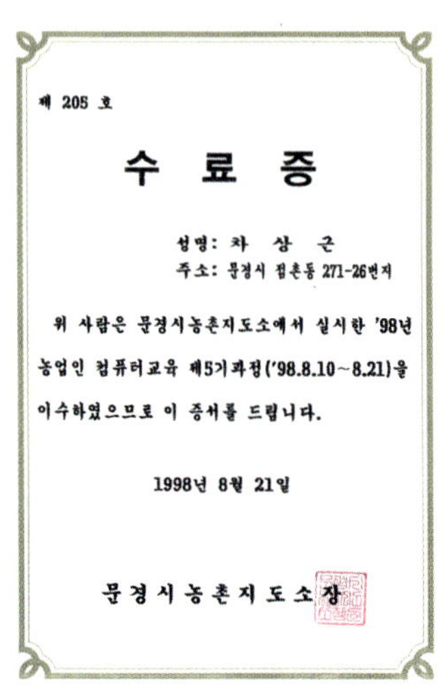
제 205 호

수 료 증

성명: 차 상 근
주소: 문경시 점촌동 271-26번지

위 사람은 문경시농촌지도소에서 실시한 '98년 농업인 컴퓨터교육 제5기과정('98.8.10~8.21)을 이수하였으므로 이 증서를 드립니다.

1998년 8월 21일

문경시농촌지도소장

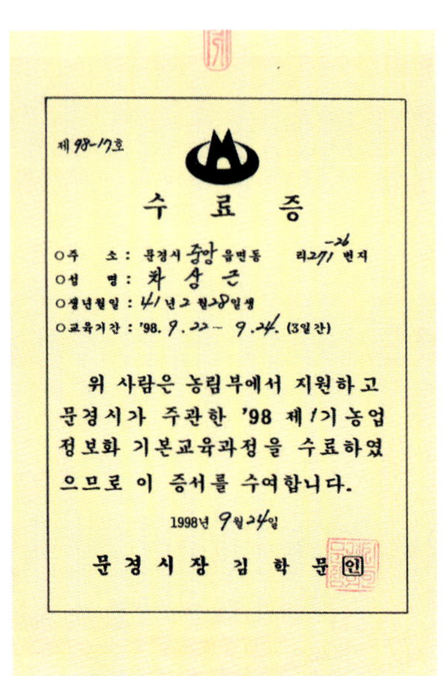
제 98-17호

수 료 증

○주 소 : 문경시 중앙 읍면동 리 271-26 번지
○성 명 : 차 상 근
○생년월일 : 41년 2월 28일생
○교육기간 : '98. 9. 22 ~ 9. 24. (3일간)

위 사람은 농림부에서 지원하고 문경시가 주관한 '98 제1기 농업정보화 기본교육과정을 수료하였으므로 이 증서를 수여합니다.

1998년 9월 24일

문경시장 김 학 문 인

[사진 140 농업인 컴퓨터교육 5기 980821] [사진 141 1기 농업정보화기본 교육과정 980924]

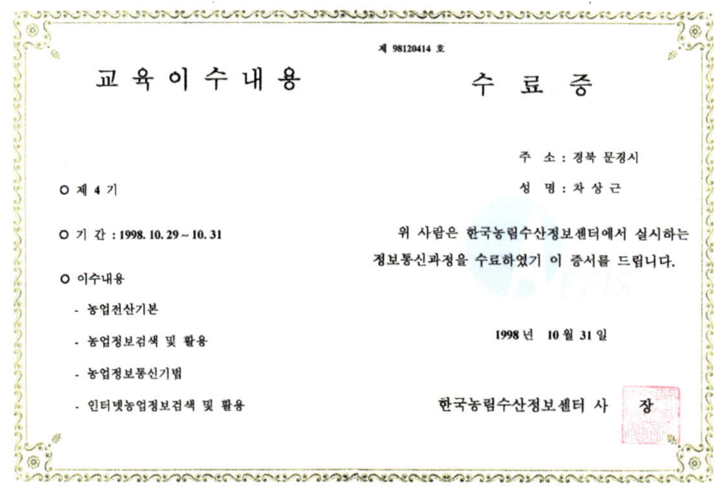
제 98120414 호

교 육 이 수 내 용

○ 제 4 기

○ 기 간 : 1998. 10. 29 ~ 10. 31

○ 이수내용
- 농업전산기본
- 농업정보검색 및 활용
- 농업정보통신기법
- 인터넷농업정보검색 및 활용

수 료 증

주 소 : 경북 문경시
성 명 : 차 상 근

위 사람은 한국농림수산정보센터에서 실시하는 정보통신과정을 수료하였기 이 증서를 드립니다.

1998 년 10 월 31 일

한국농림수산정보센터 사 장

[사진 142 한국농림 수산정보센터 정보통신과정 수료 981031]

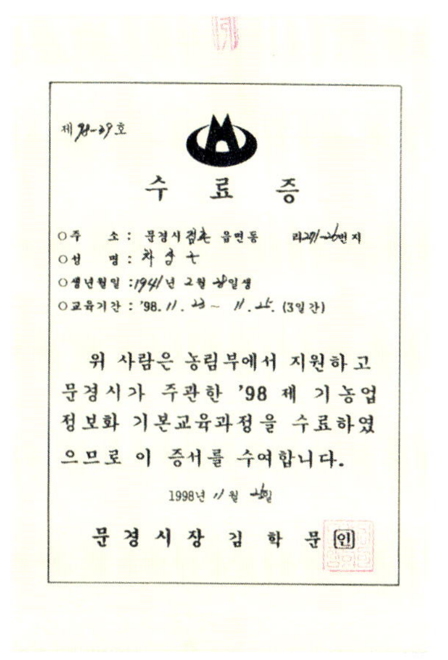

제 98-09호

수 료 증

○주 소 : 문경시 점촌 읍면동 리 271-26번지
○성 명 : 차 상 근
○생년월일 : 1941년 2월 23일생
○교육기간 : '98. 11. 23 ~ 11. 25. (3일간)

위 사람은 농림부에서 지원하고 문경시가 주관한 '98 제 기 농업정보화 기본교육과정을 수료하였으므로 이 증서를 수여합니다.

1998년 11월 25일

문 경 시 장 김 학 문 인

[사진 143 '98 농업정보화기본 교육과정]

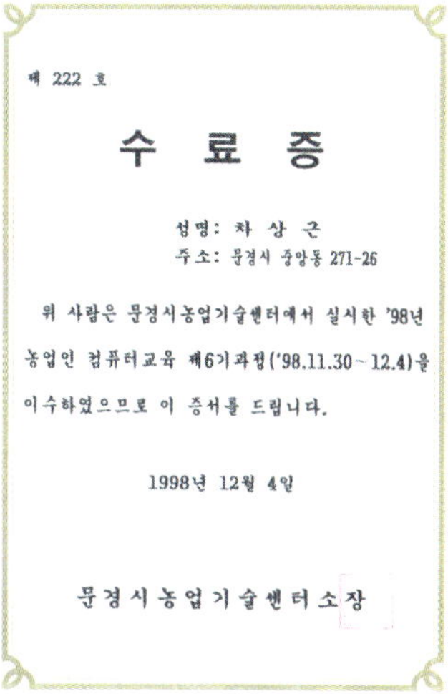

제 222 호

수 료 증

성명: 차 상 근
주소: 문경시 중앙동 271-26

위 사람은 문경시농업기술센터에서 실시한 '98년 농업인 컴퓨터교육 제6기과정('98.11.30~12.4)을 이수하였으므로 이 증서를 드립니다.

1998년 12월 4일

문경시농업기술센터소장

[사진 144 '98 농업인 컴퓨터 교육 6기]

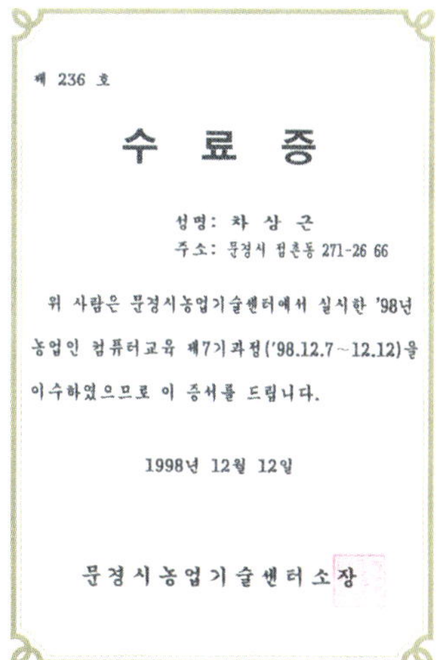

제 236 호

수 료 증

성명: 차 상 근
주소: 문경시 점촌동 271-26 66

위 사람은 문경시농업기술센터에서 실시한 '98년 농업인 컴퓨터교육 제7기과정('98.12.7~12.12)을 이수하였으므로 이 증서를 드립니다.

1998년 12월 12일

문경시농업기술센터소장

[사진 145 '98 농업인 컴퓨터 교육 7기]

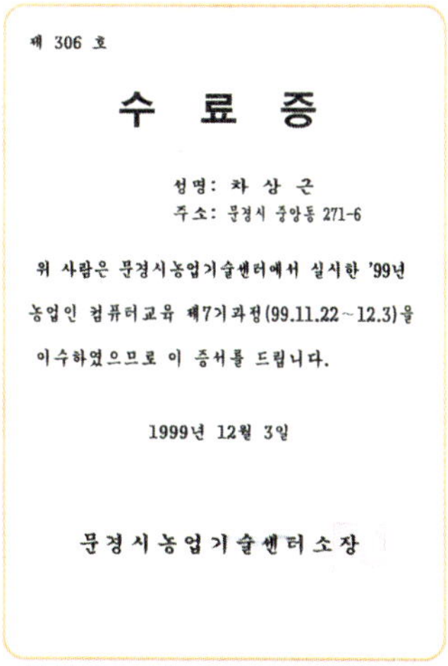

제 306 호

수 료 증

성명: 차 상 근
주소: 문경시 중앙동 271-6

위 사람은 문경시농업기술센터에서 실시한 '99년 농업인 컴퓨터교육 제7기과정(99.11.22~12.3)을 이수하였으므로 이 증서를 드립니다.

1999년 12월 3일

문경시농업기술센터소장

[사진 146 '98 농업인 컴퓨터교육]

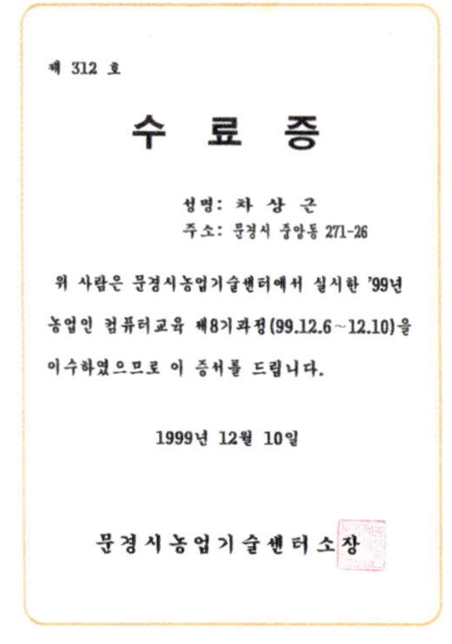

제 312 호

수 료 증

성명: 차 상 근
주소: 문경시 중앙동 271-26

위 사람은 문경시농업기술센터에서 실시한 '99년 농업인 컴퓨터교육 제8기과정(99.12.6~12.10)을 이수하였으므로 이 증서를 드립니다.

1999년 12월 10일

문경시농업기술센터소장

[사진 147 '99 농업인 컴퓨터 교육 8기]

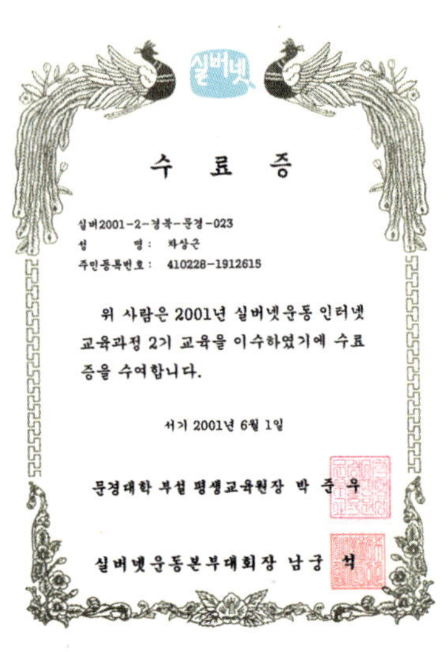

수 료 증

실버2001-2-경북-문경-023
성 명: 차상근
주민등록번호: 410228-1912615

위 사람은 2001년 실버넷운동 인터넷 교육과정 2기 교육을 이수하였기에 수료증을 수여합니다.

서기 2001년 6월 1일

문경대학 부설 평생교육원장 박 준 우

실버넷운동본부대회장 남궁 석

[사진 148 '01 실버넷운동 인터넷교육 수료]

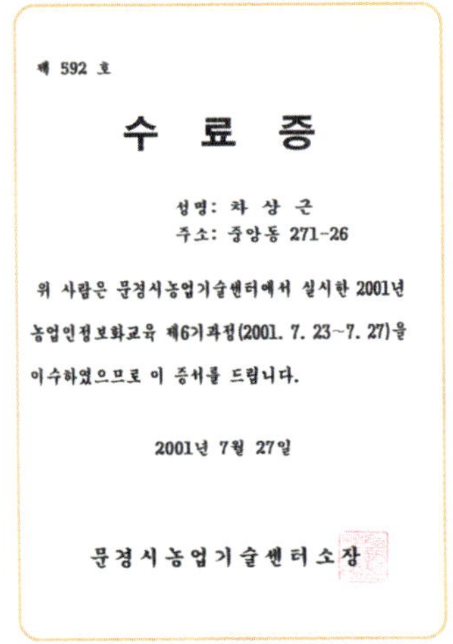

제 592 호

수 료 증

성명: 차 상 근
주소: 중앙동 271-26

위 사람은 문경시농업기술센터에서 실시한 2001년 농업인정보화교육 제6기과정(2001. 7. 23~7. 27)을 이수하였으므로 이 증서를 드립니다.

2001년 7월 27일

문경시농업기술센터소장

[사진 149 '01 농업인 정보화 6기 과정]

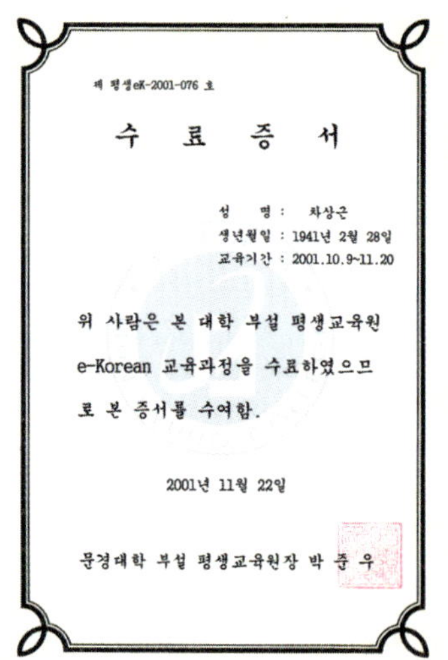

제 평생eK-2001-076 호

수 료 증 서

성 명: 차상근
생년월일: 1941년 2월 28일
교육기간: 2001.10.9~11.20

위 사람은 본 대학 부설 평생교육원 e-Korean 교육과정을 수료하였으므로 본 증서를 수여함.

2001년 11월 22일

문경대학 부설 평생교육원장 박 준 우

[사진 150 '01 e-korean 교육과정]

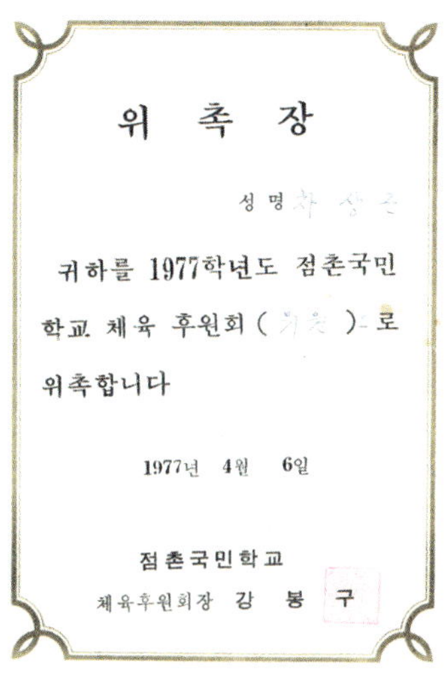
위 촉 장

성 명 차 상 근

귀하를 1977학년도 점촌국민학교 체육 후원회 (위원)로 위촉합니다

1977년 4월 6일

점촌국민학교
체육후원회장 강 봉 구

[사진 151 '77 점촌국민학교 체육위원 위촉장]

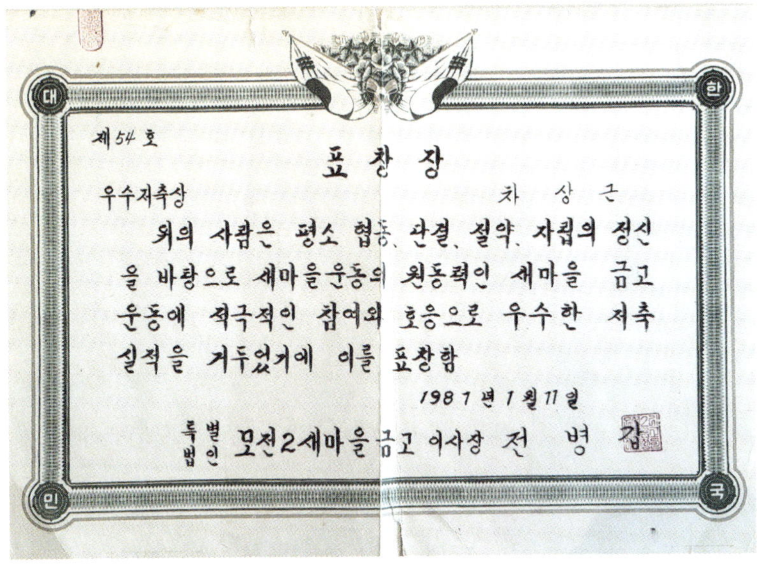
제54호

표 창 장

우수저축상 차 상 근

위의 사람은 평소 협동, 단결, 절약, 자립의 정신을 바탕으로 새마을운동의 원동력인 새마을 금고 운동에 적극적인 참여와 호응으로 우수한 저축 실적을 거두었기에 이를 표창함

1981년 1월 11일

특별법인 모전2새마을금고 이사장 전 병 갑

[사진 152 '81 점촌국민학교 학력관리위원 위촉장]

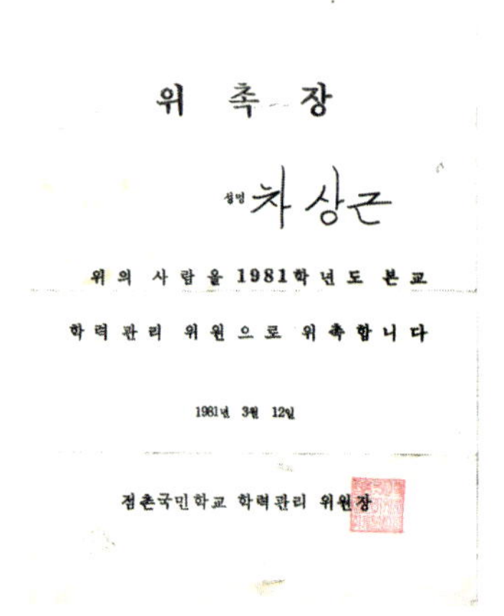

위 촉 장

성명 차 상 근

위의 사람을 1981학년도 본교 학력관리 위원으로 위촉합니다

1981년 3월 12일

점촌국민학교 학력관리 위원장

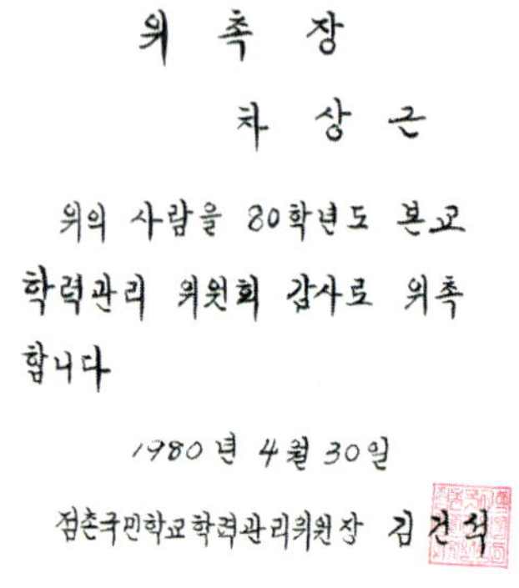

위 촉 장

차 상 근

위의 사람을 80학년도 본교 학력관리 위원회 감사로 위촉 합니다

1980년 4월 30일

점촌국민학교학력관리위원장 김 건 석

[사진 153 '81 새마을 금고 우수 저축 표창장]

[사진 154 '82 문경여중 체육후원회 위원]

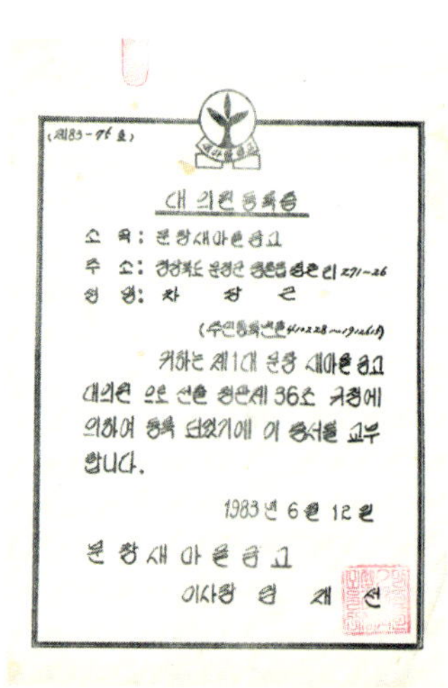

(제83-96호)

대의원 등록증

소 속: 문창새마을금고

주 소: 경상북도 문경군 점촌읍 점촌리 271-26

성 명: 차 상 근

(주민등록번호 [illegible])

귀하는 제1대 문창 새마을금고 대의원으로 선출 정관제36조 규정에 의하여 등록 되었기에 이 증서를 교부 합니다.

1983년 6월 12일

문창새마을금고

이사장 김 재 선

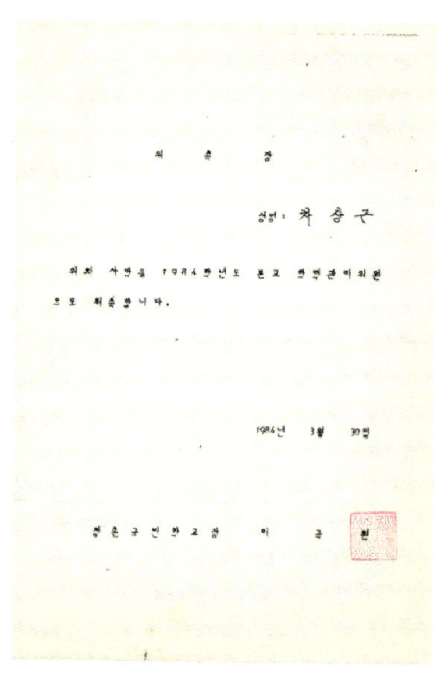

위 촉 장

성명: 차 상 근

위의 사람을 1984학년도 본교 학력관리위원으로 위촉합니다.

1984년 3월 30일

점촌국민학교장 이 [illegible]

[사진 155 '83 새마을금고 대위원 등록증]

[사진 156 '84 점촌국민 학력관리 위원 위촉장]

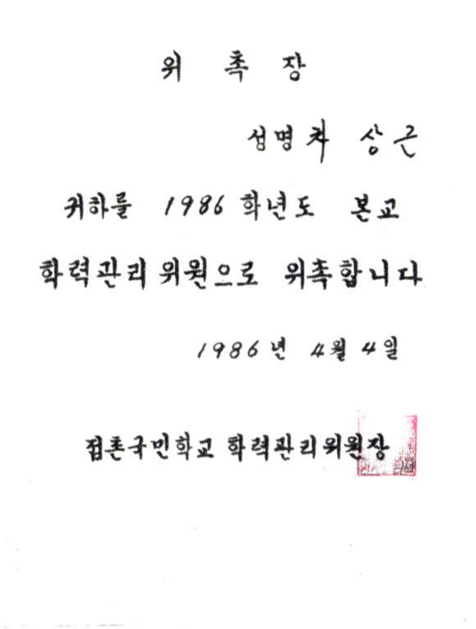

위 촉 장

성명 차 상 근

귀하를 1986 학년도 본교 학력관리 위원으로 위촉합니다

1986년 4월 4일

점촌국민학교 학력관리위원장

[사진 157 '86 점촌국민 학력관리 위원 위촉장]

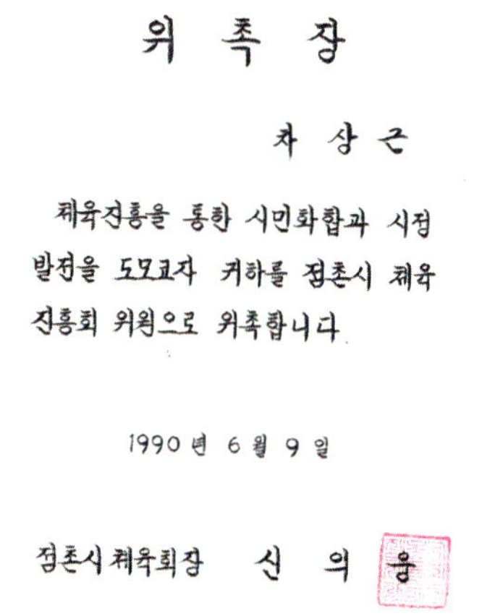

위 촉 장

차 상 근

체육진흥을 통한 시민화합과 시정 발전을 도모코자 귀하를 점촌시 체육 진흥회 위원으로 위촉합니다

1990년 6월 9일

점촌시 체육회장 신 의 웅

[사진 158 체육진흥회 위원위촉장]

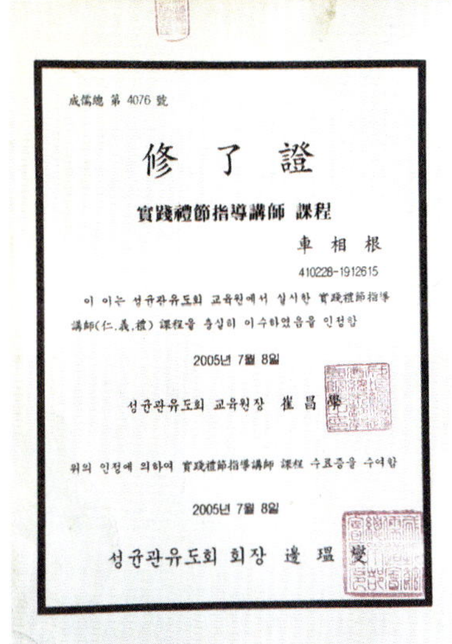

成儒總 第 4076 號

修 了 證

實踐禮節指導講師 課程

車 相 根

410228-1912615

이 이는 성균관유도회 교육원에서 실시한 實踐禮節指導講師(仁.義.禮) 課程을 충실히 이수하였음을 인정함

2005년 7월 8일

성균관유도회 교육원장 崔 昌 學

위의 인정에 의하여 實踐禮節指導講師 課程 수료증을 수여함

2005년 7월 8일

성균관유도회 회장 邊 瑥 燮

[사진 159 '05 성균관 유도회 수료증]

成儒總 第 7059 號

履 修 證

禮節專任講師 集中硏修課程

車 相 根

410228-1912615

이 이는 성균관유도회 교육원에서 실시한 실천예절지도사 전임강사 집중 양성과정을 충실히 연수하였으므로 이수증을 드립니다.

2006년 2월 10일

成均館儒道會 會長 邊 瑥 燮

[사진 160 '06 성균관 유도회 강사 수료증]

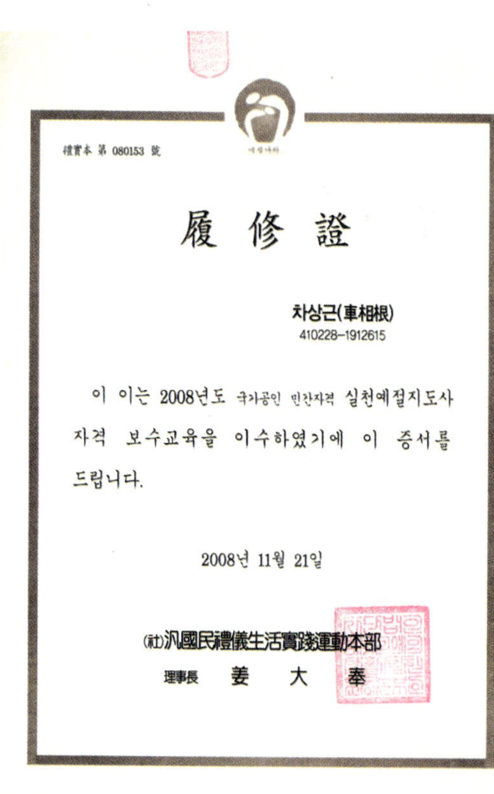

禮實本 第 080153 號

履 修 證

차상근(車相根)
410228-1912615

이 이는 2008년도 국가공인 민간자격 실천예절지도사 자격 보수교육을 이수하였기에 이 증서를 드립니다.

2008년 11월 21일

(社)汎國民禮儀生活實踐運動本部
理事長 姜 大 奉

[사진 161 '08 성균관유도회 강사보수 교육]

『여명의 발걸음, 점촌가축병원 수의사 차상근』을 읽고

편집인으로부터 원고를 전달받아 읽기 시작한 이 책은, 예상과 달리 단숨에 끝까지 읽게 되는 특별한 독서 경험을 안겨주었습니다. 일반적으로 자서전은 한 개인의 삶을 객관적으로 재구 성하는 장르이기에, 독자에게 일정한 거리와 사유의 시간을 요구합니다. 자서전 또한 삶의 연 대기라는 특성상 쉽게 읽히지 않는 경우가 많습니다.

그러나 『여명의 발걸음, 점촌가축병원 수의사 차상근』은 이러한 통념을 넘어섭니다. 이 책은 자서전의 형식을 취하되, 한 개인의 기억과 고백을 넘어 시대와 공동체의 맥락 속에서 삶을 재조명하는 자서전이라 할 수 있습니다. 편집인의 감상문 요청으로 다소의 부담을 안고 읽기 시작하였으나, 이내 한 사람의 삶이 이토록 깊은 울림과 성찰을 전할 수 있다 는 사실 앞에서 경외감을 느끼게 되었습니다.

이 책은 단순한 자기 회고록이 아닙니다. 격동의 대한민국 근현대사를 살아낸 한 수의사의 삶을 통해, 우리 사회를 지탱해 온 보통 사람들의 성실함과 존엄을 기록한 귀중한 증언입니 다. 책장을 덮는 순간, 마음속에는 묵직한 감동과 함께 오래도록 잔잔한 사유가 남았습니다.

삶의 뿌리, 가족이라는 이름의 단단함

송원(松苑) 차상근 선생님의 삶은 '가족'이라는 가장 단단한 뿌리 위에서 시작되고 성장하였 습니다. 일제강점기라는 암울한 시대에 태어나 해방과 전쟁의 혼란을 지나오면서도 삶의 중 심을 잃지 않았던 부모님, 차영우 선생님과 이단악 여사님의 가르침은 선생님의 삶을 지탱한 정신적 기반이었습니다.

"뿌리를 잊지 않고 이웃과 더불어 살아가라"는 뜻을 품은 아버님의 이름, 그리고 바다처럼 깊 고 넓은 어머님의 희생과 나눔의 삶은 평생 선생님의 가치관을 형성한 근간이 되었습니다. 부모님의 기일에 맞추어 지낸 합제(合祭)의 기록은, 효가 단순한 의례가 아니라 삶의 태도임 을 조용히 일깨워 줍니다. 배우자 신외경 여사님과의 만남으로 이루어진 가정 또한, 선생님의 삶을 지탱한 가장 따뜻하고 안정적인 울타리였습니다.

수의사로서의 전문성과 생명에 대한 책임

이 책에서 가장 중심을 이루는 정체성은 단연 수의사 차상근의 삶입니다. 대구농림고등학교 와 경북대학교 수의학과에서 쌓은 학문적 기반은, 선생님을 단순한 기술자가 아닌 현장 중심 의 생명 전문가로 성장하게 하였습니다. 점촌가축병원을 중심으로 이어진 진료의 기록들은, 지역 축산 농가와 함께 숨 쉬며 살아온 한 수의사의 성실한 발자취를 생생히 전합니다.

가축 전염병이 발생할 때마다 밤낮을 가리지 않고 현장을 지켰던 일, 농민들의 불안을 자신 의 책임으로 끌어안았던 태도, 그리고 인공수정 기술을 비롯한 새로운 기법을 도입하여 농가 의 생계를 실질적으로 돕고자 했던 노력은 '생명 존중'이라는 말이 결코 추상적이지 않음을 보여줍니다. 이 자서전적 서술 속에는, 개인의 성취보다 공동체의 안정을 우선시했던 한 전문 가의 윤리가 고스란히 담겨 있습니다.

배움의 지속, 삶을 넓히는 또 다른 방식

선생님의 삶에서 깊은 인상을 남기는 또 하나의 지점은, 나이가 들어서도 멈추지 않았던 배 움의 자세입니다. 실천 예절 지도사, 사주명리학, 전례사, 풍수지리, 노인 예절 지도사 등 다양 한 분야에 대한 학습은 단순한 호기심이 아니라, 삶을 더욱 깊이 이해하고 타인과 나누기 위 한 준비 과정이었습니다.

이러한 배움은 다시 지역 사회와 세대 간 소통으로 이어졌습니다. 전통 예절과 생활 철학을 전하며, 급변하는 시대 속에서도 인간다움과 공동체 정신을 지키고자 했던 선생님의 노력은 이 자서전에 또 하나의 깊이를 더합니다. 전통과 현대를 조화롭게 잇고자 했던 그의 학습 철학은 오늘을 사는 우리에게도 여전히 유효한 질문을 던집니다.

평범함 속의 위대함, 자서전이 남긴 의미

『여명의 발걸음, 점촌가축병원 수의사 차상근』은 영웅 서사가 아닙니다. 선생님께서는 자신을 늘 "주어진 자리에서 최선을 다하려 애써온 평범한 사람"이라 표현하십니다. 그러나 이 책은 바 로 그 평범함이 어떻게 위대함으로 축적되는지를 차분히 보여줍니다.

정직과 성실, 가족에 대한 책임, 이웃과 공동체에 대한 연대, 그리고 끊임없는 배움과 나눔. 이러 한 가치들이 한 개인의 삶 속에서 오랜 시간 실천될 때, 그것은 개인의 자서전을 넘어 하나의 사회적 기록이 됩니다. 이 점에서 이 책은 자기 고백을 바탕으로 하되, 한 시대를 증언하는 성격을 분명히 지닌 작품이라 할 수 있습니다.

『여명의 발걸음, 점촌가축병원 수의사 차상근』은 한 사람의 삶이 얼마나 단단하고 아름다울 수 있는지를 보여주는 기록이며, 동시에 우리 모두가 각자의 자리에서 어떤 삶의 태도를 선택할 것 인가를 묻는 책입니다. 선생님의 발걸음은 화려하지 않았으나, 그 꾸준함과 성실함은 오히려 더 오래 빛납니다. 그 여명의 걸음은 앞으로도 많은 이들에게 조용한 희망과 용기의 기준으로 남을 것입니다.

이천이십오년 겨울이 시작되는 날에

공학박사, 시인 **오인택** 씀

1.주요 활동

주요 연표

1939년: 기묘년 음력 8월 8일 출생 (현풍)

1959년: 대구 농림고등학교 축산과 졸업 (제46회)

1963년: 경북대학교 수의학과 졸업, 수의사 국가시험합격, 육군 소위 임관

1965년: 중위로 전역

1966년: 5급 국가공무원 농촌지도직 시작 (봉화군 농촌지도소)

1970년: 창녕군 농촌지도소 농촌지도사

1972년: 창녕군 식산과 축산계장

1977년: 문경군 점촌가축병원 원장 겸 공수의 위촉

1980년: 경상북도 지사로부터 공수의 위촉

1982년: 민주정의당 입당

1983년: 새마을 영농기술자 협회 점촌읍 회장

1988년: 민주정의당 탈당, 문경군 지구 공수의 위촉

2003-2004년: 문경시 수의사회 회장

2005년: 실천 예절 지도사 자격 취득

2007년: 공수의 퇴임

주요 자격증 및 면허

수의사 면허 (제1851호, 1963년)

고등학교 2급 정교사 (제2096호, 1963년)

가축인공수정사 면허 (제96호, 1966년)

폐수검안 지정 (제74호, 1977년)

실천 예절 지도사 (제3393호, 2005년)

사주명리학 과정 수료 (2005년)

주례자격 인증 (제05-6-3호, 2005년)

전례사 인증 (005-13호, 2005년)

풍수지리 과정 수료 (제2799호, 2006년)

노인 예절지도사 (06-1-10호, 2006년)

주요 표창 및 수상

개근상 (대구농림고등학교, 1959년)

우등상 (농림공무원교육원, 1971년)

표창장 (창녕군수, 1973년)

표창장 (거창군수, 1977년)

감사장 (대한수의사회 경상남도, 1977년)

공로상 (국제로타리, 1983년)

표창장 (민주정의당, 1985년)

공로상 (점촌시장, 1986년)

표창장 (경북농촌진흥원, 1987년)

봉사의 인 칭호 (로타리 장학재단, 1996년)

상장례 실연 최우수상 (성균관 유도회, 2006년)

모범상 (상주대학교, 2007년)

주요 활동 단체

점촌 중앙로타리클럽 (창립회원, 1978년)

새마을 영농기술자 협회

민주정의당 (1982-1988년)

문경시 수의사회

범국민 예의생활실천 운동본부

2.시대적 배경 해설

1930년대-1940년대: 일제강점기와 해방

차상근이 태어난 1939년은 일제강점기 말기로, 일제의 민족 말살 정책이 극에 달했던 시기였다. 창씨개명 강요, 징용과 징병, 그리고 물자 수탈이 자행되던 암울한 시대였지만, 동시에 해방에 대한 희망이 꿈틀거리던 시기이기도 했다.

1950년대: 한국전쟁과 재건

차상근의 초등학교와 중학교 시절은 한국전쟁(1950-1953)과 전후 복구의 시기와 겹친다. 이 시기 교육 환경은 매우 열악했지만, 교육에 대한 열망은 그 어느 때보다 강했다. 전쟁의 참화 속에서도 배움을 포기하지 않았던 세대의 의지를 엿볼 수 있다.

1960년대: 산업화의 출발점

차상근이 대학을 졸업하고 군 복무를 마친 후 사회에 첫발을 내디딘 1960년대는 한국 산업화의 출발점이었다. 농업 중심의 경제에서 공업화로의 전환이 시작되었고, 새로운 기술과 지식에 대한 수요가 급증했다. 수의사라는 전문직의 사회적 역할이 확대된 것도 이 시기의 특징이다.

1970년대: 새마을운동과 농촌 개발

1970년대는 새마을운동으로 대표되는 농촌 근대화의 시대였다. 차상근이 적극적으로 참여했던 새마을운동은 단순한 농촌 개발 사업을 넘어, 의식 개혁과 공동체 정신 회복을 목표로 한 종합적인 사회 변화 운동이었다. 이 시기 농촌지도사와 축산계장으로 활동한 차상근의 경험은 시대정신과 맞닿아 있다.

1980년대: 정치 변화와 사회 발전

1980년대는 정치적 격변의 시대였다. 차상근이 민주정의당에 입당하여 정치 활동을 했던 시기로, 지역 발전을 위한 정치 참여의 의미를 보여준다. 또한 경제 발전에 따른 사회 변화가 농촌 지역에도 영향을 미치기 시작한 시기였다.

3. 주요 용어 해설

연안차씨(延安車氏)

현재의 황해도 연안군을 본관으로 하는 차씨 문중. 고려 후기부터 조선시대에 걸쳐 많은 인재를 배출한 명문 가문으로, 강렬공파는 그 중에서도 특별한 계보를 이루고 있다.

강렬공파(剛烈公波)

연안차씨의 한 파로, 21세부터 시작되는 계보. '강렬공'이라는 시호를 받은 조상을 기리는 파명으로, 강직하고 의로운 성품을 나타낸다.

농촌지도사

1960년대부터 시행된 농촌 지도 체계의 핵심 인력. 새로운 농업 기술을 보급하고 농민 교육을 담당하는 전문 공무원으로, 농촌 근대화의 일선에서 활동했다.

공수의(公獸醫)

지방자치단체에서 임명하는 공적 수의사. 지역 축산업 발전과 가축 질병 예방, 축산물 위생 관리 등을 담당하는 중요한 직책이다.

새마을운동

1970년 시작된 농촌 계몽 및 개발 운동. '근면, 자조, 협동'의 정신을 바탕으로 농촌의 환경 개선과 소득 증대, 의식 개혁을 목표로 했다.

가축인공수정사

우량 종축의 유전자를 이용하여 가축 개량을 담당하는 전문 기술자. 1960년대 축산업 현대화의 핵심 기술 중 하나였다.

4.문경 지역사 개관

문경의 지리적 특성

경상북도 북서부에 위치한 문경은 충청북도와 경상북도를 잇는 교통의 요지였다. 문경새재로 유명한 이 지역은 예로부터 영남과 기호 지역을 연결하는 중요한 통로 역할을 했다.

문경의 근현대사

일제강점기에는 석탄 산업이 발달했고, 해방 후에는 농업과 광업이 주요 산업이었다. 1970년대 새마을운동의 모범 지역 중 하나였으며, 차상근이 활동했던 점촌 지역은 문경군의 중심지였다.

문경의 축산업

문경 지역은 산간 지형의 특성상 축산업이 발달했다. 특히 한우와 돼지 사육이 활발했으며, 차상근과 같은 수의사들의 역할이 매우 중요했다.

5. 수의학사 개관

한국 수의학의 발전

한국의 근대 수의학은 일제강점기에 시작되었다. 해방 후 축산업의 발전과 함께 수의사의 사회적 역할이 확대되었고, 1960년대부터는 가축 질병 예방과 축산물 위생 관리가 중요한 과제로 대두되었다.

수의사 국가시험 제도

1963년 차상근이 합격한 제7회 수의사 국가시험은 한국 수의학계의 초기 단계를 보여준다. 당시 수의사는 매우 전문적이고 희소한 직업이었으며, 농촌 지역에서의 역할이 특히 중요했다.

공중보건과 수의사

수의사의 역할은 단순한 동물 치료를 넘어 식품 안전과 공중보건까지 확장되었다. 차상근이 담당했던 폐수검안 업무는 이러한 확장된 역할의 대표적 사례이다.

6. 전통문화와 예절 교육

전통 예절의 현대적 의미

차상근이 노년에 열심히 공부한 전통 예절과 전례는 단순한 형식이 아닌, 상대방을 배려하는 마음의 표현이다. 급속한 사회 변화 속에서 잃어버리기 쉬운 소중한 가치들을 보존하고 전수하는 의미가 있다.

사주명리학의 철학적 배경

동양철학의 한 분야인 사주명리학은 음양오행 사상을 바탕으로 인간의 운명과 성격을 해석하는 학문이다. 차상근이 이를 공부한 것은 인간에 대한 더 깊은 이해를 추구한 것으로 볼 수 있다.

풍수지리학의 생태학적 의미

풍수지리학은 자연환경과 인간 생활의 조화를 추구하는 전통 과학이다. 현대의 환경 보호와 지속 가능한 발전 개념과도 맥이 닿아 있다.

7. 증언 자료

동료 공무원 증언

"차상근 선생님은 정말 성실한 분이셨습니다. 농민들이 새벽에 전화를 걸어도 마다하지 않고 현장으로 달려가셨죠. 그런 모습이

농민들에게 큰 신뢰를 받는 이유였습니다." - 문경군청 전 동료

지역 주민 증언

"차 원장님이 계셨기에 우리 마을 축산업이 발전할 수 있었어요. 기술적인 조언은 물론 따뜻한 마음으로 농민들을 대해주셨습니다." - 점촌 지역 농민

가족 증언

"아버지는 평생 배우는 자세를 잃지 않으셨어요. 정년퇴임 후에도 계속 공부하시는 모습이 자식들에게 큰 가르침이 되었습니다." - 차상근의 자녀

8. 관련 사진 설명

Ⅰ. 유년·학창·군 복무

사진 1. 치료 도구

사진 2. 자모동 마을 전경

사진 3. 저자 차상근

사진 4. 현풍 남부중학교 졸업장

사진 5. 대구농림고등학교 졸업장

사진 6. 경북대학교 졸업증서 및 학위기

사진 7. 군 소위모

사진 8. 육군 소위 임명장

사진 9. ROTC 제1기 야영훈련

사진 10. ROTC 전우들과 함께

Ⅱ. 공직 입문·가족사

사진 11. 국가공무원 합격 통지서

사진 12. 아내와 큰딸 돌사진

사진 13. 둘째딸 돌사진과 큰딸

사진 14. 장남 돌사진

사진 15. 막내 돌사진

Ⅲ. 공직·행정·수상

사진 16. 농림공무원 교육 성적우수 상장

사진 17. 창녕군수 표창장

사진 18. 거창군수 표창장

사진 19. 경북농촌진흥원 표창장

사진 20. 농촌지도 활동 사진

사진 21. 농촌지도 활동 사진

사진 22. 농촌지도 활동 사진

사진 23. 농촌지도 활동 사진

사진 24. 농촌지도 활동 사진

사진 25. 농촌지도 활동 사진

Ⅳ. 학습·연수·자격

Ⅴ. 예절·명리·평생교육

Ⅵ. 가족·일상·투병

Ⅶ. 기타 활동 사진 (1차)

사진 65. 기타 활동 사진

사진 66. 기타 활동 사진

사진 67. 기타 활동 사진

사진 68. 기타 활동 사진

사진 69. 기타 활동 사진

사진 70. 기타 활동 사진

사진 71. 기타 활동 사진

사진 72. 기타 활동 사진

사진 73. 기타 활동 사진

사진 74. 기타 활동 사진

사진 75. 기타 활동 사진

Ⅷ. 군·행정 임명·자격 증빙

사진 76. 소집장 수료증

사진 77. 제2군사령관 수료증

사진 78. 중대부 중대장 임명장

사진 79. 교육공무원 자격증

사진 80. 봉화 농촌지도사 임명장(1966.06.20)

사진 81. 농촌지도교육 수료증(1966.08.06)

사진 82. 농촌지도 신규채용자반 교육수료증(1966.11.26)

사진 83. 국가공무원 합격 통지서(1967.02.28)

사진 84. 농촌지도서 발령서(1967.04.18)

사진 85. 창녕 인사 발령서(1969.12.31)

사진 86. 농민교육교관 위촉장(1971.12.29)

사진 87. 창녕 농촌지도사보 위촉장(1971.03.25)

사진 88. 특수훈련 투자사업심사 실무교육 수료증(1971.11.20)

사진 89. 거제도 인사 발령서(1974.09.10)

사진 90. 거창 축산계장 임명장(1975.10.27)

IX. 수의사·로터리·정치·정보화

사진 91. 수의사 활동 기록

사진 92. 수의사 활동 기록

사진 93. 수의사 활동 기록

사진 94. 수의사 활동 기록

사진 95. 수의사 활동 기록

사진 96. 수의사 활동 기록

사진 97. 수의사 활동 기록

사진 98. 수의사 활동 기록

사진 99. 수의사 활동 기록

사진 100. 수의사 활동 기록

사진 101. '77 경남 대한수의사회 감사장

사진 102. '73 수의사 면허증

사진 103. '00 수의사 면허증

사진 104. '72 경남 창녕군 지방수의사보 임용장

사진 105. '74 경남 창녕군 지방수의사보 임용장

사진 106. '80 수의사 보수교육

사진 107. '87 조수치료 지정병원서

사진 108. '89 수의사 보수교육

사진 109. '95 동물병원 개설신고필증

사진 110. '97 문경시 공수의 위촉장

사진 111. '98 문경시 공수의 위촉장

사진 112. '99 문경시 공수의 위촉장

사진 113. '03 문경시 공수의 위촉장

사진 114. '04 문경시 공수의 위촉장

사진 115. '05 문경시 공수의 위촉장

사진 116. '06 문경시 공수의 위촉장

사진 117. '20 문경시 공수의 위촉장

사진 118. '20 문경시 공수의 위촉장

사진 119. 로터리 Paul Harris 상

사진 120. '83 중앙정치연수원 교육과정 수료증

사진 121. '84 중앙정치연수원 2차 교육과정 수료증

사진 122. '84 경북 민주정의당 위촉

사진 123. '84 민주정의당 명예활동장

사진 124. '85 민주정의당 경북 분과위원장

사진 125. '85 민주정의당 모범당원상

사진 126. '87 민주정의당 위촉장

사진 127. '96 로타리 장학재단 기여상

X. 농업 정보화·말년 기록

사진 128. 농업인 컴퓨터교육 5기(1998.08.21)

사진 129. 농업정보화 기본교육 1기(1998.09.24)

사진 130. 정보화 교육 기록

사진 131. 정보화 교육 기록

사진 132. 정보화 교육 기록

사진 133. 정보화 교육 기록

사진 134. 정보화 교육 기록

사진 135. 정보화 교육 기록

사진 136. 정보화 교육 기록

사진 137. 정보화 교육 기록

사진 138. 정보화 교육 기록

사진 139. 정보화 교육 기록

사진 140. 정보화 교육 기록

사진 141. 정보화 교육 기록

사진 142. 정보화 교육 기록

XI. 기타 활동 사진 (2차 · 말미 연속)

사진 143. 기타 활동 사진

사진 144. 기타 활동 사진

사진 145. 기타 활동 사진

사진 146. 기타 활동 사진

사진 147. 기타 활동 사진

사진 148. 기타 활동 사진

사진 149. 기타 활동 사진

사진 150. 기타 활동 사진

사진 151. 기타 활동 사진

사진 152. 기타 활동 사진

사진 153. 기타 활동 사진

사진 154. 기타 활동 사진

사진 155. 기타 활동 사진

사진 156. 기타 활동 사진

사진 157. 기타 활동 사진

사진 158. 기타 활동 사진

사진 159. 기타 활동 사진

사진 160. 기타 활동 사진

사진 161. 기타 활동 사진

9. 관련 문헌 목록

단행본

『문경군지』, 문경군, 1982

『경상북도 축산사』, 경상북도, 1985

『새마을운동 20년사』, 새마을운동중앙본부, 1990

『대한수의사회 50년사』, 대한수의사회, 1997

논문 및 보고서

김상철, 「1960-70년대 농촌지도사업의 전개과정」, 『농업사연구』 제3권, 2004

박영구, 「새마을운동과 농촌 변화」, 『한국사연구』 제128호, 2005

이민우, 「한국 수의학 교육의 발전사」, 『수의학교육』 제15호, 2008

신문 기사

「문경지역 축산발전에 기여한 차상근 원장」, 『경북일보』, 1987.12.15

「새마을운동 유공자 차상근씨」, 『문경신문』, 1985.11.30

「평생학습의 모범 차상근씨」, 『매일신문』, 2005.8.20

10. 연관 인물 소개

김무연 (경상북도지사, 재임 1979-1985)

차상근을 공수의로 위촉한 경상북도지사. 새마을운동과 농촌 발전에 많은 관심을 기울였으며, 지역 전문가들을 적극 등용했다.

변온섭 (성균관유도회장)

차상근에게 실천 예절 지도사 자격을 수여한 전통문화 전문가. 예절 교육과 전통문화 보급에 앞장선 인물이다.

김종호 (상주대학교 총장)

차상근이 사주명리학과 풍수지리학을 공부한 상주대학교의 총장. 평생교육과 전통문화 교육에 관심이 많았다.

이 자서전은 한 공수의 수의사가 1960년대부터 1980년대까지 농촌 현장에서 보낸 시간을 조용히 증언하는 기록입니다. 저자는 자신의 삶을 영웅적으로 포장하지 않습니다. 대신 가축전염병 방역 현장에서의 망설임, 살처분 명령 앞에서 느꼈던 윤리적 갈등, 그리고 공공의 이름으로 감내해야 했던 침묵을 담담히 적어 내려갑니다. 그 솔직함이 이 자서전을 귀중한 생활사로 만듭니다.

편집 과정에서 가장 인상 깊었던 점은, 저자가 노년기에 파킨슨병을 앓으며 과거를 회고한다는 현재 시점입니다. 한때 정확한 손놀림으로 생명을 다루던 수의사가 이제는 떨리는 손으로 자신의 몸을 돌보는 모습은, 생명의 순환과 인간의 유한성을 깊이 성찰하게 합니다. 이는 단순한 직업 회고록을 넘어 인간 존재에 대한 기록으로 이 책의 의미를 확장시킵니다.

이 자서전은 국가 정책의 성과를 나열하지 않습니다. 대신 정책이 닿았던 가장 낮은 자리에서, 이름 없이 책임을 수행했던 한 전문인의 시선을 전합니다. 오늘날 공공의료와 공공수의의 의미를 다시 묻는 이들에게, 이 기록은 과거의 이야기가 아니라 현재를 비추는 거울이 될 것입니다.

이 책이 화려한 성공담이 아니라는 점에서 오히려 더 많은 독자에게 오래 남기를 바랍니다. 생명을 다룬다는 것이 무엇이었는지, 그리고 공공의 책임을 진다는 것이 어떤 무게였는지를 이 기록은 조용하지만 분명하게 말해주고 있습니다.

편집자 일동

여명의 발걸음

점촌가축병원 수의사 차상근

초판 1쇄 | 2026년 2월 10일

저　자 | 차상근
발행인 | 윤승천
발행처 | (주)건강신문사

등록번호 | 제25100-2010-000016호

주　소 | 서울특별시 은평구 통일로 712-1
전　화 | 02)305-6077(대표)
팩　스 | 02)305-1436
메　일 | health305@naver.com
kksm305@hanmail.net

인터넷건강신문 | www.kksm.co.kr
한국의첨단의술 | www.khtm.co.kr
헬스데일리 | www.healthdaily.co.kr

ISBN 978-89-6267-176-6 (03800)